U0686434

农村养老服务体系建设

NONGCUN YANGLAO FUWU TIXI JIANSHE XINTANSUO

新探索

姚兆余　朱慧劼　主编

江苏人民出版社

图书在版编目(CIP)数据

农村养老服务体系建设新探索 / 姚兆余,朱慧劼主编. —南京：江苏人民出版社，2023.12
ISBN 978 - 7 - 214 - 28765 - 6

Ⅰ. ①农… Ⅱ. ①姚… ②朱… Ⅲ. ①农村—养老—社会服务—体系建设—中国—文集 Ⅳ. ①D669.6 - 53

中国国家版本馆 CIP 数据核字(2023)第 216411 号

书　　　名	农村养老服务体系建设新探索
主　　　编	姚兆余　朱慧劼
责 任 编 辑	史雪莲
装 帧 设 计	许文菲
责 任 监 制	王　娟
出 版 发 行	江苏人民出版社
地　　　址	南京市湖南路 1 号 A 楼,邮编:210009
照　　　排	南京紫藤制版印务中心
印　　　刷	江苏凤凰数码印务有限公司
开　　　本	718 毫米×1000 毫米　1/16
印　　　张	18.25　插页 1
字　　　数	270 千字
版　　　次	2023 年 12 月第 1 版
印　　　次	2023 年 12 月第 1 次印刷
标 准 书 号	ISBN 978 - 7 - 214 - 28765 - 6
定　　　价	98.00 元

(江苏人民出版社图书凡印装错误可向承印厂调换)

前　言

　　我国自 1999 年进入老龄化社会以来,人口老龄化程度不断加深。据国家统计局的统计,截止到 2022 年底,我国 60 周岁及以上人口 28 004 万人,占总人口的 19.8％,其中 65 周岁及以上人口 20 978 万人,占总人口的 14.9％。在如此众多的老年人口中,农村老年人占有相当大的比重。《中国人口和就业统计年鉴 2021》的数据显示,2020 年,农村 60 岁以上的老年人口占全国老年人口的比重为 45.97％,如果加上小城镇的老年人口,则居住在农村和小城镇的老年人,占全国老年人口的比重为 66.15％。农村老年人口数量庞大,加上农村人口流动带来的家庭结构小型化和空巢化,导致农村老人的养老问题更加突出。如何根据农村的实际情况,构建符合农村老人需要的养老服务体系,也成为近年来学界讨论的热点话题。

　　为了贯彻落实积极应对人口老龄化国家战略,构建农村养老服务体系建设新发展格局,2021 年 11 月 7—8 日,中国老年学和老年医学学会农村养老分会、南京农业大学金善宝农业现代化发展研究院、南京农业大学人文与社会发展学院联合举办了"人口老龄化与农村养老服务体系建设"高端论坛。来自全国高等院校、科研院所和养老机构的 120 余名专家学者,围绕人口老龄化的"城乡倒置"与农村养老问题、农村养老模式的经验探索与问题分析、养老资源配置与农村养老服务体系构建、农村老年人的生活福祉与提升路径等主题进行了深入交流。本书收集了参会学者的 18 篇论文,涉及农村人口老龄化、农村养老服务体系、农村互助养老、农村家庭养老、农村老人健康与福祉等内容,数据丰富,资料翔实,观点明确,可供农村养老服务研究者和养老实务部门工作者参考。

编　者

2022 年 12 月

目　录

农村互助养老

农村养老服务体系建设

人口老龄化城乡倒置的格局、挑战与应对[*]

原 新 范文清[**]

摘 要: 自20世纪80年代以来,我国农村人口老龄化进程快于城镇,人口老龄化程度高于城镇,人口老龄化城乡倒置格局成为长期存在的痼疾,农村建设、农业生产、农民养老和农民工生产生活等"四农"发展无不受到严重影响。在农村人口快速和高度老龄化背景下,农村人口高龄化日益加深,老人健康状况仍旧堪忧,数字鸿沟进一步强化农村老人的弱势,农村地区是我国养老制度、养老服务、养老基础设施建设的突出短板。因此,在乡村振兴、新型城镇化建设的不断推动中,应帮助农村地区抓住时代机遇,促发展,补短板,打造服务完善、美丽宜居的农村养老环境,提高农村老人生产生活的获得感、幸福感和安全感。

关键词: 人口老龄化 城乡倒置 农村老龄社会

对比最近的第六次、第七次全国人口普查数据,2020年《国家应对人口老龄化战略研究总报告》(以下简称《总报告》)在对"我国人口老龄化特征"的论述中正式提出"城乡倒置"现象。历次人口普查资料和常年统计资料显示,我国农村人口的生育率水平始终高于城镇,平均出生预期寿命普遍低于城镇,遵从人口发展规律,理论上农村人口老龄化程度及发展速度应该低于城镇,但是现实呈现与理论推测恰恰相反,原本应该呈现"人口老龄化进程慢、人口

---

[*] 本研究是国家社科基金重大项目"实施积极应对人口老龄化国家战略"(项目编号:21ZDA106)阶段性成果。

[**] 原新,南开大学经济学院教授,研究方向为人口经济学、老龄社会、人口政策等;范文清(通讯作者),南开大学经济学院博士研究生,研究方向为人口经济学、老龄社会等。

老龄化水平低"的农村地区,自 1982 年全国第三次人口普查以来的实际统计数据却显示,农村人口老龄化进程和人口老龄化程度均反超城镇且二者的差距不断加剧。2020 年农村人口形成典型的全老龄化程度(60 岁及以上老年人占总人口比重,下同)为 23.81%,较 2010 年 14.98%增加了 8.83 个百分点,城镇人口老龄化程度为 15.82%,较 2010 年 11.52%增加了 4.3 个百分点;2020 年的农村人口老龄化水平比城镇高 7.99 个百分点,与 2010 年二者相差 3.46 个百分点相比,差距扩大了 1 倍以上。农村地区人口老龄化程度增速更快、程度更高,农村成为我国人口老龄化的潮头和浪尖,也是落实积极应对人口老龄化国家战略的重点和难点区域。

少子化和长寿化是造成人口老龄化的根本原因,为什么农村和城镇的人口老龄化过程会违背人口规律呈现城乡倒置现象呢? 根本原因是农村与城镇之间的人口迁移和人口流动。我国是典型的城乡二元社会,受经济发展水平、就业机会、户籍制度等二元结构的影响,在改革开放以来逐步放开乡-城人口流动迁移的大背景下,农村和城镇之间的流动人口规模不断壮大,呈现典型的"三八"特点,即流动人口的八成以上来自农村,八成以上进入城镇,八成以上为青壮年劳动年龄人口,由此形成农村大量青壮年人口流入城镇,而老人、女性和儿童留守农村的现象,造成人口老龄化城乡倒置。根据全国第七次人口普查数据,2020 年流动人口总量 3.76 亿人,占总人口比重 26.63%,其中流向城镇的流动人口 3.21 亿人,占流动人口总量的 88.21%;2015 年全国 1%人口抽样调查数据显示,全国流动人口中,老年人口仅占 7.00%,15—59 岁的劳动年龄人口比重为 82.10%。事实上,持续性的、大规模的乡-城流动人口,在补充城镇劳动力资源的同时,既加速了农村人口老龄化的速度并提高了农村人口老龄化程度,又延缓了城镇人口老龄化进程并降低了城镇人口老龄化程度,而且,流动人口影响城乡人口老龄化的力量超越了人口自然变动对城乡人口老龄化的影响力,扭转了受人口自然变动造成的城镇人口老龄化格局,产生了人口老龄化城乡倒置的局面,并且伴随乡-城流动人口规模的不断增加,人口老龄化城乡倒置的形势会日趋扩大。

一、 人口老龄化城乡倒置格局长期存在

我国人口老龄化发展迅速,应对人口老龄化的一系列问题在城乡社会经济二元结构的背景下同步爆发,养老服务业均等化发展理念与城乡二元结构性矛盾凸显。积极应对人口老龄化社会矛盾的重要前提是科学认知和把握人口老龄化城乡倒置大趋势。立足人口数量、城镇化水平、人口老龄化和人口高龄化水平、城乡老人健康状况差异等多方面的基本国情,探究发现我国城乡人口老龄化的特征、趋势和规律,为城乡积极应对人口老龄化提供决策依据。

（一） 农村先老——人口老龄化起步农村比城镇更早

2000 年我国进入老龄化社会时,农村和城市人口老龄化程度分别为10.92％和9.68％,农村先老格局已经形成。根据历次全国人口普查、全国1‰人口抽样调查和《总报告》中人口预测(低方案)资料(见表 1),我国农村较城镇更先达到老年人口占比为 20％的中度老龄社会门槛,未来也将更早步入30％的重度老龄社会。从我国人口老龄化整体演变的历史格局中,农村先老将迫使应对人口老龄化能力和基础相对薄弱的农村地区率先迎接人口老龄化浪潮的冲击,增加全国积极应对人口老龄化的压力。

表 1　城乡倒置的人口老龄化水平

年份	农村（％）	城镇（％）	农村-城镇差距（％）
1964	6.55	8.22	－1.67
1982	7.77	7.11	0.66
1990	8.61	8.55	0.06
2000	10.92	9.68	1.24
2010	14.98	11.69	3.29
2020	23.81	15.82	7.99
2025	27.10	17.67	9.43
2030	33.24	21.52	11.72
2035	37.89	24.93	12.96

续　表

年份	农村 （％）	城镇 （％）	农村-城镇差距 （％）
2040	38.90	26.99	11.91
2045	38.65	29.22	9.43
2050	40.39	32.80	7.59

　　资料来源：1964—2020 年数据来自历次全国人口普查资料；2025—2050 年数据来自《国家应对人口老龄化战略研究总报告》中人口预测的低方案。

　　我国城乡人口老龄化演变进程受人口城镇化影响较大。城镇化不仅带来农村地区或行政区划转变为城镇地区的土地城镇化和产业结构转变的经济城镇化，还带来农村居民转变为城镇居民的人口城镇化，而城乡人口迁移和流动是推动我国人口城镇化快速发展的重要途径，也是形成城乡人口老龄化新格局的主要路径。依据第七次全国人口普查资料，2020 年我国常住人口的城镇化水平为 63.89％，户籍人口城镇化水平为 54.40％，二者相差 9.49％，其主体就是户籍依然留在农村、居住地和工作地已经在城镇的乡-城流动人口。人口城镇化、人口老龄化、人口迁移流动化"三化"交织互动，共同形成中国特色社会主义新时代的人口新常态和基本国情，塑造了农村先老的人口发展格局。

（二）农村快老——人口老龄化进程农村比城镇更快

　　根据《总报告》预测，相较于城镇人口，农村人口达到 10％、20％和 30％的老龄化水平分别早 9 年、13 年和 19 年，农村人口老龄化深化速度较城镇日益加快，人口城镇化发展是其重要推力。从总人口与老年人口的城镇化水平来看，总人口的城镇化率始终高于老年人口城镇化率（见图 1），《总报告》预测至 2050 年间，老年人口城镇化水平将伴随总人口城镇化水平提升而升高，但是进度和程度远不及总人口的城镇化水平，总人口与老年人口的城镇化呈现同步共进但程度差异特征，这意味着老年人口城镇化率虽然在不断提高，但是老年人口是全龄人口中城镇化进程较慢的群体，农村老人依然是故土家园的守护者、农村生活的坚守者、农业生产的坚持者。总人口城镇化水平持续高于老年人口城镇化水平，这是我国长期不变的基本特点，也是农村人口老龄化更快的根本原因。

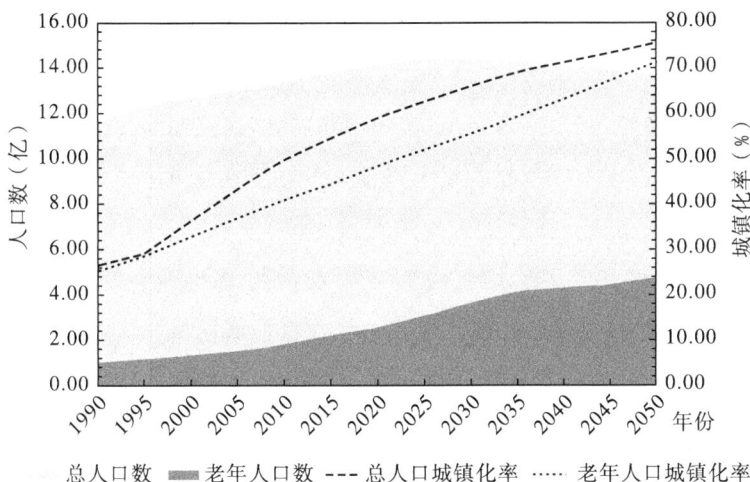

图1　总人口城镇化与老年人口城镇化的演进
资料来源:1990—2020 年数据来自历次全国人口普查资料和历次全国1‰人口抽样调查资料;2025—2050 年数据来自《国家应对人口老龄化战略研究总报告》人口预测低方案。

老年人口城镇化进程慢于总人口,一方面是因为在城镇化进程中大量农村年轻人流入城镇,加速了总人口城镇化过程。另一方面是因为绝大多数农村老年人留守在农村,老年人口城镇化相对较慢,促使老年人口城镇化进程慢于总人口。人口城镇化被看作农村人口基于较差资本状况和脆弱生活环境而做出的生计选择之一,借鉴英国国家发展部提出的可持续生计分析框架,农村人口城镇化的影响因素主要包括生计资本、生计策略、生计目标、脆弱性环境、政策制度及变化等方面,其中,生计资本主要包括人力资本、自然资本、物质资本、金融资本和社会资本。[1] 以人力资本为例,乡-城流动中的劳动年龄人口(15—59 岁)在技能、知识、劳动能力、健康状况等方面较老年人口更有优势,流入城市的劳动年龄人口为城市注入了更多具有活力的人力资源和人力资本,不断助力城市收获数量型和质量型人口红利,推动经济高速增长,而老年人口在激烈的就业竞争中承受更大的压力。根据人口迁移"推拉理论",城市对老年人口的"拉力"远小于对劳动年龄人口的"拉力",且基于农

---

[1]　国家应对人口老龄化战略研究总课题组:《国家应对人口老龄化战略研究总报告》,北京:华龄出版社 2014 年版;DFID. *DFID Sustainable Livelihoods Guidance Sheets*, Emergency Nutrition Network (ENN), 1999。

村资源相对匮乏、就业机会欠缺、生活条件较为简朴、婚恋机会较为稀少等原因,劳动年龄人口面临更大的"推力",最终导致城市吸纳的流动人口中,劳动年龄人口占比最高。据2015年全国1‰人口抽样调查统计,劳动年龄人口比重超过流动总人口的八成,是农村人口流入城镇的主力军。

农村快老现象长期持续将给我国农村建设、农村养老等方面带来严峻挑战,推动农村老年人口城镇化可成为减缓农村快老的重要助力。从历史来看,老年人口城镇化率保持每年0.8%左右的稳步增长,得益于我国改革开放以来积极应对农村人口老龄化和推动人口城镇化发展作出的努力。1994年,国家计委、民政部等部门联合颁布《中国老龄工作七年发展纲要(1994—2000年)》,明确部署我国老龄工作体系建设,以适应人口老龄化社会所处的客观环境,为老年人口更快更好适应城镇化发展提供了保障。① 2016年,国务院办公厅印发《老年教育发展规划(2016—2020年)》,要求"发展农村社区老年教育,有效整合乡村教育文化资源,以村民喜爱的形式开展适应农村老年人需求的教育活动",为农村老年人口提高素质、适应社会发展提供良好平台。② 2021年,中共中央国务院颁布《关于全面推进乡村振兴加快农业农村现代化的意见》,提出加快县域内城乡融合发展的要求,强调推进以人为核心的新型城镇化,促进大中小城市和小城镇协调发展。③ 新型城镇化发展相关政策和措施不断出台将推动农村老人城镇化,城市如何为农村老年人口的入迁提供更加完善的保障,也将成为积极应对老龄化的重要课题。

(三) 农村更老——城乡人口老龄化差距持续加大

平均预期寿命、总和生育率和农村劳动力的"一增一减一出",共同推动农村深度人口老龄化进程,在城乡二元结构的客观条件下,我国人口老龄化水平表现出城乡差距不断扩大。据历次人口普查数据(见前文表1),我国城

---

① 《关于印发〈中国老龄工作七年发展纲要(1994—2000年)〉的通知》,中国改革信息库网:http://www.reformdata.org/1994/1214/4014.shtml,1994年12月14日。

② 《国务院办公厅关于印发〈老年教育发展规划(2016—2020年)〉的通知》,中华人民共和国人力资源和社会保障部网站:http://www.Mohrss.gov.cn/SYrlzyhshbzb/dongtaixinwen/shizhengyaowen/201610/t20161020_257692.html,2016年10月19日。

③ 《中共中央国务院关于全面推进乡村振兴加快农业农村现代化的意见》,中华人民共和国中央人民政府网站:http://www.gov.cn/zhengce/2021—02/21/content_5588098.htm,2021年2月21日。

乡人口老龄化差距不断扩大,预计仍将长期保持较大差距:1990 年城乡人口老龄化水平十分接近,到 2020 年时农村人口老龄化水平高出 7.99 个百分点,预测到 2035 年城乡差距将达到 12.96 个百分点,2035 年后呈现一定幅度的回落,但城乡差距短期内不易弥合。因此,从整体趋势来看,农村地区人口老龄化形势较城镇更加严峻。在我国整体城镇化发展进程中,巨量流动人口增加了城镇的青壮年劳动年龄人口,既增加了城镇人口规模,又延缓了城镇人口老龄化的深化;反之,劳动年龄人口为主力的乡-城人口流动加剧了农村青壮年人口流失,流动性差的老年人被迫留在农村,将进一步固化农村更老现象。

农村更老现象会形成马太效应。从人口转变规律来看,死亡率和出生率双双降低是人口老龄化的主要原因,发达国家的老龄化以死亡率作用为主,但我国对人口老龄化起主要作用的是生育率下降,且受新中国成立初期人口年龄结构的影响较大。[1] 从经济社会发展来看,我国长期存在城乡分割的二元结构,城镇与农村发展不平衡加剧了人口分布不均和人口年龄结构不统一,反之亦然,人口分布不平衡和人力资本配置不均衡又反过来加剧经济社会发展差距。有学者指出,2001—2013 年城乡人力资本配置的失衡加剧了经济不均衡发展,使得城乡经济发展差距仍在扩大,出现"强者恒强、弱者恒弱"的马太效应。[2] 该结论与《总报告》中显示 1990—2035 年我国人口老龄化水平的城乡差距不断增加的趋势不谋而合。

城乡人口老龄化水平差异继续加大,人口老龄化、人口城镇化和城乡差距扩大交织,共同影响经济社会发展。首先,城乡差距扩大使劳动力和资金等生产要素向城市集中,城镇化的"集聚效应"带来城市经济的快速发展,削弱了农村经济的发展潜力,而农村较高的人口老龄化程度将进一步弱化其经济发展潜力。其次,城乡差距扩大增加贫富差距,加大城乡居民消费差距,城乡消费差距不仅对未来经济的增长产生阻碍,也将对人民幸福感和社会和谐产生负向影响。[3] 第三,城乡差距扩大不利于养老资源的合理配置,加剧农村

---

[1]　杜鹏:《中国人口老龄化主要影响因素的量化分析》,《中国人口科学》1992 年第 6 期。

[2]　孟祥慧、杨飞虎:《城乡间人力资本差距与经济发展不均衡——来自地方夜间灯光亮度的证据》,《经济问题探索》2020 年第 8 期。

[3]　徐敏、姜勇:《中国产业结构升级能缩小城乡消费差距吗?》,《数量经济技术经济研究》2015 年第 3 期。

养老压力,使农村贫困老人的短板问题更为严峻,易引发事关老年人生命健康的重要问题。最后,城乡差距扩大对我国财税制度、社会保障和土地财政等体系建设提出更高要求,适时疏解城乡差距扩大带来的经济社会压力,需要多措并举、多主体参与,不断完善城乡治理体系。

(四) 农村高老——城乡人口高龄化亦存在城乡倒置

人口高龄化是指 80 岁及以上高龄老年人口占 60 岁及以上老年人口总量的比重。我国高龄老年人口城乡分布特征与老年总人口相似,呈现明显的城乡倒置特点。如图 2 所示,除 1990 年我国城镇人口高龄化程度略高于农村外,此后农村人口高龄化程度始终高于城镇,且差距持续扩大。1990—2020年间,农村与城镇人口高龄化水平的差距经历了先扩大后缩小的过程,2020年城乡人口高龄化水平十分接近,分别为 11.34% 和 11.50%。据短期预测,

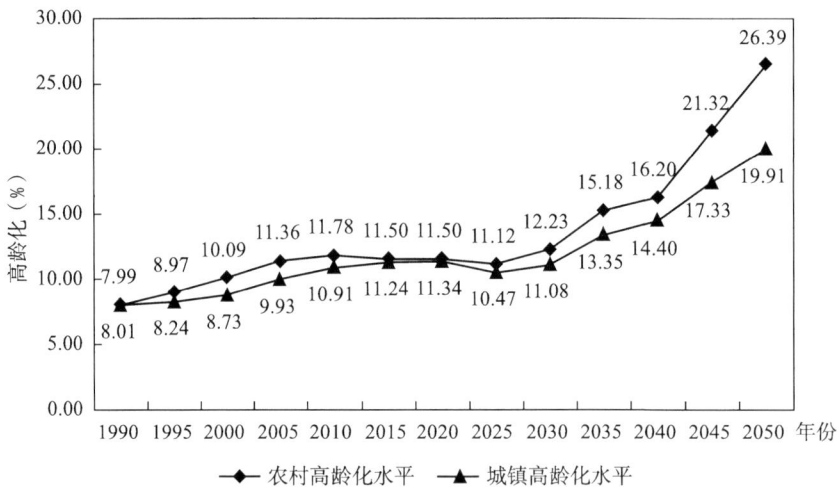

图 2　人口高龄化城乡差别的变化

资料来源:1964—2020 年历次全国人口普查资料;原新:《国家应对人口老龄化战略研究总报告》,北京:华龄出版社 2014 年版。

受乡-城流动人口的年龄结构和规模的影响,农村人口高龄化水平将有小幅下降,城镇人口高龄化水平下降更快,但长期来看,城乡人口高龄化水平仍然呈不断增长态势,且农村人口高龄化水平将持续高于城镇,差距逐渐扩大,至2050 年,农村人口高龄化水平将超过城镇 6.48 个百分点。有学者研究城乡人口平均预期寿命时发现,城镇老年人预期寿命高于农村老年人,城镇老年

人相对农村老年人更加长寿,但统计数据显示老年人口高龄化水平农村高于城镇。[①]究其原因,主要包括两个方面:一方面,农村高龄老人几近丧失劳动能力,如在城镇生活可能存在较大障碍;另一方面,农村高龄老人的此前生活经历与农村密不可分,故土难离,适应了农村环境,在原居住地生活的稳定性高。因此,农村人口高龄化程度更高,农村是我国应对高龄老人养老问题的重点地区。

高龄老人的健康问题是应对农村高老问题的重要部分。我国即将进入人口负增长时代,人口高龄化程度不断上升,高龄老人健康问题亟须受到关注。根据联合国发布的《世界人口展望 2019》方案预测,2032 年进入人口负增长时代之时,我国高龄化起步压力相对较小,低于世界平均水平和世界发达地区平均水平;但是此后开始进入加速上升阶段,2046 年人口高龄化超过世界平均水平,至本世纪末直追世界发达地区平均水平。[②]

按照联合国人口预测,我国总人口将在 2030 年前后进入负增长。根据出生队列推算,我国进入人口负增长时代的首批高龄老年人出生于新中国成立初期,经历过"三年困难"时期、"文革"等特殊历史时期,曾长期处于物资匮乏、医疗卫生保障不足、家庭规模较大的年代,老年期的健康状况和精神状态带有历史烙印,人口负增长时代到来之前"未康先老"带来的是人口负增长时代到来之后的高龄老人健康问题。[③]低龄老人群体日常生活自理能力相对较强,主要需要医疗护理服务对健康状态的监控及预防保健,而高龄老人因为慢性病侵袭与生活自理能力问题,是医疗护理服务的重点人群,要求更多的照护资源与照护成本。有研究表明,发生率较高的意外跌倒,是高龄老人首位伤害死因,[④]高龄老年人口的长期照料和看护是健康养老的必然要求。因此,身体机能退化严重、健康状况较差的高龄老人对养老保险、医疗保险、长期照护保险、健康服务等社会保障具有更高需求和依赖。

---

①　焦开山:《中国老年人健康预期寿命的不平等问题研究》,《社会学研究》2018 年第 1 期。

②　United Nations, Department of Economic and Social Affairs, Population Division. *World Population Prospects 2019*, https://population.un.org/wpp/, 2019.

③　原新、金牛:《"危""机"与应对:中国人口负增长时代的老龄社会》,《中共福建省委党校(福建行政学院)学报》2020 年第 1 期。

④　任红红、于普林:《老年人跌倒的干预研究进展》,《中华老年医学杂志》2011 年第 10 期。

（五）农村弱老——老人的整体健康状况农村比城镇弱

2015 年第四次中国城乡老年人生活状况抽样调查报告显示：从老年人的自我健康评价来看，城镇老人普遍优于农村老人，城镇老人自我健康评价为非常好和比较好的占 7.9% 和 29.8%，而农村老人分别只有 5.2% 和 22.7%；农村老人自我健康评价非常差的占 6.3%，高于城镇老人 3.8% 的水平，农村老人健康自评状况不容乐观，同时反映了农村老人的幸福感较低。从老年人口两周患病抽查情况来看，农村地区患病率总体大于城镇地区，农村老人两周患病率为 19.2%，高于城镇地区 18.0% 的水平。[①] 综合来看，我国老年人健康状况存在明显的城强乡弱现象，而城乡老年健康不平等是制约社会均衡发展的重要因素。

城乡老人健康状况存在差异的因素主要包括年龄结构、受教育程度、收入状况、医疗保险和生活安排条件等。总体上，城镇老人高龄化程度较低，受教育程度普遍较高，收入较高且养老保险持有比例较高，家庭生活条件较好，给老人的身体健康和心理健康带来积极作用。详细来说，各类人口学特征、社会经济地位和社会资本相关因素对城市和农村老年人健康的影响各有不同，多种因素综合作用，导致城乡老年人健康状况出现明显差异。例如：人口学特征方面，年龄和受教育程度对不同户籍的流动老人影响显著不同；生理性健康因素方面，城乡老人受自身健康状况的影响不同；日常活动能力方面，对农村、社会经济地位较低的老年人影响更大，而睡眠质量对城市、社会经济地位较高的老年人影响更大；社会经济地位方面，城市老人的精神健康受社区贫困的负面影响更大，而农村老人不受此影响。[②]

此外，在数字社会时代的大背景下，数字鸿沟加剧了城乡老年人健康不平等。城乡老年人互联网使用率存在较大差异，技术可及性不足是农村老年人未使用互联网的主要原因。因此，根据城乡差异应施行不同政策，对于较弱的农村老人健康状况来说，提高农村公共服务、医养保障、信息技术等供给水平显得尤为重要。

---

① 《三部门发布第四次中国城乡老年人生活状况抽样调查成果》，民政部网站：http://jnjd.mca. gov.cn/article/zyjd/xx-ck/201610/20161000886652.shtml。
② 陈斯诗：《城乡老年人精神健康差异及其原因分析》，《人口与社会》2020 年第 6 期。

二、 人口老龄化城乡倒置的农村挑战

城乡社会经济二元结构是我国发展的大背景,建设社会主义现代化强国的未来 30 年,人口老龄化加速和老龄社会深化是基本国情,人口老龄化城乡倒置是基本形态,农村人口老龄化速度和程度超过城镇且差距不断加大是大势所趋。一方面,人口老龄化的城乡倒置格局长期存在,"农村先老、农村快老、农村更老、农村高老、农村弱老"成为我国积极应对人口老龄化必须直面的现实问题,是推动乡村振兴战略和农村和谐社会建设的重要关隘。另一方面,农村面临的老龄社会压力超过城镇,人口老龄化问题很可能在农村地区提前集中爆发,农村是实施积极应对人口老龄化国家战略重点和难点地区。

(一) 农村建设——建设主体弱化

人口老龄化和人口城镇化深刻改变农村人口结构,农村建设主体不断老化、弱化,"村庄空心化、农民老龄化、农村凋敝化"现象日益凸显。《总报告》数据显示,21 世纪 50 年代,农村人口老龄化程度将高达 40%,形成超级老龄社会形态,农村发展活力降低。2018 年,《乡村振兴战略规划(2018—2022)》的发布标志着乡村振兴计划进入新阶段,为老龄化城乡倒置背景下的农村建设提供了重要指南,同时也指出了农村建设中面临的各种挑战。

养老服务体系建设亟待完善。农村老龄化的空巢化、独居化、高龄化,提醒我们必须要关注农村养老服务体系建设。乡村振兴规划提出了农村养老服务体系建设的阶段性部署:到 2020 年乡村振兴制度框架和政策体系基本形成;到 2022 年乡村振兴制度框架和政策体系初步健全;到 2035 年乡村振兴取得决定性进展,农业农村现代化基本实现;到 2050 年乡村全面振兴,农业强、农村美、农民富全面实现。[①] 基于此,我国农村养老体系建设面临许多挑战:首先,发展理念并未充分融入积极老龄化思想,为什么发展、发展什么服务、由谁来发展等问题,尚需进一步明确;[②]其次,农村养老制度安排、基础设施、人员配置、社会支持等方面相比城镇存在较大差距;再次,农村基层政策落实

---

① 《中共中央国务院印发〈乡村振兴战略规划(2018—2022 年)〉》,《人民日报》2018 年 9 月 27 日第 1 版。
② 杜鹏、王永梅:《乡村振兴战略背景下农村养老服务体系建设的机遇、挑战及应对》,《河北学刊》2019 年第 4 期。

存在一定压力且地区差异较大,无法制定统一考核标准,而且如何在农村基层组织机构改革的新背景下融通各方以形成合力,也是重要挑战;[①]另外,农村存在难以破解的养老困局,受自身文化水平、传统观念、行动能力等问题的影响,农村老人对养老服务的了解不够,接受度不高,养老服务体系建设是否能真实响应农村老人诉求是重要难题,不明需求的服务无异于缘木求鱼。

居住环境亟待优化。首先,良好的物质条件和居住环境对于各年龄段老年人的认知水平都具有保护作用,居住环境的改善能够显著缓和老年人认知衰退过程。[②] 其次,有学者研究绿地活动对老年人的影响,发现其显著影响老年人身心健康和生活质量,绿地建设有助于延长老年人的活动时间和频率,对改善其身体机能、促进其身心健康和社会交往有重要意义。[③] 此外,老年人的居住环境中,住房质量、社区医疗资源、社区健身设施、社区组织资源、社区老龄服务机构等都是影响老年人幸福感和满意度的重要因素。从微观家庭来看,许多农村老人家中的厕所、洗浴等配置较差,对老人日常生活带来严重隐患。应为老年人打造宜居农村环境,优化住房建设,增加有利于老年健康的公共服务设施,改善农村居住环境较差的现状。同时,为减少数字鸿沟给农村老人带来的不利影响,完善农村网络和技术设施也显得尤为重要。

需要注意的是,农村人口老龄化存在明显的区域差异,不同地区的农村老龄化状况对该地区农村建设的影响不尽相同,不同地区重点不同,需要具体问题具体应对,因地制宜,分类指导。有研究以人口城镇化率和农村人口老龄化为维度,分析我国除港澳台地区外的 31 个省市的区域差异发现,绝大多数省份,如河北、河南、陕西、吉林、贵州等,呈现低城镇化率、低农村人口老龄化的特征;东部沿海发达地区,如上海、浙江、江苏、山东等省市,普遍呈现高城镇化率、高农村人口老龄化的特征;只有少数省市,如北京、天津、广东、福建等,呈现高城镇化率、低农村人口老龄化的特征;四川、安徽、湖南等省份

① 胡雯、陆杰华:《机构改革应对老龄化新国情的战略安排》,《南开学报(哲学社会科学版)》2018 年第 6 期。
② 刘惠颖、陈贝卓、潘泽泉:《社区环境对中国老年人认知衰退轨迹的影响及其队列差异——基于"时点-个人-社区"多层次增长模型的实证研究》,《人口与发展》2022 年第 2 期。
③ 王小月、杨东峰:《绿地建成环境对老年人活动的影响及优化策略》,《规划师》2022 年第 1 期。

呈现低城镇化率、高农村人口老龄化特征。① 因此,各地区应针对当地实际情况科学制定农村应对人口老龄化发展规划,循序渐进解决当地农村人口老龄化给农村建设带来的实际困难。

(二) 农业生产——生产主体老化

我国农村人口老龄化形势严峻,对农业农村现代化和乡村振兴提出挑战。《中国乡村振兴综合调查研究报告(2021)》指出:农村全体人口中60岁及以上的比重达到20.04%,65岁及以上人口的比重达到13.82%,完全达到中度老龄社会的标准;和全国人口老龄化数据相比,农村地区的人口老龄化程度远超全国平均状况;目前我国农村家庭人力资本水平不高、年龄整体偏大、教育水平整体偏低,务农劳动力队伍素质不高、结构不优、地区差异明显。② 根据历史经验推断,21世纪前30年,农村将向城镇累计转移3亿—4亿劳动年龄人口,农村青壮年劳动力大幅减少和人口老龄化快速发展相互交织,农村劳动力由长期富余转为结构性短缺,"老弱病残"从事农业的现象日益普遍,将深刻影响农业生产效率和国家粮食安全。如果按照当前的生产方式,农村劳动力再减少10%以上,农业产值就会出现负增长。针对农村老龄化与农业生产的效应机制,有研究发现,农村人口老龄化通过劳动力供给效应、资本要素替代效应抑制了农业生产,但通过土地规模转换效应可促进农业生产。③ 从农村人口老龄化对农业生产的影响结果来看,主要表现在农业技术进步、农业生态效率和粮食供给安全等方面。

农业技术进步受农村人口老龄化的两种对立效应影响。④ 人口老龄化既通过人力资本效应和劳动效率效应显著促进农业技术进步,又通过老龄负担

---

① 徐拓远、张云华:《"十四五"时期积极应对农村人口老龄化的思路与举措》,《改革》2021年第10期。
② 《社科院报告:农村人口老龄化严峻,60岁及以上人口比重超20%》,新京报:http://m.bjnews.com.cn/detail/1651918826169456.html,2022年5月7日。
③ 王笳旭、李朝柱:《农村人口老龄化与农业生产的效应机制》,《华南农业大学学报(社会科学版)》2020年第2期。
④ 邹永霖、姚长林、杜兴洋:《劳动力老龄化对农户生产技术效率的影响——基于1430个农户水稻生产数据分析》,《南方农业学报》2022年第6期。

效应挤占农业生产资源,阻碍农业技术进步。[①] 人力资本效应对农业技术进步的积极影响主要包含两方面:一方面,老年人在农业生产中知识和经验丰富,也可给予年轻人指导,提升了农业生产中成熟劳动力的比例;另一方面,微观来看,老年人人均预期寿命的延长增加了参与和接受农业技术创新的时间,为农业技术进步扩充了人力资本。劳动效率效应对农业技术进步的积极影响表现为劳动要素减少对农业技术进步需求的倒逼。农村劳动年龄人口占比减少,许多农田闲置,基于此背景,农业生产现代化的技术和设备被不断创新。以上两种积极效应是农村老龄化进程的附加产物,需要乡村振兴和新型城镇化等政策的支持和培植,而老龄负担不断加重是农村老龄化不可逆转进程的必然后果。

农村人口老龄化威胁粮食供给安全。农村劳动力老龄化对粮食供给安全有负向影响,不利于粮食供给安全,有关南北方粮食产区异质性的研究指出,农村劳动力老化对南北方地区都是负向影响,其中对南方地区粮食供给安全影响更为显著,对北方地区粮食供给安全影响相对较小,主要原因是南方地区农业机械化的替代作用较弱,北方地区农业机械化的替代作用较强。[②]从省级农村粮食生产状况来看,粮食产量比重下降较大的省份主要是人口老龄化程度较高的省份,不断深化的人口老龄化给我国粮食生产带来巨大压力。

农村人口老龄化危害农业生态效率。[③] 生态效率反映资源环境投入与人类活动产出之间的关系,可用来衡量经济和环境之间的平衡状态。农村老龄化对农业生态效率的不利影响主要体现在规模方面,农村老龄化使家庭农业经营规模缩小,空置农田增多,造成土地资源的浪费,使得农业生态效率降低。农村土地经营权的有序流转是盘活农村土地资源、提高农业生态效率、实现适度规模经营的重要手段,因此建立健康的土地流转机制显得格外重要。

---

① 陈冲、吴炜聪:《人口老龄化对农业技术进步的影响机制分析——基于 DEA-Malmquist 的技术评价与动态面板模型》,《中国农业资源与区划》2021 年第 1 期。
② 张志新、李成、靳玥:《农村劳动力老龄化、女性化与粮食供给安全》,《华东经济管理》2021 年第 1 期。
③ 李露、徐维祥:《农村人口老龄化效应下农业生态效率的变化》,《华南农业大学学报(社会科学版)》2021 年第 2 期。

（三）农民养老——养老人力资源不足

据估算,目前我国农村平均不足 3 个劳动年龄人口(15—59 岁)对应 1 个老人(60 岁及以上),2035 年将减少为 1.3 个,2050 年将降至近 1.1 个。农村老龄社会青壮年人口流动化,农村老年人空巢化、独居化、高龄化;伴随农村应对老龄化的认识弱、收入低、健康差、基础软、机构缺、短板多,社会化服务程度低,更凸显农村养老服务体系建设的迫切性和重要性;受二元结构制约,农村养老保障、养老服务和医疗卫生服务的基础十分薄弱,城乡基本公共服务不均等的格局仍将长期存在。伴随农村人口老龄化、家庭养老和土地保障功能的弱化,农村养老保障和服务供给与需求矛盾将日益尖锐,可能会成为影响农村社会不稳定的重要因素。

其中,农村人口高龄化加剧是农村养老的重要挑战。根据 2000 年、2010 年和 2020 年人口普查数据统计,我国低龄老年人口(60—69 岁)占老年总人口的比重呈上升趋势,高龄老年人口所占比重呈下降趋势,中龄老年人口(70—79 岁)变化趋势不明显。随着预期寿命的不断增加,高龄老年人口规模不断增加和积累,成为不可逆转的人口发展规律。根据《总报告》数据,农村高龄老人占老年人口的比重会在目前 11.5% 的基础上快速提升,2035 年达到 15% 以上,2050 年升至 26% 以上,即平均每 4 个老年人中就有 1 个年龄超过 80 岁。高龄老年人对家庭和社会的依赖程度更高,需求范围更大,不仅需要解决日常生活照料和医疗保障护理问题,还要解决精神孤独、抑郁等心理问题。从现在的五分之一人口是老人,到未来的三分之一人口是老人;从现在的六成以上老人是低龄,到未来的四分之一以上老人是高龄,这是农村人口结构转型的规律使然,是一个严肃的发展问题,而农村高龄老人是最弱势群体,有效解决他们的养老问题是实施乡村振兴战略的应有之义,是积极应对人口老龄化的应有之义,是不能回避的重大民生关切。

应对农民养老问题的一个重要条件是优化养老机构质量。一方面,农村养老机构的数量、质量与城市相比存在明显差距,农村社区提供的老年照料支持十分有限,农村敬老院以供养"五保户"和社会救助老年人为主,对其他农村老人提供的服务较少,市场化运行的养老机构较少辐射到农村地区。另一方面,随着子女数量减少,农村老人空巢化日益严重,家庭养老功能逐渐弱化,对养老机构的需求必然增加,农村现有养老院等机构将不足以满足农村老人的养老需求,从"质"和"量"上共同提升养老机构服务具有重要意义。

(四)农民工生产生活——日渐脱离农村环境

《2021年农民工监测调查报告》显示,2021年全国农民工总量2.93亿人,比上年增加691万人,增长2.4%;年末在城镇居住的进城农民工1.33亿人,比上年增加208万人,增长1.6%;我国各区域输出农民工人数都呈增长趋势,其中规模最大的是中部地区,输出农民工人数为6 320万人,增长最快的是东北地区,较上年增速4.2%;从年龄来看,农民工平均年龄继续提高,平均年龄41.7岁,比上年提高0.3岁,50岁以上农民工所占比重为27.3%,比上年提高0.9个百分点。[①] 农民工群体在城镇工作生活,但较少享受城市社会的失业保险、养老保险、医疗保险、贫困救济等惠利,"亦工亦农、亦城亦乡"的农民工已成为我国社会结构中一个独立的阶层。规模不断扩大、平均年龄不断增加、高龄劳动力占比不断提高的农民工现状,为我国新型城镇化建设和乡村振兴带来巨大挑战。

农民工问题最初被关注为社会问题,源自该群体给城市就业、治安、管理、教育等带来的压力,随着流动人口管理政策的变迁,农民工适应和融入城市的程度在提升,但农民工生产生活问题没有消失,而是在演变。比如,农民工群体进一步分化,"千禧一代"农民工正在进入学术视野。"80后""90后"农民工群体,成长在物质条件相对优越的年代,大多来自少子女家庭,且见证数字时代的发展,他们进城务工的目标不再只为了打工,而更多的是追求更好的生活状态,更关注自身身心的成长和发展。应对城镇化和老龄化交叠作用下的新型农民工问题,需要用发展的眼光分析,从户籍、用工、福利、教育和组织等各项制度入手,为我国农民工群体更好地生产生活提供保障。

三、 积极老龄化战略中的农村老龄社会应对

人口老龄化对经济社会发展影响是长期的、全面的和系统性的。我国人

---

① 国家统计局:《2021年农民工监测调查报告》,国家统计局网站: http://www.stats.gov.cn/xxgk/sjfb/zxfb2020/202204/t20220429_1830139.html,2022年4月29日。

口老龄化城乡倒置格局衍生诸多农村老龄社会问题,给农村建设、农业生产、农民养老和农民工生产生活等"四农"各领域带来挑战,同时也带来机遇。要抓住机遇、增创人口红利,需要明确指导方针、总体目标和基本要求,积极应对城镇化进程中的农村老龄社会问题。

(一)在乡村振兴中推进农村养老

走中国特色社会主义乡村振兴道路,全面实施乡村振兴战略。2021年,国务院印发的《关于全面推进乡村振兴加快农业农村现代化的意见》提出,提升农村基本公共服务水平和实施农村人居环境整治提升五年行动。总体上,全面推进健康乡村建设,综合提升农村医疗服务水平。农村养老方面,将老年人作为健康服务的重点人群,提高医疗保险政府补助标准,健全重大疾病医疗保险和救助制度。对于农村留守老人,健全养老服务网络,推动各级养老机构设施和人员建设,提供农村普惠性和互助性养老服务。虽然农村建设受农村老龄化的影响面临很多挑战,但是宜居环境的改造刻不容缓。例如,农村"厕所革命"应加快推进,加快研发干旱、寒冷地区卫生厕所适用技术和产品,加强中西部地区农村户用厕所改造,保障农村清洁和绿化建设,创建农村养老宜居环境。对于日益扩大的城乡老龄化差距,应致力于打破城乡养老二元模式,排除城市偏向的制度壁垒,健全城乡融合的体制机制,实现养老资源的合理配置,弥合农村老年人公共服务缺口。对于不同地区养老差异性问题,可通过问题分类、多地试点的方式积累农村养老服务经验,出台专项文件提高工作效率,动员多方参与,满足多元需求,推动城乡融合养老进程。

(二)在完善新型城镇化战略中推进户籍制度改革

2021年颁布的《国民经济和社会发展第十四个五年规划和2035年远景目标纲要》指出,坚持走中国特色新型城镇化道路,深入推进以人为核心的新型城镇化战略,以城市群、都市圈为依托促进大中小城市和小城镇协调联动、特色化发展,使更多人民群众享有更高品质的城市生活。以人为核心的中国特色新型城镇化道路,要立足老龄化城乡倒置的人口现状,通过户籍制度改革,加速弥合城乡差异,实现城乡融合发展。进一步探索"积分入户"和"居住证"等户口制度的完善或替代形式,科学解决城乡流动人口身份问题。思考以户籍制度改革促进家庭城镇化,帮助农民工群体在城市落地生根,逐步突破新生代农民工"回不去农村,融不进城市"的困境,提升农民工在城生活的幸福感和满意度。虽然户籍制度改革牵涉诸多社会群体的利益,关系到公平和权益问题,改革不可能一蹴而就,但可考虑实行阶段性措施,针对不同群体优先解决迫切问题。例如,优先解决新生代失地农民工的城镇户籍,因为失地关系到生产生活的基础,该群体融入城市的愿望最强烈,获得户籍更迫切。另外,常住城镇、工作稳定的新生代农民工是城镇建设的主力军,对于有申请城镇户籍意愿的应当以居住合法、职业固定为准入条件合法迁入,帮助他们享受城镇居民待遇,减少农民工子女教育、住房和医疗等各方面的不便。

(三)在提升农村发展整体实力中增强应对能力

农村整体实力发展是解决农村老年贫困等老龄社会问题的关键。第一,政府应增加财政和政策支持,推动服务养老产业财税政策落地,健全农村养老机构运行补贴奖励和税费减免机制,对于接收经济困难、失能、半失能、高龄老人的养老机构着重加大财税和政策支持力度。第二,盘活闲置资源,以土地转换为例,破除农村集体经营性建设用地入市障碍,完善入市规则和监管,可将集体经营性建设用地指标向农村养老产业项目倾斜,保障农村养老产业发展的用地需求。第三,创新筹措方式,提升资金的募集能力,鼓励社会多方支持,吸引多渠道资金投入,实现社会资金管理透明公开,提高公信力。第四,充分利用数字时代红利,通过电子商务、多媒体等新型方式帮助农民创收,不断拓展新渠道,寻找增收新动能。第五,农村发展的重点是提高农业质量效益和竞争力,鼓励发展农村新产业、新业态,实现一二三产业共同发展。

(四)加快补齐农村养老服务短板

随着城乡养老服务建设不断完善,高龄老人、特困老人、失能老人等群体的养老问题是农村养老服务的突出短板。2022年2月,国务院印发《"十四五"国家老龄事业发展和养老服务体系规划》,提出通过支持县级养老服务机构建设改造,将具备条件的乡镇级特困人员供养服务设施(敬老院)改扩建为区域养老服务中心;因地制宜实现农村有意愿的特困老年人集中供养;支持乡镇级特困人员供养服务设施(敬老院)增加养老服务指导功能,将专业养老服务延伸至村级邻里互助点、农村幸福院和居家老年人;对于特困人员供养服务设施(敬老院)原地改造升级项目,不需要调整规划用途,不额外占用建设指标。

贯彻落实国家规划。首先，应统筹城乡养老服务设施建设，加快完善居家社区机构协调发展的多层次养老服务体系，加快构建区县、镇街、村社、家庭"四级"融合养老服务体系。其次，重点解决农村老人在上门医疗、老年送餐、健康救助等方面的迫切需求，扩大适老产品的供给。再次，建立老年护理补贴制度，稳妥推进长期护理保险试点，加强护理型养老设施建设，加快建设面向失能、半失能老年人的老年养护院，大力提升康复护理服务能力和水平。最后，逐步扩大大额门诊、特殊病种报销范围，积极引导就近就便就医，充分享受普通门诊待遇，做好医疗保险"一单制"结算、"一窗口"办理、"一站式"服务工作，设置老年健康卡，保证定期回访诊疗，充分利用大数据信息制定诊疗方案，启动实施双向转诊制度。需要加快健康教育、预防保健、疾病治疗、康复护理、长期照护、安宁疗护等为老服务在农村地区的宣传和推广。

现在及未来，对人口老龄化城乡倒置问题的应对，怎么强调都不过分。人口老龄化城乡倒置格局是历史问题且将继续长期存在，表现在城乡老年人口规模、变动、结构、健康、分布状况等各个方面，人口老龄化城乡倒置现象必定给农村、农业、农民和农民工"四农"发展带来巨大挑战。"农村先老、农村快老、农村更老、农村高老、农村弱老"是我国落实积极应对人口老龄化国家战略必须直面的客观现实问题，在推动乡村振兴战略、新型城镇化战略和应对人口老龄化战略中，要增加对农村发展的关注，要加重农村发展的元素和色彩，要加大农村发展的力度，农村始终是重中之重，如何强调都不过分。

乡村振兴战略背景下农村养老服务体系建设的机遇、挑战及应对*

杜　鹏　王永梅**

摘　要:完善农村养老服务体系,不仅是破解农村养老困局的重要突破口,更是中国特色养老道路的应有之义。乡村振兴战略为农村养老服务体系建设带来新机遇,也带来了新挑战。新时期中国农村养老服务体系建设的重点任务是:尽快出台农村养老服务体系建设中长期规划,着力明晰农村养老服务发展理念并建立健全农村老龄化应对体制机制;加快农村养老服务机构建设,加大农村敬老院投入并不断提升其服务质量,结合农村的特点统筹建设社区养老服务设施;大力发展农村养老服务业,以城市地区成熟的组织或企业为引导,着力培育一批农村本土本乡的养老服务组织和企业;加大财政对农村养老服务的转移支付力度,做好农村老年人生产性或经营性服务,不断提高农村老年人可支配收入;盘活农村剩余劳动力,因材施教,打造一支本土本乡且靠得住的农村养老服务人才队伍,不断提高其职业化、专业化和标准化程度。

关键词:农村养老服务　机遇　挑战　重点任务

---

* 本研究是国家社会科学基金一般项目“新时代老龄化社会治理现代化研究”(项目编号:18BRK007)和教育部人文社会科学重点研究基地重大项目“面向全面小康社会的老年长期照料体系研究”(项目编号:16JJD840012)的阶段性成果。原载《河北学刊》2019年第4期。

** 杜鹏,中国人民大学人口与发展研究中心、老年学研究所教授,研究方向为老龄政策、老年社会学、农村养老;王永梅,首都经济贸易大学劳动与社会保障系讲师、博士后,研究方向为养老服务、老龄社会治理、农村养老。

农村已成为中国应对养老挑战的重点和难点所在。[①] 完善农村养老服务体系，不仅是破解农村养老困局的重要突破口，[②]更是中国特色养老道路的应有之义，但目前仍处于建设过程的初期阶段。《乡村振兴战略规划（2018—2022）》（以下简称"战略规划"）将新一轮乡村振兴计划推向了新的阶段，[③]也为建立和完善中国农村养老服务体系提供了重要机遇。从外部来看，此战略规划明确将"加快建立以居家为基础、社区为依托、机构为补充的多层次农村养老服务体系"作为重点任务予以关注，由此带来的大量的财政投入、快速的组织布局和各级各类部门的高度重视势必会加快农村养老服务体系建设；从内部来看，乡村在经济、社会、政治、文化和生态等方面的全面振兴将增强农村应对养老挑战的内生力量，例如盘活乡村社会养老资源、激发各主体养老服务活力等，为扭转"城市反哺农村""城市带动农村"式的发展模式，建设可持续农村养老服务体系奠定了基础。然而，目前中国农村养老服务需求尚且不明，服务体系建设历史欠账太多，加之农村情况复杂多样，从哪里着手、如何着手来建设农村养老服务体系，已成为首要挑战之一。本文将在解析农村养老服务体系概念的基础上，剖析乡村振兴战略为农村养老服务体系建设带来的机遇，并根据当前进展与积极应对人口老龄化要求指出仍面临的挑战，进而提出新时期中国建设农村养老服务体系的重点任务，以期为相关部门决策提供参考。

一、 新时期农村养老服务体系概念解析

根据社会养老服务体系定义，[④]本文将农村养老服务体系界定为：它是与

---

① 杜鹏：《中国农村养老服务现状与发展方向》，《中国社会工作》2018 年第 9 期；陆杰华、沙迪：《新时代农村养老服务体系面临的突出问题、主要矛盾与战略路径》，《新疆师范大学学报（哲学社会科学版）》2018 年第 2 期。

② 陆杰华、沙迪：《新时代农村养老服务体系面临的突出问题、主要矛盾与战略路径》，《新疆师范大学学报（哲学社会科学版）》2018 年第 2 期。

③ 张海鹏、郜亮亮等：《乡村振兴战略思想的理论渊源、主要创新和实现路径》，《中国农村经济》2018 年第 11 期。

④ 《社会养老服务体系建设规划（2011—2015）》指出，社会养老服务体系是与经济社会发展水平相适应，以满足老年人养老服务需求、提升老年人生活质量为目标，面向所有老年人，提供生活照料、康复护理、精神慰藉、紧急救援和社会参与等设施、组织、人才和技术要素形成的网络，以及配套的服务标准、运行机制和监管制度。

农村经济社会发展水平相适应,以满足农村老年人养老服务需求、提升农村老年人生活质量并促进老年人自由全面发展为目标,面向所有农村老年人提供生产服务、生活服务、精神慰藉、保健医疗、康复护理和临终关怀等设施、组织、人才和技术要素形成的网络,以及配套的服务标准、运行机制和监管制度。该定义增加了"赋权增能(empowerment)①"的核心理念和促进老年人自由全面发展的目标,形成了"一核多元"的农村养老服务需求框架(见下图1)。

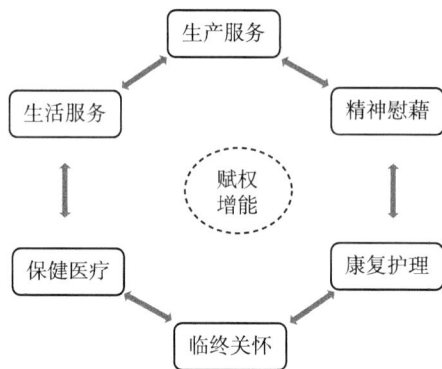

图1 "一核多元"农村养老服务需求框架

之所以强调对农村老年人赋权增能和促进其自由全面发展,主要是基于以下考虑:第一,这是积极老龄化(Productive Aging)的客观要求。积极老龄化是2002年以来国际社会应对人口老龄化的基本宗旨,"积极"一词不仅是指老年人在获得健康的基础上积极参与经济社会发展,更是指政府、学术界和社会要积极地看待老年群体并有所作为。② 发展农村养老服务的核心目标之一就是要为农村老年人参与社会提供条件或帮助,比如延长其健康自理状态、提高其保障水平、创设宜居环境、充分发挥其功能等,亦即赋权增能。第二,这是新时期理顺中国老龄社会治理思路的必然要求。尽管中国有10.48%—13.31%③的老年人在生活上需要一定帮助,但绝大部分老年人是健

---

① 1999年美国《社会工作词典》将赋权增能解释为:帮助个人、家庭、团体和社区提高个人的、人际的、社会经济的和政治的能力,从而达到改善自己状况的目的的过程。中文赋权增能一词从empowerment翻译而来,包含增权、权能激活、促能等意思。

② 邬沧萍、彭青云:《重新诠释"积极老龄化"的科学内涵》,《中国社会工作》2018年第6期。

③ 张文娟、魏蒙:《中国老年人的失能水平到底有多高?——多个数据来源的比较》,《人口研究》2015年第3期。

康可自理的,对于特殊老年群体的过多关注往往会导致对老年群体过度负向认知和对健康老年群体的"选择性忽视",在农村更是如此。老龄社会治理的首要任务之一,就是要将老年人视作建设现代强国的重要资源,[①]体现在本文中即是应切实发挥农村老年人在乡村振兴中的作用,这是中国在深度老龄社会和超级老龄社会中全面实现现代化的历史选择。第三,这是实现农村老年人美好生活愿望、促进其自由全面发展的内在要求。美好生活是人的解放和自由全面发展的前提,而美好生活主要体现在思想观念的自我超越、工作与生活技能的提高、不良生活方式的克服等方面。[②] 由此可见,老年人的美好生活是以其自身"增能"为前提的主动式发展,而非外界施予的被动式发展。本文所指赋权增能,即激发农村老年人享受养老服务的权益,全方位地增强农村老年人的资本(比如健康资本、经济资本、人力资本、社会资本和心理资本等),为其实现美好生活和自由全面发展奠定基础。总之,应从更广阔的视域来看待农村养老服务发展,期望在体系建设之初即明确发展思路和发展目标,为理顺农村养老服务发展大方向奠定基础。

在"赋权增能"理念指导下,结合农村老年人生活实际提出六类养老服务(参见前述图 1)。从纵向来看,大致体现为农村老年人对于不同服务需求的时间序列;从横向来看,大致体现为某一时点老年人对于不同服务的需求程度。精神慰藉除与文献中的内涵相一致之外,还包括不断提高老年人心理资本[③]的内容;保健医疗既包含为保持身体健康而进行的保健活动(比如健康知识、体育服务等),也包括医疗卫生方面的救治服务;康复护理包含必要的生活护理和康复服务。针对上述三种服务,文献中已有较多阐释,以下重点对其他三项服务进行阐释。第一,生产服务(亦称"生产性服务"[④]),泛指围绕农村老年人适度地参与农业生产而提供的公益性或有偿性服务。与城镇老年人退休之后可以与供职单位脱离劳动关系不同,大多数农村老年人一生都与

---

① 杜鹏、王永梅:《改革开放 40 年我国老龄化的社会治理——成就、问题与现代化路径》,《北京行政学院学报》2018 年第 6 期。
② 谢加书:《美好生活建设的中国道路》,《马克思主义研究》2017 年第 10 期。
③ 王永梅:《老年心理资本研究述评》,《老龄科学研究》2015 年第 1 期。
④ 《乡村振兴战略(2018—2022)》和 2019 年新颁布的《关于促进小农户和现代农业发展有机衔接的意见》中,都明确提出要大力发展农业生产性服务业。

土地和农业生产相联系,而且城镇化背景下农村老年人参与农业生产的比例会越来越高;[①]从积极老龄化角度来看,适度参与劳动对于老年人的经济独立和自由全面发展是有益的。在对河北、北京、四川等地的农村调研中也发现,老年人对一些生产性服务的需求开始显现。然而,目前针对老年群体的生产性服务还很不充分,并未引起应有的关注[②]。因此,在乡村振兴战略背景下,应本着为农村老年人赋权增能的思想,为农村老年人(也可以延伸到准老年人)提供必要的生产性服务。第二,生活服务(也称"生活性服务"),是指为满足农村老年人吃、穿、住、用、行等基本生活需求而提供的服务,与生产服务相对应。当前,有关农村老年人的生活服务面临两方面的挑战:一是针对"三无""五保"等困境老年人的生活服务存在不充分不平衡的矛盾;[③]二是新时代农村老年人对于美好生活的向往促使其对于养老服务的需求开始由低水平均衡向高质量发展转变,而国家和社会尚未做好必要的准备。因此,应以乡村振兴为契机,大力繁荣农村老年人生活服务,为农村老年人实现美好生活愿望奠定现实基础。第三,临终关怀(hospicecare)服务,是指针对农村濒临死亡的老年人及其家庭成员提供的涉及医疗、护理、心理咨询、健康教育、死亡教育、精神和社会支援以及居丧照护的一种综合性服务。[④] 临终关怀已被写入《老年人权益保障法》,而两项全国性调查数据[⑤]均显示中国农村老年人死亡质量相对较低。[⑥] 因此,应以乡村振兴战略和建设农村养老服务体系为契机,尽早填补农村临终关怀服务空白,加快推进农村临终关怀服务向专业化和职业化发展。

[①] 刘妮娜、孙裴佩:《我国农业劳动力老龄化现状、原因及地区差异研究》,《老龄科学研究》2015 年第 3 期;贺雪峰:《乡村振兴战略要服务老人农业》,《河海大学学报(哲学社会科学版)》2018 年第 3 期。

[②] 贺雪峰:《乡村振兴战略要服务老人农业》,《河海大学学报(哲学社会科学版)》2018 年第 3 期;廖柳文:《人口老龄化对乡村发展影响研究进展与展望》,《地理科学进展》2018 年第 5 期。

[③] 陆杰华、沙迪:《新时代农村养老服务体系面临的突出问题、主要矛盾与战略路径》,《新疆师范大学学报(哲学社会科学版)》2018 年第 2 期。

[④] 杜鹏、王永梅:《中国老年临终关怀服务的实践与制度探索》,《中国特色社会主义研究》2015 年第 5 期。

[⑤] 两项全国调查分别为 CLHLS(2014)和 CLASS(2016),其中 CLASS(2016)由原始数据计算所得。

[⑥] 陆杰华、张韵:《健康老龄化背景下中国老年人死亡质量现状及其对策思考》,《河北学刊》2018 年第 3 期。

为确保上述服务能够被有效而精准地供给,需要以农村老年人和养老服务为中心建立起相应的设施、组织、人才和技术网络。其中,组织和人才是农村养老服务发展的核心动力,设施和技术是确保服务高效供给的基础条件,将这些要素整合到一起并发挥作用的则是治理,四类要素良性互动即可构成一个相对完整的农村养老服务体系。尽管当前农村养老服务体系建设面临诸多困难,[①]但经过若干年推进和发展,已具备了一定的基础,比如养老服务设施建设已全面铺开、组织和人才发展受到各方关注等,这些都为新时期建设农村养老服务体系奠定了重要基础。

二、乡村振兴战略为农村养老服务体系建设带来机遇和挑战

(一)乡村振兴战略为农村养老服务体系建设带来新机遇

根据乡村振兴战略的阶段性部署,[②]农村养老服务体系建设的阶段性目标可以设计为:到 2020 年农村养老服务体系建设规划初步形成;到 2022 年农村养老服务体系建设规划和配套政策体系初步健全;到 2035 年农村养老服务体系在保障农村老年人养老服务需求、生活质量提升和自由全面发展方面取得决定性进展;到 2050 年农村养老服务体系可以全面满足农村老年人的生存与发展需要,促成中国特色养老制度形成并成为中国全面现代化的重要支撑。此轮乡村振兴战略为农村养老服务体系建设带来如下机遇。

第一,为整合农村养老服务发展资源提供了重要契机。尽管养老服务发展存在"重城市、轻农村"[③]的倾向,但诸如《社会养老服务体系建设规划(2011—2015)》等政策文件都提出养老服务资源要向农村倾斜,加之近年来农村地区探索出了互助养老、养老大院、孝道餐等服务新模式,中国农村养老服务由此得到较快发展。然而,以城市为本位的养老服务政策导致农村养老

---

① 陆杰华、沙迪:《新时代农村养老服务体系面临的突出问题、主要矛盾与战略路径》,《新疆师范大学学报(哲学社会科学版)》2018 年第 2 期。

② 到 2020 年乡村振兴制度框架和政策体系基本形成;到 2022 年乡村振兴制度框架和政策体系初步健全;到 2035 年乡村振兴取得决定性进展,农业农村现代化基本实现;到 2050 年乡村全面振兴,农业强、农村美、农民富全面实现。

③ 杜鹏:《中国农村养老服务现状与发展方向》,《中国社会工作》2018 年第 9 期;陆杰华、沙迪:《新时代农村养老服务体系面临的突出问题、主要矛盾与战略路径》,《新疆师范大学学报(哲学社会科学版)》2018 年第 2 期。

服务资源碎片化严重,而且发展的随意性较大,难以适应未来农村人口老龄化的快速增长。从资源配置方式来看,政策通常以由城市向农村"渗透"的方式来配置养老服务资源,这种缺乏统一规划的配置方式导致农村养老服务资源不平衡不充分的现象比较突出;[①]从设施和服务来看,未能切实考虑农村老年人的养老实际、农村的治理特点、文化习俗和地形地貌等因素,导致农村养老服务供需不匹配现象比较突出;[②]从发展的可持续性来看,市场配置养老服务资源的基础性作用尚未充分发挥,导致养老服务供给主体单一,养老服务从生产到递送,再到使用的整个过程不通畅,发展的可持续性亟待加强。总的来看,无论是从农业农村发展的特殊性,还是从农村老年人与城镇老年人的差异性来看,构建完善的农村养老服务体系是应对农村养老挑战的必经之路。此轮《乡村振兴战略规划(2018—2022)》对农村养老服务发展作了全面部署,并明确提出要建设完善的农村养老服务体系,这无疑对整合现有养老服务资源、促进体制机制建设提供了重要契机。

第二,为繁荣农村养老服务发展提供了强大的内生力。这可以从乡村振兴总要求的五个方面体现出来。首先,"产业兴旺"将为农村康养产业和养老服务业发展提供新活力。战略规划提出要深入挖掘农业农村健康养老功能和价值并在土地使用上作出了安排,[③]同时养老服务业作为一种新业态将在强大的需求和康养产业刺激下大力发展。其次,"生活富裕"将直接或间接提高老年人养老服务购买力。战略规划将通过完善土地出让收入、加大公共财政投入、创新农业经营体系、发展壮大集体经济、促进就业和稳定就业等措施提高农村居民(含老年人)收入水平,而且子女生活富裕也将间接提高老年人的经济保障水平,从而提高其养老服务购买力。再者,"乡风文明"为丰富农村老年人精神文化生活并营造孝老爱老敬老社会氛围开启新篇章。健全乡村公共文化服务体系、鼓励开展惠民演出(比如,实施戏曲进乡村工程)等一系列举措将丰富农村老年人精神文化生活,同时弘扬中华孝道、培育良好家

①　陆杰华、张莉:《全面建成小康社会进程中农村老年人的养老风险探究——基于新时代我国社会主要矛盾转型视角》,《华中科技大学学报(社会科学版)》2018 年第 1 期。

②　陆杰华、沙迪:《新时代农村养老服务体系面临的突出问题、主要矛盾与战略路径》,《新疆师范大学学报(哲学社会科学版)》2018 年第 2 期。

③　战略规划提出"利用 1%—3% 治理面积从事旅游、康养、体育、设施农业等产业开发"。

风等相关活动也将重塑农村孝道文化。另外,"治理有效"为夯实养老服务发展并促进其可持续发展提供新动能。战略规划提出要自治、法治、德治"三治"相结合建立健全现代乡村社会治理体制,并且要大力培育农村社会组织、发展农村社会工作和志愿服务等,这些治理举措将为破解农村养老服务发展治理困局提供新动能。关于"生态宜居",尽管战略规划更侧重自然环境布局,但即将开展的乡村绿化行动、垃圾污水处理等人居环境整治行动将会逐步改善乡村居住环境,更重要的是农村对于人居环境的关注将为农村老年宜居环境建设打开新思路。总之,农业、农村、农民的全面振兴将为繁荣农村养老服务发展提供强大的内生力。

第三,为塑造新型城乡老龄社会关系提供了历史机遇。农村养老困境相对突出,不仅因为人口的老龄化,更与城乡经济社会体制改革有关。[1] 在经济体制改革推进过程中,城市中诸如老弱病残干部安置、老干部离职休养、退休退职等带来的养老挑战最先显现,[2]于是政策和制度开始着力于解决城市养老困境,农村则通常以政策予以倾斜一笔带过。随着农村人口老龄化加剧、"乡—城"人口流动频繁、农村集体经济衰退等,农村养老困境日渐突出。近20年来,除继续依赖家庭、家族或集体养老之外,中国农村养老困境的治理不外乎两种方式:一是经济保障上"城市反哺农村",如加大财政投入或转移支付力度,不断提高农村老年人养老保障水平;二是服务发展上"城市带动农村",如以城市的服务理念和技术带动农村服务发展,甚至将城市资源直接嵌入到农村。尽管在一定时期内,农村养老困境应对对于城市的依赖不可避免,但从长远来看难以持续,因为城市地区也可能会遭遇发展瓶颈(比如有些城市地区的养老金已经出现亏空、大城市养老服务资源出现匮乏等),导致其无力持续支撑农村发展。因此,在中国已经步入新时期并且人口老龄化即将再次迎来迅猛发展之际,必须重塑城乡老龄社会治理关系,努力探索出一条"各有所长、相互支撑、融合发展"的中国特色城乡养老道路。《乡村振兴战略

---

① 刘晓静、戴建兵:《从破到立:国家—单位保障向国家—社会保障——中国计划经济转型时期社会保障改革政策评析》,《河北学刊》2018 年第 5 期。

② 杜鹏、王永梅:《改革开放 40 年我国老龄化的社会治理——成就、问题与现代化路径》,《北京行政学院学报》2018 年第 6 期。

规划(2018—2022)》提出建设农村养老服务体系的同时还要"重塑城乡关系",并做出了一系列部署,这无疑为塑造新型城乡老龄社会治理关系,进一步完善中国特色养老道路理论基础提供了历史机遇和实践基础。

(二)当前中国农村养老服务体系建设面临的挑战

当前,机遇是明显的,挑战也是巨大的。在乡村振兴战略背景下,农村养老服务体系建设至少面临四方面的挑战:第一,发展理念并未充分融入积极老龄化思想,为什么发展、发展什么服务、由谁来发展等问题,尚须作进一步明确。前文述及"赋权增能"应是农村养老服务发展的指导思想,但战略规划中非常注重"养"老的思想(仅有一处提及要发挥老年人作用),更未能将农村老年人视作乡村振兴的重要资源,因而如何融通发展理念,尚需要各界共同努力。而且,农村老年人的养老服务需求究竟是什么、应该着力发展什么样的养老服务,也需要作进一步明晰。第二,农村养老服务体系历史上欠账太多,且现实任务巨大。由于农村社会化养老服务起步较晚,无论是养老设施、服务人员、社会组织还是技术要素和社会化养老观念等,农村都较城市严重滞后,比如农村社区养老院覆盖率仅相当于城市的1/2,托老所或老年日间照料中心仅相当于城市的1/5。[①] 加之,农村老年人普遍面临贫困、健康、照料和社会安全等风险,[②]相比之下农村养老服务体系建设任务就显得尤为巨大。第三,乡村振兴战略并未从服务体系建设的角度加以布局,所提及的有利因素碎片化严重。尽管战略规划提出要建设农村养老服务体系,对于所需设施、人员、社会组织和技术要素等也都有所提及,但均散落于各个部分,没有形成统一规划,因而如何将这些碎片化的利好因素整合为促进体系建设的指导意见,尚需要付出更大的努力。同时,如何在农村基层组织机构改革[③]的新背景下融通各方以形成合力,也是一个新挑战。第四,各地农村发展差异巨

---

① 陆杰华、沙迪:《新时代农村养老服务体系面临的突出问题、主要矛盾与战略路径》,《新疆师范大学学报(哲学社会科学版)》2018年第2期;杜鹏、孙鹃娟、张文娟等:《中国老年人的养老需求及家庭社会养老资源现状——基于2014年中国老年社会追踪调查的分析》,《人口研究》2016年第6期。

② 陆杰华、张韵:《健康老龄化背景下中国老年人死亡质量现状及其对策思考》,《河北学刊》2018年第3期。

③ 胡雯、陆杰华:《机构改革应对老龄化新国情的战略安排》,《南开学报(哲学社会科学版)》2018年第6期。

大,农村养老服务发展参差不齐,如何构建与当地经济社会发展相适应的养老服务体系的挑战巨大。中国既有北京、上海等先进地区的农村,更有河南、河北、甘肃、四川、云南等地的农村,经济发展水平不平衡、服务补贴制度差异很大、文化观念甚至地理地貌迥异,而且农村养老服务发展现状差异巨大。[①]所以,针对哪个层次构建、构建怎样的农村养老服务体系,更需要当地政府和职能部门结合实际,量力而行,深入思考下一步方案。另外,对于农村老龄社会的预见性不足、如何与其他社会服务相融合、如何与经济社会发展相适应以及如何实现体系的可持续发展等,也都是农村养老服务体系建设所面临的新挑战。

三、 新时期中国农村养老服务体系建设的重点任务

(一) 尽快出台农村养老服务体系建设中长期规划,着力明晰农村养老服务发展理念并建立健全农村老龄化应对体制机制

第一,明晰理念体系。通过组织多领域、多层次的国内外学术研讨、理论探索,进一步明晰中国农村养老服务发展的理念体系,搞清楚究竟为什么发展、发展什么样的养老服务、发展的目标是什么等,并综合积极应对人口老龄化的规律性和乡村振兴的规律性确定指导思想及目标愿景。第二,制定发展规划。各省、市、自治区民政部门负责出台本省、市、自治区农村养老服务体系建设规划。一方面,县(市)级民政部门应尽快盘点当地养老服务设施、服务人才、服务组织和标准规范等的现状、缺口与困难,并结合当地经济社会发展状况提出农村养老服务体系构建的需求,以此作为省、市、自治区的参考。第三,理顺体制机制。在尊重法治的前提下,充分尊重村民关于养老的自治实践,以各种方式鼓励村民委员会、老年协会、其他农村基层组织以及城市地区成熟的社会组织等积极探索农村养老服务新模式,省、市、自治区民政部门应及时发现、评估并给予指导和支持。同时,将农村养老服务发展任务纳入乡村治理体系建设,全面落实"三治"方案,努力搭建农村养老服务发展新型

---

① 王雪辉:《中国农村社会养老服务供给现状及评价研究》,中国人民大学博士学位论文,2017 年,第 20—35 页。

治理格局。

（二）加快农村养老服务机构建设，加大农村敬老院投入并不断提升其服务质量，结合农村的特点统筹建设社区养老服务设施

充足、质优价廉的养老机构仍然是农村养老服务的弱项，作为以兜底群体为主要对象的敬老院，不管是规模上还是服务上都需要进一步夯实，公共财政应结合当地情况加大敬老院建设投入，并鼓励以特许经营、公建民营和民办公助等形式给予运营补贴。同时，政府应加大对农村敬老院建设标准和服务质量的监督监管力度，让农村敬老院切实成为困难老年群体的"温暖之家"。为此，应以行政村为单位，由各级财政投入建设社区养老服务中心，并以服务的老年人规模为依据配套服务设施，鼓励各服务中心根据辖区内老年人的需求灵活开展服务工作。同时，切忌模式一致、内容统一、走形式化老路。在偏远的自然村还应补齐村民互助养老的设施需求和技术需求，并建立偏远自然村和行政村紧急救援机制。加快农村养老服务机构医养融合发展，一方面可以建立具有综合服务功能、医养结合的养老机构，另一方面着力打通两类服务机构之间的转介机制和报销机制。

（三）大力发展农村养老服务业，以城市地区成熟的组织或企业为引导，着力培育一批农村本土本乡的养老服务组织和企业

各地应根据当地农村人口老龄化趋势，在积极老龄化和新健康老龄化理念①指导下明晰农村老年人的服务需求，进一步完善本研究提出的养老服务需求框架，并以此作为农村养老服务发展的基础。在城乡融合发展的指导下，一方面，应通过扩大农村养老事业开放力度、加大财政撬动力度和深化"放管服"改革等，吸引一批城市地区比较成熟的养老服务企业或组织进入农村，尤其要注重选择那些品牌化、连锁化的大型企业或组织；另一方面，积极探索城乡融合养老服务发展新模式，充分挖掘农村健康养老产业潜力，吸引城镇地区老年人时段性或季节性到农村养老，比如到农村地区的养老机构养老、参与种植或收获、体验民风民俗等，在充实农村养老服务供给水平的基础

---

① 邬沧萍、彭青云：《重新诠释"积极老龄化"的科学内涵》，《中国社会工作》2018 年第 6 期；杜鹏、董亭月：《促进健康老龄化：理念变革与政策创新——对世界卫生组织〈关于老龄化与健康的全球报告〉的解读》，《老龄科学研究》2015 年第 12 期。

上带动一批农村本土本乡的组织和企业。当地民政部门须加大对当地养老服务机构的监督力度,依法确保其职业化、专业化和标准化发展,从制度上预防各类风险和突发事件的发生。

（四）加大财政对农村养老服务的转移支付力度,做好农村老年人生产性或经营性服务,不断提高农村老年人可支配收入

除对养老服务设施的财政投入之外,农村养老服务的转移支付也是现阶段的重中之重,以解决好农村老年人可支配收入非常有限的问题。首先,进一步完善针对"三无""五保"和其他困境老人的特困供养服务,确保兜底服务绝不落下一个困难老人,不断加大政府转移支付力度、不断提升养老服务质量,这其中也包括用于养老服务人员的费用。其次,针对农村社区和居家养老服务,应加大财政转移支付力度,以运营补贴或流量补贴的方式补贴给服务供给主体,同时探索从"补供方"向"补需方"转变,建立健全财政转移支付的绩效评估机制和长效投入机制。再者,针对当前中国70%以上耕地的绝大多数仍由老年人耕种①的事实,在加快发展"一站式"农业生产性服务业②时应适当向老年群体倾斜,鼓励在农业大省或者难以实现规模化经营的地区先行探索。一方面,提高老年农民群体现代农业理念和专业技术,比如建立健全农技站,在职业农民培训中纳入准老年人或低龄老年人;另一方面,建立针对老年农民群体的帮扶队伍,可以依托农村互助养老组织或志愿队伍建立长效帮扶机制,还可以组织农村留守妇女等建立"打工队"等。总的目标是,要不断提高老年人的可支配收入和养老服务购买能力。

（五）盘活农村剩余劳动力,因材施教,打造一支本土本乡且靠得住的农村养老服务人才队伍,不断提高其职业化、专业化和标准化程度

农村养老服务队伍建设面临的主要问题有服务人员数量不足、就业观念落后、职业吸引力不足、服务能力低下和工作模式单一等。在乡村振兴战略背景下,可从以下方面重点发展:一是通过举办人口老龄化国情教育、老年照

---

① 贺雪峰:《乡村振兴战略要服务老人农业》,《河海大学学报(哲学社会科学版)》2018年第3期。

② 《乡村振兴战略规划(2018—2022)》第十三章第四节"促进小农户生产和现代农业发展有机衔接"中提到,健全农业社会化服务体系,大力培育新型服务主体,加快发展"一站式"农业生产性服务业。

料公益培训和村（社区）集体宣传活动等，不断提高村民对于养老服务的认知，激发他们从事养老服务的热情，为农村养老服务队伍建设奠定认知基础；二是挖掘农村妇女、低龄老人、灵活就业或经营人员、待业人员特别是有意从事养老服务的人员等，通过专业培训提高其业务能力；三是在县（市）级职业教育中设置养老服务与管理专业，将养老服务队伍中具有较高文化水平或发展潜力的中青年纳入农村专业人才队伍建设计划（比如"乡土人才培育计划"）①，着力打造一支本土本乡懂业务、会经营的养老服务人才队伍；四是探索建立适合农村地区养老服务职业技能培训制度，增强职业培训的计划性、针对性和有效性，不断提高其职业化、专业化和标准化程度；五是充分利用好返乡人士中有意从事农村养老服务的人员，比如党政干部、医生教师、退伍军人、志愿者等。另外，还要不断创新养老服务模式、提高养老服务工资水平、增强养老服务工作的弹性和职业吸引力等。

此外，须以放权赋能、多元参与和合力共治理念，尽快理顺农村互助养老服务发展路径，根据当地实际情况建立健全农村留守老年人关爱服务体系，在时机成熟之时将老年宜居环境建设纳入乡村振兴评估指标，同时应加强对农村老龄社会发展趋势的预见性，全面推进中国农村养老服务体系治理现代化。

四、结语与展望

农村养老服务体系建设是破解农村养老困局的关键，更是事关中国特色养老道路和乡村全面振兴的重要举措。为此，应以本轮乡村振兴战略为契机，正式开启中国农村养老服务体系建设新格局。在充分认识当前农村养老服务发展新矛盾的基础上，进一步明晰新时代农村养老服务体系建设理念及思路，尤其是针对城镇养老服务体系建设过程之不足，依法做好顶层设计和科学论证，为今后30年乃至更长时期内的中国农村老龄社会治理谋篇布局。

---

① 《乡村振兴战略规划（2018—2022）》第三十章第一节"优先发展农村教育事业"中提出"大力发展面向农村的职业教育……加强县级职业教育中心建设，有针对性地设置专业和课程，满足乡村产业发展和振兴需要"；在第三十二章第一节和第二节围绕"加强农村专业人才队伍建设"进行了布局。

优化农村养老服务体系的几点思考

杨成钢　杨舒雯*

摘　要:现阶段我国农村养老服务存在养老服务资源短缺、供求严重不平衡、养老服务资源配置效率不高、农村养老文化服务环境不友好等问题,加强农村养老服务体系建设,必须优化供求关系、资源配置和养老服务环境。供给关系优化包括增加农村养老投入,提升家庭发展能力,提倡签订邻里互助公约,以土地经营权抵押,增加补充养老保险。资源配置优化包括优化政府、家庭、市场责任分摊机制,资源配置向痛点倾斜,设计养老服务资源共享机制,深度挖掘和充分利用养老资源。养老服务环境优化包括进一步倡导中华文明优秀传统养老文化、引入现代心理科学服务、对农村老年个体宗教信仰适度包容。

关键词:农村　养老服务体系　优化路径

我国养老服务体系建设长期基于"重城市、轻农村"的发展思路,各项养老服务资源优先向城市供给。[①] 这种选择虽然是受制于特定历史背景,仍然是很不合理的。所以我国未来城市经济的发展责无旁贷地应当带动和反哺农村的发展,以反哺为目标统筹城乡经济的发展,农村发展要弥补社会发展的短板。建设和优化农村养老服务体系应当就是其中重要的内容。

＊　杨成钢,西南财经大学人口研究所教授,研究方向为人口经济学;杨舒雯,西南财经大学博士研究生。

①　陆杰华、沙迪:《新时代农村养老服务体系面临的突出问题、主要矛盾与战略路径》,《新疆师范大学学报(哲学社会科学版)》2019年第2期。

一、 农村养老服务现状

（一）养老服务资源短缺，供求严重不平衡

1. 供给总量不足

（1）养老服务资源投入不足体现在养老服务设施供给总量缺口较大。据国家卫健委发布的《2020 年度国家老龄事业发展公报》，截至 2020 年年底，我国各类养老机构和设施总量达到 32.9 万个，养老床位 821 万张，每千名老年人拥有养老床位 31.1 张。距实现《民政事业发展第十三个五年规划》中所提出的"到 2020 年每千名老年人口拥有养老床位数达到 35—40 张"的目标仍有一定差距。基础养老设施不足在一定程度上会对老年人入住养老机构的意愿产生影响，从而制约农村养老服务事业的发展。

此外，养老服务设施供给覆盖范围也较为有限。截至 2020 年年底，我国共有注册登记的养老机构 3.8 万个，社区养老照料机构和设施 29.1 万个（其中社区互助型养老设施 14.7 万个）。而我国基层群众性自治组织截至 2020 年年底总量为 61.5 万个（其中村委会 50.2 万个、居委会 11.3 万个），以村委会数量为基数进行估算，注册登记的养老机构、社区养老照料机构和设施、社区互助型养老设施的覆盖率仅有 7.6%、58% 和 29.3%。有限的覆盖率揭示了农村养老服务的供给存在明显不足的事实。

（2）家庭养老支持弱化。伴随着农村净流出人口持续增加、家庭居住模式发生变化，核心化、少子化成为当前家庭结构的主要特征。根据国家统计局于 2021 年 5 月公布的第七次人口普查数据，我国平均家庭规模为 2.62 人。而近六成农村家庭人口数为 3 人及以下，农村家庭为 1 代人和 2 代人的比例达到 70.7%。[①]平均家庭户规模长期处于偏低水平，少子化趋势的加强势必会对家庭养老供给能力产生严重影响。根据中央农工党中央研究室调查数据，河北省太行山区 16 个村庄中农村老人独居空巢比例达到了 78%，家庭子女 3 个月回家探望父母一次的仅有 8%，间隔一年的有 48%，间隔两年以上的有 32%，家庭养老功能弱化的现象尤为明显。

（3）乡邻互助功能弱化。在传统的乡土社会里，血缘和地缘是农民联系的主要纽带，农民依赖血缘和地缘关系解决生产互助、经济合作、情感交

流等问题。[1] 伴随着中国农村社会进入转型期，现代农村社会分工日趋专业化，农民生活方式不断多元化，以业缘为纽带的社会组织与社会活动层出不穷，对传统乡土社会中邻里在生活上相互扶持、互帮互助的功能产生了替代，农村邻里关系在逐渐淡化，越来越少的情感交流弱化了乡邻间的互助功能。

（4）城乡居民养老保险待遇差异较大。2020 年全国城乡居民基本养老保险金月均 170 元，相比同一时期城镇职工养老金所达到的 3 350 元，农民养老金水平较低难以支撑他们购买养老服务。低水平的养老服务购买力、有效需求不足直接导致了农村养老服务设施发展进程缓慢。

2. 供给质量不高

（1）养老服务人力资源专业化水平较低。农村地区提供养老服务的个体大多未接受过专业的养老服务培训，难以形成现代化的服务意识。此外，对于新型养老理念的认知不足，服务人员在提供照料的过程中更为看重传统理念和方法，难以与医养一体化的发展模式相融合。以福建省三明市为例，许多村的养老服务队伍基本由村干部、村民以及志愿者等构成，其中有的是作为兼职队伍设立。而在一些机构养老中，往往日常医疗服务由村卫生室的医生兼职提供，医养结合的经验往往不如专职医护人员充分。具备专业知识的护理人员以及医疗卫生经验的匮乏极易造成照料上的风险。

（2）规范化管理缺位。农村养老服务基础设施建设方面的投入在养老事业的发展过程中有所增加。以河北省为例，农村养老所涉的基础服务和配套设施都得到了良好改造。老年人活动中心、各类养老机构中适合老年人使用的免费健身器材几乎随处可见，供暖、供水设备也在适时更新。[2] 但重视基础设施建设而忽略规范化管理实际上会使得服务供给的质量大打折扣。例如在修缮、改造新的房屋工具的过程中而淘汰下来的房屋院落、设备仪器，如不加以二次利用或及时进行回收都会产生不同程度的隐患。此外，在基建过程中忽略无障碍环境的建设管理，如防滑垫、护栏、斜坡等设施设置的缺乏和定期维护的缺位都会对老年人，尤其是身患残疾的老年人造成潜在威胁。

---

① 何彬：《农村纯女户女儿养老的社会支持研究》，河北大学硕士学位论文，2015 年。
② 杨勇刚：《供给侧视角下的农村养老服务发展策略》，《河北大学学报（哲学社会科学版）》2017 年第 6 期。

3. 供给结构不合理

（1）高龄养老照护资源严重短缺。农村人口老龄化、高龄化的发展现实使得高龄养老服务的需求量不断增大，对照护人员的责任心和专业素质提出了更高的要求。然而，由于照护资源的稀缺，在农村主要依靠健康老人照顾失能老人、低龄老人照料高龄老人，呈现出难度大、风险高的现状特点。

（2）临终关怀极度短缺。临终关怀作为医疗护理的一种方案，并非一种治愈疗法，而在于让缓缓走向人生终点的患者们能更有尊严地"谢幕"。但中国临终关怀的基本环境、照护质量两项指标在 40 个被调查的世卫组织成员国中排名分别为 40 和 35，均处于倒数行列。[1] 2014 年，学者们对河南省开封市 458 名农村老年人进行了调查。在"临终关怀接受度"这一问题上，41.9% 的老年人持不愿意的意见，16.6% 的老年人非常不愿意接受临终关怀。[2] 由此可见，农村老年人对临终关怀认知度和接受度都较为缺乏，民众对生命质量和死亡规律的心理适应性急需在临终关怀事业的发展过程中得到强化。

（3）老年人心理疏导服务严重不足。农村老年群体作为兼具农村地区和老年人口两方面特征的社会群体，极易产生孤独、抑郁等心理问题，其心理健康尤为需要受到关注。[3] 相较于城镇老年群体，农村老年群体受经济条件差、思想观念陈旧、心理服务建设滞后等因素影响，在面临心理问题时往往选择隐瞒、逃避或自我消化，直接导致这一群体获取心理疏导服务的重要性和迫切性被掩盖。

（二）养老服务资源配置效率不高

1. 政府、市场、家庭责任分担机制不合理

在农村养老服务供给中，居家养老仍是最主要的模式。2015 年《第四次中国城乡老年人生活状况抽样调查》的山东调查数据显示，高达 86.4% 的农

---

① 陆杰华、伍海诚：《老龄化背景下中国特色临终关怀体系建构的若干思考》，《新视野》2017 年第 1 期。

② 路雪芹、陈传波、魏艳艳、蔡芳芳：《农村老年人对临终关怀认知及接受度》，《中国老年学杂志》2014 年第 23 期。

③ 王文新、齐海梅、张杰：《农村老年心理健康服务现状及对策建议》，《行政管理改革》2017 年第 8 期。

村老年人选择在家接受照护。① 居家养老基本达成,但社区养老、机构养老以及医养结合的实现尚存在一定空间。养老服务的供给主体较为单一,政府在供给养老服务过程中的责任尚不明确,市场、家庭等主体的责任分担也较为模糊。哪些养老服务应由政府兜底? 哪些属于政府购买或是市场化供给服务范畴? 这些事项都需要加以明确界定,以实现高效的养老服务资源配置、建立健全多元化的养老服务体系。

2. 农村养老服务发展规划的可操作性不强

与农村养老服务发展有关的规划建设在"十三五"期间取得长足进展。但整体而言,规划方案基本还是宏观的、原则性的,特别是针对农村复杂的老年人状况,如对于"五保"老人、失能半失能老人的分类管理及精准施策尚不能实现,在规划层面所存在的养老保障兜底机制如何设置、多元主体之间权责配合如何明确等问题都会为养老服务发展规划可操作性的达成带来阻碍。

3. 对农村现有养老服务资源的整合以及创新利用不足

传统的农村养老资源,如宅基地、村卫生室等并未为农村老人养老发挥较大作用。"五保"老人的耕地在其入住敬老院后就被村集体收回的事情屡见不鲜,村卫生室作为村级医疗机构难以为老年人提供有效的规范医疗。尤其在财政投入有限的情况下,现有养老资源的利用不足极易为农村弱势养老群体带来负面影响。

近些年各地农村陆续出现了新型养老资源,如老年公寓、幸福院、文化书屋等,但通过实地考察发现,这些资源的实践利用以及运营并不理想。① 新型养老资源的出现为农村养老事业的发展提供了新的契机,但它们的设立并不在于直接体现养老保障功能。新型养老资源未能与农村现有养老资源服务有机整合,所形成要素紧缺和低效利用的格局极易造成资源浪费。

(三) 农村养老文化服务环境不友好

1. 传统养老文化影响弱化

中国传统文化提倡敬老孝亲,儒家经典《孝经》第一章开宗明义就说:"夫孝,德之本也,教之所由生也",认为孝是道德的根本,是社会教化的基础。孝

---

① 齐鹏:《论农村养老服务体系的完善》,《西北人口》2019 年第 6 期。

养老人是中华文明的传统美德,也是家庭伦理建构的价值核心,长期以来在中国社会特别是农村社会基层治理和社会发展服务中发挥着重要的作用。遗憾的是,随着市场经济的不断发展,城市化进程的不断推进,中国农村社会的养老文化也受到了很大的冲击,传统的优秀养老文化不同程度地发生了断裂,影响力明显弱化。失能半失能老人得不到良好的家庭照护和有效的社会救助,以致酿成老人自杀的悲剧事件也时有报道。

2. 缺少精神慰藉产品供给

中国作为一个社会主义国家,宪法明确规定人民群众有宗教信仰自由。但是在现实农村社会治理中很多地方又将宗教信仰一律视为封建迷信加以严格抑制,对宗教信仰的禁绝流于简单化。与此同时又没有为农村社会普通群众提供相应的精神慰藉替代产品。于是农村老人特别是生活困难群体以及处于疾病状态的老人更容易产生精神空虚和精神抑郁。

二、 优化农村养老服务体系

(一) 供求关系优化

1. 增加农村养老投入

充足的农村养老保障基金是社会保障制度赖以存在和运行的物质基础。[①] 在养老资金投入不足、服务资源短缺的情况下,服务设施供给的总量缺口较大、覆盖范围有限,对农村养老体系的正常运转、养老机构的建设发展都会造成负面影响。

有鉴于此,加大财政投入是积极应对农村人口老龄化、养老资源供给不足的重要保障。国家应通过调整养老服务财政的支出,加大农村养老资金投入支持力度,从而改善养老服务供给条件、提升农村社会养老服务能力。政府通过设立用于养老机构建设与营运的专项补助资金、在信贷等方面予以政策优惠,[②]能对社区、非营利机构等多元化主体积极参与农村养老服务设施建设起到正向引导作用。

---

① 李思特:《社会公平视角下的中国社会保障问题研究》,博士学位论文,吉林大学马克思主义学院,2021 年。
② 何慧敏、王贤斌:《多元主体参与农村养老服务的困境与出路》,《行政科学论坛》2020 年第 9 期。

此外,财政转移支付作为推动我国农村养老保障制度实施的重要途径,财政能力强的地区转移支付财政能力弱的地区,是实现城乡基本公共服务均等化的重要内容。① 悬殊的经济差距通过有效合理的转移支付制度进一步缩小,支付能力较差的农村地区在养老保险覆盖面较窄的问题上也能得到有效缓解。

2. 提升家庭发展能力

家庭所享有的城市和农村等基本配套措施与家庭基本的生活资源及环境条件在内的家庭生活发展能力是家庭发展能力的重要内容。② 家庭的健康发展需要国家和社会相关政策的支持。

首先,重视亲子间的代际互动。亲子间资源依赖与互补延续着传统的家庭团结力量,③对家庭凝聚力起到维系作用。亲子间情感联络、精神与物质上的代际支持对于实现老少和谐、代际共融皆具正面意义。

其次,提升农村家庭发展能力关键之处在于增强家庭的自我供养能力,进一步提升家庭抵御风险的能力。在政策层面应支持鼓励农民自主就业,对于有技术、懂生产的农民在资金上给予优先安排,如优先发放无抵押个人贷款以资助其发展农业产业。

作为农村老人最后的"庇护所",家庭情感凝聚力的增加、抵御风险的能力提升一方面显现了家庭发展能力的提高,另一方面也有助于老人、家庭乃至整个农村社会从容应对家庭成员照护农村老人这一养老模式中所面临的挑战,激活家庭养老支持功能。

3. 提倡签订邻里互助公约

作为一种为解决农村老年人养老困难所产生的邻里间互帮互助、彼此照顾、相互提供所需资源的养老模式,"邻里互助"以满足老年人基本而非个性化需要为原则。④ 其坚持了居家养老的优势,左邻右舍距离相近、沟通便捷,

---

① 刘可英:《加大财政扶持力度:增加农村养老投入与促进农村经济发展》,《知识经济》2014 年第 2 期。
② 阙兴龙、祝颖润:《改革开放 40 年中国家庭发展能力变化研究》,《人口学刊》2019 年第 4 期。
③ 杨菊华、李路路:《代际互动与家庭凝聚力——东亚国家和地区比较研究》,《社会学研究》2009 年第 3 期。
④ 陈雄、李泽坤:《农村"邻里互助"养老法律规制研究》,《湖南工业大学学报(社会科学版)》2020 年第 4 期。

有助于提升农村尊老助老的良好风气。加之其所具有的花费少、易推广的特点也与中国传统养老观念相符,具有广阔的发展前景。

提倡签订邻里互助公约,将这一养老模式引入制度规范,纳入村规民约的范畴,能很好体现出群体自主性。既是对乡邻互助功能的强化,友邻关系的增强有助于增进老年人心理健康,同时也有利于乡风文明建设、保障养老服务的秩序。邻里互助公约的签订赋予了村民共同的精神责任,有利于在一定农村范围内建立邻里团结、互敬友爱的精神共识。公约精神的贯彻也是一种潜移默化的教育,对于扩大公约的影响力,推动邻里文化建设具有积极意义。因地制宜的公约具体内容设计也有助于这一养老模式规范化、高效化的实现。

同时,公约的建立也为邻里互助过程中存在的服务质量以及侵权损害问题的解决提供了保障。通过法律工作者的介入,与当事人进行调解、达成和解或进行诉讼仲裁等都对这一养老模式中所可能产生的纠纷建立了处理机制。

4. 以土地经营权抵押,增加补充养老保险

通过土地经营权流转的形式在有效盘活土地资源的同时也能补充增加农民养老保险的收益。农民通过出租、转包或借用等方式将土地经营权流转给农业公司,在书面流转合同中对农业公司为农民购买养老保险事宜进行约定。农业公司在依法取得土地经营权的基础之上可将经营权抵押给保险公司,同时农业公司以受益人为农民进行养老保险投保。

这一模式的设计也为农业公司资金风险以及农民养老保险的可持续性进行了考虑。在农业公司资金风险防范问题上,农业公司基于经营权所获得的农作物收益可作为回款的来源之一,此外,通过保险公司所提供的低息贷款也可以解决农业公司发展之需;在农业公司破产后无力续缴保费的情形下,考虑到农民养老保险发放的可持续问题,保险公司基于抵押协议可通过出售、拍卖土地经营权的方式达成部分回款,并继续履行养老保险合同向农民支付养老保险金。

(二) 资源配置优化

1. 优化政府、家庭、市场责任分摊机制

福利多元主义的核心观点在于认为福利是全社会的产物,主张多元主体

的参与和供给,单方面依赖政府或市场是不可取的。在养老服务资源配置的相关研究中,该理论为市场、家庭、社区等主体参与提供养老服务提供了重要依据。①

首先,政府在养老服务事业中应发挥主导作用。根据不同地区不同农村经济发展状况,在制定当地的养老政策与规划的过程中应明晰政府、市场、家庭的权利和义务。合理的政府行为清单设立有助于提高政府的公信力,同时也为营造良好的市场环境提供保障。通过出台相应的配套措施、制定一系列优惠政策以鼓励多元主体积极参与到农村养老事业建设中来,并为提供养老服务的机构、个体设置监督考核体系,以确保高质量养老服务的供给。

另外,养老服务型企业、金融机构等作为典型的市场部门在一定程度上能缓解政府的财政负担,对政府所承担的养老服务责任起到补充作用。在满足农村老年人的养老需求、提供专门化的养老服务的同时,通过对农村老年人的个人信息及其家庭状况的数据收集,建立完善的数据库,为养老资源分配、服务质量供给的现实状况及改善空间作出详尽分析。

再者,居家养老目前仍在中国农村发挥着最为重要的养老作用。通过建立扶助奖励机制,对于积极赡养老人、照顾老人特殊需求的家庭,政府可以通过精神激励或物质支持来对敬老孝老的传统美德予以鼓励。这一过程在夯实家庭养老基础的同时也将对家庭发展能力的提升起到促进作用。

2. 资源配置向痛点倾斜

出于对资源稀缺性的考量,农村养老过程中的资源配置应存在结构性倾斜,首先着力于解决痛点。面对低中高龄老人、失能、半失能老人所提出的不同养老需求进行分类别回应,做到差异化处理。鼓励健康、低龄老人以居家养老为主,号召他们可以通过"邻里互助"等方式传递自身的价值;倡导处于半自理状态的高龄老人、失能或严重半失能的老年人接受专业养老机构或医疗机构的医疗护理或日常生活照护。

在养老保险、医保的待遇给付方面,应给予农村贫困老人、高龄老人、失能老人更大的倾斜,尤其是在大病医疗等方面给到更多支持。在财政收入能

---

① 张秀兰、徐月宾:《我国社会福利社会化的目标及途径探讨》,《江苏社会科学》2006 年第 2 期。

力较强、经济发展水平较快的地区,政府可通过资金补贴等方式对半自理或无法自理的老人予以直接资助。但资金投入总是有限的,市场也应在政府的引导、监督与带动之下起到补充作用,例如通过发放养老服务的补贴,让农村老人以亲民的价格购买到养老服务。再如完善养老机制,优化包括临终关怀、医养结合等在内的高质量养老服务。

3. 设计养老服务资源共享机制,深度挖掘和充分利用养老资源

大数据技术通过可视化分析、数据挖掘算法等手段为实现养老服务资源"需求—供给"的精准分析,带来了有力的技术支撑。[①] 借助大数据技术能力对农村老人个人及家庭数据库资料以及养护资源数据进行信息提炼与分析,能建立安全的数据共享机制。养老服务供给与需求的关联分析结果可为服务供给主体的精准施策提供经验支持。

养老服务资源配置的优化是满足老年人多样化需求,提升老年人生活幸福指数的必然要求。[②] 养老服务资源共享机制的设计通过资源流动的实现,使得不同地区、不同年龄层次、不同健康水平之间老年人的养老资源得到充分利用。存量资源物尽其用、闲置资源的不断开发提高了资源供给的水平,更能与老年人多样化的需求精准匹配。

（三）养老服务环境优化

1. 进一步倡导中华文明优秀传统养老文化

文明养老文化的提倡对于形成亲近友善的村民关系,营造尊老爱老的社会氛围皆具正面影响。以孝事亲、尊老敬老是中华民族的传统美德,其所具备的积极意义是养老的重要文化依托。农村养老问题的解决应始终借鉴和传承孝道文化中的优秀道德资源。[③]

顺从父母、孝敬父母、爱护父母是"孝心"的题中应有之意。孝亲思想的传承有助于提高家庭凝聚力,其在居家养老中最基本的表现在于子女在能力

① 鲁迎春、徐玉梅:《技术服务:基于数据驱动的养老服务供给模式创新》,《行政论坛》2020 年第 3 期。
② 吴雨昊:《分享经济下养老服务资源优化配置研究》,硕士学位论文,上海工程技术大学管理学院,2019 年。
③ 安云凤:《弘扬传统孝道文化,关注农村养老问题》,《齐鲁学刊》2009 年第 5 期。

范围内在物质、精神层面给到父母足够的支持和关怀。在邻里互助、社区养老等服务中，尊老、近亲的思想教育有助于提升邻里和社区成员的道德素养。这既有利于调动社区成员、志愿者们的服务积极性，与此同时尊重、关爱老人的良好服务观念、和谐融洽的社会氛围也能感化更多年轻人。

2. 引入现代心理科学服务

习近平总书记在吉林延边考察调研时提出："基本公共服务要更多向农村倾斜，向老少边穷地区倾斜。"心理健康服务作为基本公共服务的三个基本点之一，自然应当向农村倾斜，向农村老年群体倾斜。现代的心理科学服务的引入，一方面能够吸纳部分社会资源与力量向农村地区投放，另一方面能够有效改善农村老年人群的心理状况。

通过政府购买服务的方式，聘请心理辅导师到农村开展老年心理干预，定期了解老年人的精神状态，做好精神慰藉工作。通过搭建乡村老年心理健康服务平台，对老年群体进行全方位覆盖，提供高质量、高效率的心理健康服务。通过平台"联网"，实现心理医疗资源的联通流动、充分利用心理健康专业人才，使得心理服务真正融入农村老年生活中。引入现代的心理科学服务为农村老年人谋得了更多福祉，有助于农村养老质量的提升。

3. 对农村老年个体宗教信仰适度包容

在不影响基层社会治理的基本面情况下，对于农村老人特别是生活困难、疾病缠身、文化水平又不高的老人，应当给予一定的宗教信仰包容。只要控制在一定的规模和形式范围之内，个人或家庭层面的宗教信仰无论是对老年人精神慰藉还是临终关怀都还是有一定的积极意义的。当然，与此同时，体现社会主义核心价值观和中国优秀传统文化内容的农村养老文化还应当是主旋律，但是应当联系农村社会发展实际，贴近农民群众的生活，进行更加细化具体、接地气的思想阐发，使之真正成为农村老年群众的精神慰藉思想依靠。

三、结语

作为人口大国，我国长期以来都对养老服务事业的建设与发展高度重视。在我国，农村老龄化水平显著高于城镇老龄化水平，加之农村高龄老人、失能老人、空巢老人的增多对传统农村养老服务体系提出了进一步挑战,农村养老服务供给问题是我国应对人口老龄化的难点所在。[①] 农村老年群体日益增长的多元化养老服务需求与不平衡不充分的养老资源配置供给之间存在一定的矛盾,只有对这一现实问题进行充分认知才能不断适应农村人口老龄化社会的需求,有效强化基本养老服务,从而满足多样化、多层次的养老服务需求,实现农村养老服务体系的优化。

---

① 　陈显友:《乡村振兴背景下农村养老服务供给问题研究》,《广西社会科学》2021 年第 11 期。

农村社会养老服务的属性、
体系构建与发展路径*

姚兆余**

摘 要:社会养老服务的属性决定着社会养老服务体系建设的责任主体和发展方向。作为社会养老服务对象的农村老人,不仅为全社会提供农业类公共产品,在社会分工体系中扮演着极其重要的角色,而且为我国社会主义现代化建设做出了巨大的贡献。因此,农村社会养老服务应具有事业性、福利性和普惠性等属性,国家需要以保护和"反哺"的方式为农村老人提供养老服务。现阶段,在推进农村社会养老服务体系建设的过程中,应考虑农村社会经济发展水平和农村老人的消费能力,将社会养老服务纳入农村基本公共服务,构建以政府为主导、家庭为支撑、社区为依托、互助为手段、社会组织为辅助的社会养老服务体系,使每个主体在社会养老服务体系中发挥不同的作用。

关键词:农村 社会养老服务 属性 体系构建

构建农村社会养老服务体系,是积极应对农村人口老龄化、提高农村老人的生活质量、保障农村老人养老权益的重要举措。统计数据显示,农村老年人口数量和老龄化程度远远高于城市。2000 年,农村、镇和城市的 60 岁以上人口,占全国老年人口的比重分别为 65.83%、11.53% 和 22.64%。① 到

---

* 本研究是国家社科基金重大项目"农业社会学的基本理论与前沿问题研究"(项目编号:17ZDA113)的阶段性成果。原载《求索》2018 年第 6 期,本书收录时略有改动。

** 姚兆余,南京农业大学人文与社会发展学院教授,研究方向为农村社会学、社会政策和社会治理。

① 国家统计局人口和就业统计司:《中国人口和就业统计年鉴 2001》,北京:中国统计出版社 2001 年版,根据全国城市、镇和乡村分年龄人口数计算所得。

2020 年,农村、镇和城市的 60 岁以上人口,占全国老年人口的比重分别为 45.97％、20.18％和 33.85％。[①] 可见,目前大部分老人主要生活在农村和小城镇,其中,生活在农村的老人占全国老年人口数量将近一半。面对如此庞大数量的老年人口,传统的家庭养老模式已无法满足农村老年人的养老需求,必须建立和完善农村社会养老服务体系。

一、 问题的提出

近年来,我国政府实施积极应对人口老龄化国家战略,先后颁布了一系列社会养老服务体系建设的政策和规划,其中对农村社会养老服务多有论述。如 2013 年国务院制定的《关于加快发展养老服务业的若干意见》,提出加强农村养老服务,健全服务网络,"依托行政村、较大自然村,充分利用农家大院等,建设日间照料中心、托老所、老年活动站等互助性养老服务设施""充分发挥村民自治功能和老年协会作用,督促家庭成员承担赡养责任,组织开展邻里互助、志愿服务,解决周围老年人实际生活困难"。2017 年国务院颁布的《"十三五"国家老龄事业发展和养老体系建设规划》,提出"通过邻里互助、亲友相助、志愿服务等模式和举办农村幸福院、养老大院等方式,大力发展农村互助养老服务""发挥农村基层党组织、村委会、老年协会等作用,积极培育为老服务社会组织,依托农村社区综合服务中心(站)、综合性文化服务中心、村卫生室、农家书屋、全民健身等设施,为留守、孤寡、独居、贫困、残疾等老年人提供丰富多彩的关爱服务"。2021 年颁布的《中共中央国务院关于加强新时代老龄工作的意见》,要求各地"结合实施乡村振兴战略,加强农村养老服务机构和设施建设,鼓励以村级邻里互助点、农村幸福院为依托发展互助式养老服务"。同年,国务院印发的《"十四五"国家老龄事业发展和养老服务体系规划》,提出"以村级邻里互助点、农村幸福院等为依托,构建农村互助式养老服务网络"。毫无疑问,这些政策和规划为农村社会养老服务体系建设提供了思路和方向,但是,仔细分析这些政策的内容,不难看出,政府在推进农村

---

① 国家统计局人口和就业统计司:《中国人口和就业统计年鉴 2021》,北京:中国统计出版社 2021 年版,根据全国城市、镇和乡村分年龄人口数计算所得。

养老服务体系建设时,明显存在这样三个特点:一是构建农村互助养老服务体系。在上述政策文件中,强调城市构建以居家为基础、社区为依托、机构为补充、医养相结合的养老服务体系,2021年改为构建居家社区机构相协调、医养康养相结合的养老服务体系和健康支撑体系;农村则倡导村民互助和志愿服务,发展互助式养老服务。二是农村养老服务供给的责任主体是农村社区和家庭,主要依靠农村社区内部的力量和资源。三是强调家庭成员的赡养责任,重视家庭的养老保障功能。那么,问题在于,这种差异化的养老服务体系建设,是否造成城乡老人的养老权利不平等?互助养老模式能不能成为农村社会养老服务的主要模式?政府、社区、家庭和个人等不同的主体,在农村社会养老服务中应该承担什么责任?如何确定不同主体的责任边界?这些问题,是农村社会养老服务体系建设中需要认真思考和研究的问题。

检阅现有的研究文献,发现不少研究者在探讨农村社会养老服务时,也涉及养老服务的责任主体。概而言之,有三种代表性的观点:一是强调政府在农村养老服务中的主导责任,认为农村基本养老保障具有公共产品或公共服务的属性,应该以服务型政府理念为指导,[①]发挥政府的主导作用,[②]在农村养老服务供给过程中承担起树立社会契约型的养老责任、确立政府间的财权事权责任、培育农村养老服务市场发展的责任、完善农村社会保障制度的责任、统筹以省级为方向的城乡一体化的社会政策责任。[③] 二是强调多元主体的共同作用。有的从福利多元主义理论视角出发,主张政府、村集体、家庭和个体是普遍化的养老责任主体,应构建以政府为主导的多元化养老责任共担机制,发挥各主体自身优势;[④]有的基于协同治理理论的视角,主张形成以政府为主导,家庭、社会养老机构和民间非营利性组织为补充,多元供给主体协调提供养老服务的新主体形式。[⑤] 三是强调家庭成员的赡养责任。由于农村

① 周湘莲、梁建新:《服务型政府视角下农村居家养老服务发展研究》,《湖南社会科学》2013年第5期。
② 杨秀凌、黄可、康佳宁:《农村养老服务体系建设中的政府责任》,《经济与社会发展》2014年第4期。
③ 张世青、王文娟、陈岱云:《农村养老服务供给中的政府责任再探——以山东省为例》,《山东社会科学》2015年第3期。
④ 孟洁:《农村居民养老责任主体构建现状》,《黑龙江生态工程职业学院学报》2016年第3期。
⑤ 秦智颖、李振军:《我国农村养老服务供给主体多元化研究》,《中国集体经济》2016年第1期。

土地保障作用的弱化、农民面临的市场风险增加、农村家庭子女数的减少、家庭规模小型化及农村青壮年劳动力流失严重等经济文化政治多种因素的影响,我国农村尚未完全具备社会养老保险得以普遍开展的社会条件,家庭养老在较长的一段时间内还将是农村养老的主要形式,社会养老只能起到补充作用。① 因此,要努力增强家庭养老的能力,增强老人的自我养老能力,强化国家法律的强制力,强化政府制度的保障力,强化社会养老的支持力,全面促进家庭养老可持续能力的提升。②

不可否认,现有研究成果对于深入研究农村社会养老服务的属性,具有一定的参考价值,但是,无论是从公共产品或公共服务的视角进行分析,还是从福利多元主义理论视角进行分析,抑或从农村家庭伦理和文化传统的角度进行论述,都缺乏缜密的学理分析和逻辑论证,未能解释农村社会养老服务为什么是公共产品或公共服务? 福利多元主义理论是否适合当前农村的实际情况? 家庭养老传统的合理依据和现实基础在哪里? 从逻辑上讲,对于农村社会养老服务的责任主体是谁,政府、社区、家庭和个人在农村社会养老服务方面需要承担什么责任等问题的回答,首先要弄清楚农村社会养老服务的属性,即农村社会养老服务是公共产品还是商品? 如果农村社会养老服务是公共产品,则国家是农村社会养老服务的供给主体,农村老人接受养老服务是福利性的和无偿的;如果农村社会养老服务是商品,则家庭和个人是养老服务的责任主体,农村老人接受养老服务是有偿的,只能通过购买服务的方式来满足自己的养老需求。因此,对农村社会养老服务的属性的认识和界定,是理解农村社会养老服务责任主体的逻辑起点,也是指导农村社会养老服务体系建设的理论基础。认识和把握农村社会养老服务的属性,才能识别和界定政府、社区、家庭和个人在农村社会养老服务中的角色和责任,才能科学合理地设计农村社会养老服务体系建设的路径。

二、 农村老人的社会角色和社会贡献

养老服务是采取福利机制还是采取市场机制,不仅取决于一个国家的意

① 刘春梅、李录堂:《农村家庭养老主体的角色定位及行为选择》,《农村经济》2013 年第 10 期。
② 韦加庆:《新时期农村家庭养老的可持续性思考》,《江淮论坛》2015 年第 5 期。

识形态、政治制度、经济实力、文化传统等因素,而且与养老服务对象的社会角色和社会贡献存在着重要的内在关联。因此,确定农村社会养老服务的属性,必须探讨农村社会养老服务对象——农村老人的社会角色和社会价值。

(一) 农村老人的社会角色——农业生产者

社会角色是指与人们的某种地位、身份相一致的权利、义务和行为规范。在我国现有的社会分工体系中,农民的社会角色主要是从事农业生产。作为农业生产者的农民,其主要职能就是为社会提供粮食、经济作物和家禽畜牧产品。在现有的经济制度和生产条件下,大部分地区的农民还是以家庭为单位、以手工劳动为手段从事农业生产。尽管农业生产方式比较落后,农业产值只占国民生产总值的7%左右,但农业在国民经济和社会生活中具有极其重要的地位。

首先,农业是社会存在和发展的前提。人类的生存和繁衍必须有一定的粮食和农副产品作为保障。2017年,我国人口总量为13.9亿,粮食(包括稻谷、小麦、玉米、大豆)需求量大约6亿吨,而该年度我国粮食总产量为6.179 1亿吨,[①]粮食供求关系基本平衡。据专家预测,在未来一个时期内,我国粮食的供求总量基本上保持平衡状态,不可能出现粮食过剩现象。这就是说,在现有的生产力水平条件下,仍然需要相当一部分农民在社会分工体系中扮演农业生产者的角色,为全体国民提供最基本的物质生活资料。没有农民从事粮食生产,人们便失去生存和发展的基础。

其次,农业生产具有不可替代性。商品消费具有较强的可替代性,由于商品种类繁多,数量丰富,人们可以根据自己的兴趣和需要,选择不同类型和不同品质的商品来满足自己的需求。但是农产品尤其是粮食的品种和数量是有限的,人们不可能使用其他产品代替粮食。

再次,农业生产具有公益性。农业生产主要是向社会提供粮食和农副产品,与商品生产有着本质的不同。商品生产具有较强的营利性,在市场交换中实现利润最大化是商品生产的动力,而粮食生产并不完全取决于市场的需

---

① 中华人民共和国国家统计局:《中华人民共和国2017年国民经济和社会发展统计公报》,《中国统计》2018年第3期。

求,其价格本身也不完全是由市场决定的,可以说,在粮食供求总量基本平衡的情况下,粮食生产不是为了获得最大的利润,而是为全社会提供最基本的生活保障,因此,粮食生产的公益性大于商业性。

最后,农业生产具有低效性。从产业特质上看,农业是一个劳动密集但效益较低的特殊产业。由于农业生产对象是动物和植物,生产程序受到生物规律的制约,不像工业生产那样具有周期短、见效快的特点,不可能创造出较大的经济效益。此外,农业生产还要承受各种自然风险和市场风险,一旦遭遇旱涝灾害或农产品滞销,农民生活就会受到严重的影响,甚至走向贫困的边缘。这也是传统农业被称为"糊口农业"的主要原因。

总之,农业生产是社会赖以存在的前提。农村老人长期从事农业生产,既是保障自身的生存和生活,更是社会存在和社会分工的需要,因此,我们不能仅仅从产业的角度对农业进行判断,而应该从社会运行系统和社会分工体系中认识农业生产的功能和价值。农业是社会系统存在和运行的前提与基础,而不是追求产值和利润等经济效益的产业;以粮食生产为主导的农业生产,与基础教育、医疗卫生、公共安全等一样,不是以营利为目的,而是为社会提供公共产品。[①] 因此,农业生产具有基础性、公益性、社会性等特征。正因为如此,国家不仅要在政策、资金和基础设施建设等方面采取一系列的支持措施,而且要为农业生产者提供社会保护和社会保障,解决农业生产者的教育、医疗和养老等重要问题。

(二) 农村老人的社会贡献

新中国成立后,我国确立了工业优先发展的现代化道路。但是,工业化需要雄厚的原始积累。世界发达国家实现工业化所需要的资本积累,主要是通过海外殖民掠夺、战争赔款和对外借款等途径完成的,这对于刚刚成立的新中国来说,无论从制度、道义还是实力上都无法效仿。因此,我国工业化所需要的资金只能依靠内部资本积累。在这种背景下,国家确立了农业支持工业和城市发展的政策,通过工农产品"剪刀差"和农业税收,从农村汲取工业化和城市化所需要的资金。据统计,1952 年至 1989 年,国家通过工农产品

[①] 朱启臻:《生存的基础》,北京:社会科学文献出版社 2013 年版,第 61—70 页。

"剪刀差"和税收,从农村中获得资金 7 000 多亿元(扣除国家支农资金),约占农业新创造价值的 1/5,超过了当时国有工业企业固定资产原值。1990 年至 1998 年间,国家通过财政税收、工农产品价格"剪刀差"和金融渠道,又从农村获得资金 1.9 万亿元。[①] 不仅如此,在城镇化建设的进程中,农民通过劳动力资源贡献和土地价格"剪刀差",为国家建设积累资金 16 万亿元。[②] 可以说,农民用自己的辛勤劳动成果支撑了国家的工业化和城镇化建设,使我国经济社会发展取得了举世瞩目的辉煌成就。因此,现阶段,国家以各种惠农政策支持农业和农村发展的同时,更应该以"反哺"的方式为农村老人提供基本养老服务,体现他们的社会贡献和社会价值。

三、 农村社会养老服务的属性

养老服务是指为老年人提供必要的生活服务,满足其物质生活和精神生活的基本需求。从服务供给主体上看,养老服务可分为家庭养老服务和社会养老服务。家庭养老服务主要依靠家庭自身的资源和力量,为家中老人提供经济供养、生活照料和精神慰藉。社会养老服务是指运用社会化的资源和设施,为老年人提供必要的生活服务,满足老年人的物质生活、精神生活和社会交往的需求。当下流行的各种概念,如社区养老服务、机构养老服务、居家养老服务、互助养老服务,都属于社会养老服务的范畴。

农村社会养老服务的对象是农村老人。如上文所说,农村老人具有独特的社会角色和社会价值,他们所从事的农业生产,不仅维系着社会的存在和发展,而且对国家工业化和城镇化作出了重要贡献。因此,国家需要以保护和反哺的方式建设农村社会养老服务体系,为农村老人提供基本养老服务,农村社会养老服务应具有事业性、福利性和普惠性的特征。

第一,事业性。农村社会养老服务是养老事业还是养老产业,这是关系到农村社会养老服务的责任主体和享受条件的重要问题。如果将社会养老服务定位于养老事业,则养老服务是农村社会事业的重要组成部分,也是农

---

① 牛若峰:《中国的"三农"问题:回顾与反思》,《古今农业》2003 年第 4 期。

② 孔祥智、何安华:《新中国成立 60 年来农民对国家建设的贡献分析》,《教学与研究》2009 年第 9 期。

村基本公共服务的重要内容,养老服务的责任主体是国家和政府,农村老人享受养老服务基本上是无条件的。如果将社会养老服务定位于养老产业,则养老服务的责任主体是家庭和个人,农村老人需要通过市场机制购买自己所需要的养老服务。

综观 2013 年以来国家颁发和实施的各种养老政策,虽然对社会养老服务体系建设提出了总体要求和具体任务,但并没有明确社会养老服务的属性。2017 年颁发的《"十三五"国家老龄事业发展和养老体系建设规划》,强调"事业产业协调",2021 年颁发的《"十四五"国家老龄事业发展和养老服务体系规划》,强调"老龄事业和产业协同发展",但是,并没有明确社会养老服务中哪些属于事业,哪些属于产业。这就给农村社会养老服务发展带来了很多困惑。

考虑到我国农村的实际情况,应将农村社会养老服务定位于公益性的社会事业。原因有三:一是养老事业的概念在相关政策文件中早就存在。1996 年颁布的《中华人民共和国老年人权益保障法》和 2009 年修正的《中华人民共和国老年人权益保障法》,都明确提出"保障老年人的合法权益,发展老年事业"。《中国老龄事业发展"十二五"规划》《"十三五"国家老龄事业发展和养老体系建设规划》和《"十四五"国家老龄事业发展和养老服务体系规划》,更是强调发展老龄事业。这些都说明社会养老服务的事业属性在国家法律和老龄工作中得到认可。二是作为农村社会养老服务对象的农村老人,长期从事保障国家粮食安全的农业生产,为全社会提供农业类公共产品,需要国家在农业生产和社会生活中尤其是晚年生活时对其给予保护和照顾。三是农村老人从事的是低效益的农业生产,加上长期以来对工业化和城镇化的贡献,农民本身的经济积累和消费能力都非常有限。研究表明,2014 年,我国农村老年人的平均收入为 7 621 元,男性老年人平均收入为 9 666 元,女性老年人的平均收入为 5 664 元,分别相当于城市老年人平均收入的 31.85%、32.69% 和 29.84%。[1] 低收入导致农民的储蓄能力和消费能力较低,不可能通过市场机制获取必要的养老服务。

---

① 党俊武:《中国城乡老年人生活状况调查报告(2018)》,北京:社会科学文献出版社 2018 年版,第 169—172 页。

　　第二,福利性。所谓福利性,是指农村社会养老服务作为一种由国家和社会提供的社会福利服务,应无偿提供给农村老年群体,从而改善农村老年人的物质生活和精神生活。作为福利性的养老服务,其目标不仅仅是解决农村老人所面临的现实困难,而且在于改善和提高农村老人的生活质量,满足农村老人在生活照料、精神慰藉、医疗护理、紧急救援等方面的需求。农村社会养老服务的福利性,与我国社会经济发展水平、老年人的社会保障权利和农业生产者的身份有着密切的内在联系。

　　首先,农村社会养老服务的福利性,是农村老年人分享社会经济发展成果的重要体现。21世纪以来,随着改革开放和社会主义现代化建设事业的不断推进,我国社会经济发展水平显著提高,国家对老年人的福利服务已经从选择型福利服务发展为适度普惠型福利服务,服务内容从最初的贫困救助、医疗救助、收养安置发展到生活照料、精神慰藉和康复护理,服务对象从最初的"五保"老人、低保老人逐渐向普通老人扩展。但从目前的政策实践上看,老年福利资源配置主要集中在城市,农村老年人的社会福利主要是侧重于社会救助性质的农村"五保"老人,国家真正意义上的农村老年人福利事业并未得到发展。① 因此,需要随着社会经济发展水平的提高,不断扩大社会养老服务的覆盖面,让农村老人共享全面建成小康社会的新成果。

　　其次,农村社会养老服务的福利性,是现行法律赋予农村老人的权利。我国《宪法》明确规定,"中华人民共和国公民在年老、疾病或者丧失劳动能力的情况下,有从国家和社会获得物质帮助的权利"。《中华人民共和国老年人权益保障法》(2009)同样规定"老年人有从国家和社会获得物质帮助的权利,有享受社会发展成果的权利"。因此,享受福利性养老服务,不仅是城市老年人的特权,也是农村老人的基本权利,保障农村老人享有养老服务是政府的重要职责。

　　再次,农村社会养老服务的福利性,是对农村老人社会贡献的认可和回报。如前所说,作为农村社会养老服务对象的农村老人,长期为全社会提供农业类公共产品,并且保障国家粮食安全,这就需要国家以"反哺"的形式对

---

① 　郑功成:《社会保障学》,北京:中国劳动社会保障出版社2005年版,第385页。

他们的晚年生活给予照顾，为他们提供福利性的养老服务。

第三，普惠性。随着农村家庭保障功能的弱化、人口流动的加剧和农民养老观念的变化，农村老人对社会养老服务需求越来越大，过去单纯针对"五保"老人的福利政策和福利服务已经不能适应新的变化。2009年我国实行新型社会养老保险制度以来，农村老人普遍享有国家提供的数量不等的基础养老金。这种带有普惠性的措施，在一定程度上增强了农村老人自我养老的经济能力。但是，从现有的养老福利政策设计上看，养老福利服务仍然受到身份和特征的限制，"五保"老人、"三无"老人、低收入老人、空巢老人的养老福利服务存在着一定的差异。在未来的养老服务供给上，应将社会养老服务对象和目标从过去主要针对"五保"户、"三无"人员、荣誉军人等特殊群体，推广到逐步惠及所有农村老人，满足农村老人物质文化生活的需要，从而在农村也实现"老有所养、老有所医、老有所学、老有所为、老有所乐"的社会目标。

综上所述，农村社会养老服务应具有事业性、福利性和普惠性等属性。农村社会养老服务的这些属性，决定了政府在社会养老服务体系建设中要发挥主导性作用，要承担农村社会养老服务的统筹规划、立法责任、制度安排、财政支持和监督管理等责任。

四、 农村社会养老服务的体系构建与发展路径

社会养老服务是一项系统性的社会工程，不仅涉及政府、社区、社会组织、家庭和个人等多元主体，而且涉及资金筹集、资源整合、服务项目、服务方式、服务网络构建等多方面内容。2011年国务院办公厅颁发的《社会养老服务体系建设规划（2011—2015年）》，首次提出建设"以居家为基础、社区为依托、机构为支撑"的社会养老服务体系。2017年国务院颁发的《"十三五"国家老龄事业发展和养老体系建设规划》，提出到2020年，"居家为基础、社区为依托、机构为补充、医养相结合的养老服务体系更加健全"。2021年国务院颁发的《"十四五"国家老龄事业发展和养老服务体系规划》，提出"居家社区机构相协调、医养康养相结合的养老服务体系和健康支撑体系加快健全，全社会积极应对人口老龄化格局初步形成"。这些政策，总体上确立了我国社会养老服务体系的基本框架和建设目标，但对于农村来说，建设这样的社会养老

服务体系还是一项长期的战略任务。现阶段,我国大部分地区农村面临着人口老龄化、村庄空心化、集体经济空壳化的境况,社会养老服务体系建设缺乏必要的物质设施、人力资源和经济基础。因此,在构建农村社会养老服务体系时,应考虑农村社会经济发展水平和农村老人的消费能力,将社会养老服务纳入农村基本公共服务,构建以政府为主导、家庭为支撑、社区为依托、互助为手段、社会组织为辅助的社会养老服务体系,使每个主体在社会养老服务体系中发挥不同的作用。

第一,发挥政府的主导作用。如前所说,农村社会养老服务属于事业性、福利性和公益性的公共产品或准公共产品。农村社会养老服务的这一属性,决定了政府是农村社会养老服务的责任主体和建设主体,政府在农村社会养老服务建设中要发挥主导性作用。这种主导性作用主要体现在以下几个方面。

(1) 制订发展规划和相关政策。目前国家虽然出台了社会养老服务的相关政策,也制定了老龄事业发展和养老体系建设规划,这些政策和规划对农村社会养老服务体系建设具有一定指导意义,但总的来说比较笼统,缺乏具体的技术路径和操作方案。因此,应在深入研究农村人口老龄化的趋势和规律的基础上,制订农村社会养老服务体系的发展规划,健全和完善农村社会养老服务的法规和政策,使农村社会养老服务走上法制化、规范化、科学化之路。

(2) 加大公共财政的支持力度。农村社会养老服务属于农村基本公共服务的重要组成部分。各级政府要切实履行基本公共服务职能,强化在农村社会养老服务体系建设中的支出责任,安排财政性专项资金,支持公益性养老服务设施建设。2013 年《国务院关于加快发展养老服务业的若干意见》明确要求各级政府用于养老服务的财政性资金应重点向农村倾斜,以加强农村社会养老服务体系建设。2017 年《"十三五"国家老龄事业发展和养老体系建设规划》也要求政府加大投入力度,有效保障面向老年人的基本公共服务供给。2021 年《"十四五"国家老龄事业发展和养老服务体系规划》也提出要"完善老龄事业发展财政投入政策和多渠道筹资机制,继续加大中央预算内投资支持力度"。在操作层面上,可借鉴发达国家人口老龄化与财政投入之间的比例关系,确定各地区财政投入的力度和数量。

（3）提高农村老人的基础养老金。建立基础养老金增长的动态机制,确保基础养老金的增长幅度不低于农民人均纯收入的增长幅度。因为不同地区的财政收入和消费水平存在一定的差异,各地可根据实际情况,采取分级负担的方法,制定差异性方案。

（4）完善信息网络和基础设施。在深入调查的基础上,完善农村老人的信息数据库,了解农村老人的基本情况、困难程度、潜在风险和养老服务需求。在科学测算的基础上,合理配置农村养老服务的基础设施,包括养老院、托老所、日间照料中心、老年活动站等养老服务设施。

第二,发挥家庭的支撑地位。强调政府是社会养老服务的责任主体,并不意味着家庭在养老方面不需要承担责任和义务。事实上,传统农业社会中形成的家庭伦理、养老观念和孝道文化,仍然维系着农村老人对家庭亲情的眷念和对子女养老的认同。即使他们在家庭中身份地位不高,生活水平不高,但他们仍在心理上很难接受家庭以外的养老方式,认为机构养老是一种非常不体面、不光彩的事情。[①] 因此,居家养老仍然是绝大多数农村老人的首要选择。鉴于这种情况,在构建农村社会养老服务体系的过程中,一方面,要考虑到乡土社会文化传统和农村老人的养老观念,深入挖掘农村传统的养老文化资源,通过宣传教育、树立典型、评比孝养家庭等活动,形成爱老、养老和敬老的家庭氛围。另一方面,实行依法养老,将养老从家庭伦理提升为法律制度。以《老年人权益保障法》为依据,督促家庭成员承担赡养责任,奖励孝行,惩治劣行,保障老年人的基本生活和养老权益。

第三,发挥农村社区的依托作用。社区是以社会互动为基础的人类共同生活的社会有机体。农村社区的"熟人社会"特征和基于血缘、亲缘和地缘关系构成的社会网络,使得农村社区在养老服务方面具有天然的优势。社区不仅能满足老年人的感情交流,促进老年人的身心健康,而且能满足老年人在熟悉环境中获得所需要的服务。因此,在构建农村社会养老服务体系的过程中,要整合农村社区存量资源,充分发挥社区的经济保障、生活照料和情感慰

① 　姚兆余:《欠发达地区农村家庭养老的基本状况和社会动因》,《中国农史》2006 年第 4 期。

藉的功能。一是要发挥社区的经济支持功能,通过"以土地换保障"和集体经济支持,解决农村老人的经济供养。二是利用农村社区闲置或废弃的办公场所、学校、仓库、医院和其他公共空间,建设养老服务基础设施和活动空间。三是利用农村社区的医疗资源,采取"医养融合"模式,为老年人提供医疗康复、健康咨询和心理疏导等服务。四是挖掘农村文化资源,通过开展老年人喜闻乐见的各种地方性文化活动和娱乐项目,丰富农村老年人的精神生活。五是依托农村社区的人力资源,构建互助养老服务体系,采取时间银行、积分兑换、奖励表彰等形式,让低龄老人、留守妇女和其他志愿者为高龄、独居、失能老人提供养老服务。

第四,发挥社会组织的辅助作用。在发达国家,养老服务的实施主体不是政府,而是具有专业资格和服务技能的社会组织。政府的主要职能是制定相关养老政策和规范,提供资金保障,加强监管和绩效评估。随着中国特色社会主义进入新时代,我国正在大力推进社会治理创新,社会组织在社会管理和社会服务中将发挥越来越重要的作用。在这种形势下,应通过相关的政策法规和财政手段,积极培育和发展农村社会组织,使其逐渐成为农村社会养老服务的主体。具体而言,就是要大力发展农村老年人协会、居家养老服务中心、社会工作服务中心等社会组织,通过"政府购买服务""公益创投""奖励补贴"等形式,为社会组织开展养老服务提供充足的资金支持。通过对人、物、信息等资源的最优化分享、开发和利用,共同建构富有成效的社会养老服务的多元合作供给体系,为农村老人提供优质、便捷的养老服务。

基于社区治理能力的农村养老
服务体系建设路径

张志鹏　张　伟[*]

摘　要:在积极养老的理念下,农村老人的养老需求从传统的生活护理、家政服务进一步拓展到再就业、高龄教育等方面,这进一步加剧了农村养老服务供给的困境。随着家庭养老功能的衰落和政府养老职能的转变,村委会逐步成为农村养老服务供给的统筹主体。分析表明,社区治理能力决定着农村养老服务模式创新和养老服务体系建设的状况。在治理能力较高的农村社区,完善养老服务体系的路径主要包括:确立养老服务在农村社区治理中的优先地位;为农村养老服务链接多方面资源;建构农村养老服务的互惠合作机制。为了增强社区治理能力,需要采取多方面的政策和制度保障。

关键词:农村社区　村委会　治理能力　养老服务模式　养老服务体系

一、 农村养老服务的"双重"需求与供给困境

人口平均寿命的延长和老龄化现象已经成为世界许多国家面临的新挑战。通常把"老龄化"定义为"总人口中的7%的人年龄在65岁或以上"。按照这一标准,国家统计局2019年发布新中国成立70周年经济社会发展成就系列报告之二十表明,2000年我国65岁及以上人口比重达到7.0%,0—14岁人口比重为22.9%,老年型年龄结构初步形成,中国开始步入老龄化社会。国家卫健委发布2020年度国家老龄事业发展公报显示,截至2020年11月1

---

* 张志鹏,南京工程学院经济与管理学院教授、社会治理研究所研究员,研究方向为社会变迁理论、社会工作理论;张伟,南京工程学院社会工作系教师,主要研究社会工作实务、社区治理理论。

日零时,乡村 60 周岁及以上、65 周岁及以上老年人口占乡村总人口的比重分别为 23.81％、17.72％,比城镇 60 周岁及以上、65 周岁及以上老年人口占城镇总人口的比重分别高出 7.99 个百分点、6.61 个百分点。乡村的老龄化水平明显高于城镇。世界银行预测,到 2030 年中国农村老年人口抚养比将攀升至 34％。人口老龄化的加速将加大社会保障和公共服务压力,减弱人口红利,持续影响社会活力、创新动力和经济潜在增长率,养老需求与养老服务也随之成为社区关注的问题。

从农村养老服务的现实需求来看,农村老年人的养老服务需求呈现多元化的发展态势。概括而言,农村养老服务需求主要集中在"生活护理""家政服务""精神文化"三个方面。[①] 在上述三个方面养老服务需求还未得到充分有效满足的情况下,农村社区养老服务又面临着升级发展的新需求。这些新需求是基于积极养老的理念而提出的,其主要内容包括三个方面:一是积极的预防。即从对老年人的消极医药治疗转向积极的提前预防保健。当社区养老服务的预防功能发挥作用时,就可以有效降低养老中的医疗支出。二是高龄再就业。一方面由于老人日益增强的独立感和自养观念,另一方面是因为一些高龄者为了获得补充养老资金,高龄者再就业在一些国家越来越普遍。高龄者再就业的增多,不仅有助于改善其本人的生活质量,满足养老需求,也有助于增加劳动力和国家经济发展。三是高龄教育与社会参与。通过终身教育促进高龄者对社会做出贡献的意识,为高龄者提供参与社会发展的机会,让他们的丰富经验和特长在社会上得到广泛肯定,缩短高龄者与年轻人之间的生活、心理距离。特别是将高龄教育和社会参与连接起来,能够使高龄者的养老生活更加充实,更有价值。在这个意义上来看,社区养老服务升级是一种新的理念指导下的对养老需求的深化理解。

针对传统的农村养老服务需求,近年来我国农村养老服务事业取得了积极进展,主要体现在养老设施建设取得重要进展、养老服务模式不断创新、养老服务市场活力得到有效激发、养老服务队伍建设得到加强、养老服务制度

---

① 王俊文、文杨:《我国农村养老服务需求现状及对策研究——基于江西赣州的调查》,《江西社会科学》2014 年第 9 期。

体系基本成型。这些基础为实施更加积极的应对人口老龄化战略奠定了坚实基础。不过,面对农村养老"双重"需求的新变化,"十四五"时期我国农村养老服务体系建设依然存在着多方面深层次问题和结构性矛盾。[①]传统的以家庭为主,国家、集体为辅的农村养老服务供给模式出现了"失灵"。农村养老服务体系呈现明显的供需失衡的结构性困境,无法有效应对日益严峻的农村养老危机。具体表现为:一是家庭养老功能弱化,养老服务机构普遍匮乏。城市化拉大城乡空间居住距离,动摇了家庭代际互助基础,即使"隔代照顾式"随迁和"女儿养老"的家庭功能的自适应调整也难以完全恢复养老功能。同时,在广大农村地区养老服务机构普遍匮乏,进一步加剧了农村养老服务主体缺乏的问题。二是养老服务基础设施薄弱,缺少养老服务资源。农村社区普遍缺乏养老所需要的人才、资金、设施和技术。三是政府支持效用递减,养老市场发展不足。政府成为参与农村养老服务最大的推动者,但是政府同时扮演规定性角色和开放性角色,容易陷入"主导"幻觉和制度创新"盲点",会因得不到所嵌入制度环境以及社区网络的支持而出现效用递减。

因此,要满足日益迫切和深层的农村养老服务需求,形成较为完善的养老服务体系,当务之急是在家庭"弱化"、政府效用递减的情况下,发现农村养老服务的统筹主体,并且进一步揭示该主体在提供养老服务时所面临的约束条件,通过改善这些约束条件,寻找到完善农村养老服务体系建设的可行路径。

二、 村委会成为农村养老的统筹主体

近年来,随着农村养老服务供给问题的日益突出,在实践中各地进行了积极探索。研究者也依据这些实践提出了基于不同养老服务供给主体的多种农村养老服务模式。概括而言,针对农村养老服务的学术观点主要分为养老服务主体、养老服务模式和养老服务体系三个方面。

一是农村养老服务的供给主体上,在主张多个主体的同时突出了社区组织的重要作用。研究者提出,为推进农村养老服务供给侧改革,可以从坚持

---

① 刘磊:《"十四五"时期完善农村养老服务体系的挑战与任务》,《行政管理改革》2021 年第 5 期。

政府的核心供给地位、引导社会组织参与提供养老服务、激发市场供给的活力和鼓励家庭养老的优先供给四个方面做文章。[①] 有的研究进一步扩展了养老服务供给主体，认为既要激活原有主体——家庭、社区和政府，使之履行应有的职能，又要培育和引进新的主体——养老机构、保险机构和社会组织，以弥补原有主体能力的不足。[②] 有的研究提出，突破农村养老服务多元供给困境需要政府由"主导"角色转向合作"平台"角色，以此构建社会合作网络。[③] 在多个养老服务主体中，研究者从制度整合和社会整合的角度出发，认为养老服务所需要的资源存在于农村基层社区中，提出建立以基层社区组织为依托的农村养老服务体系。[④]

二是农村养老服务模式上，在比较多种模式特征的基础上提出新模式。研究者分析了中国农村传统家庭养老、敬老院、邻里相助等七种模式的特征，发现新模式需求是地方政府自我实现、社会自我创新、中央倡导支持等综合驱动的结果。更高程度的政府补贴支持、基层管理自治、服务地点集中等创新演变特征，是和低收入、有村委会组织、居住分散等实际乡村社会环境相适应的。[⑤] 还有研究者提出了农村版的"代际双重绑定时间银行"这一新模式，充分发挥时间银行的作用并克服现行时间银行模式的不足。[⑥]

三是养老服务体系的建构上，提出了综合性养老服务体系的观点。研究者认为，在结合不同地域的政治、经济、文化条件和老人个体化需求差异的基础上，推动家庭、社区、机构和社会养老保险等不同养老模式有机融合，取长补短，同时有效整合农村医疗资源，充分发挥农村老人的主体性、能动性和传承性，建构一个多主体、多层次、多阶段的综合型养老服务体系，是我国农村

---

① 李俏、许文：《农村养老服务供给侧改革的研究理路与实现方式》，《西北人口》2017 年第 5 期。
② 包先康：《农村养老服务协同供给模式建构研究》，《社会科学辑刊》2016 年第 5 期。
③ 王浩林、程皎皎：《人口"空心化"与农村养老服务多元供给困境研究》，《河海大学学报（哲学社会科学版）》2018 年第 1 期。
④ 郑文换：《构建以基层社区组织为依托的农村养老服务体系——从制度整合和社会整合的角度》，《人口与发展》2016 年第 2 期。
⑤ 周娟：《中国农村养老服务模式：创新、驱动因素与趋势研究》，《福建论坛（人文社会科学版）》2016 年第 9 期。
⑥ 彭炎辉：《代际双重绑定时间银行：农村养老服务新模式》，《西北人口》2017 年第 6 期。

养老危机的主要出路。①

综合上述研究成果可以发现,在农村养老服务上存在着"主体——模式——体系"的建构路径。特定的服务主体决定了所采取的养老服务模式,在不同模式的基础上构成了养老服务体系。而在多种养老服务主体上最重要的是需要有一个处于核心地位的主体,从而协调推进其他主体所提供的多种养老模式,并聚合形成养老服务体系。正如前文分析所指出的,作为传统养老统筹主体的家庭已经难以承担重任,对于政府而言也不适宜担任农村养老服务的统筹主体职责。相对而言,作为农村基层自治组织的村委会正在成为农村养老服务的统筹主体。

具体而言,一方面社区是与老年人最为靠近和便捷的"组织",另一方面提供养老服务也成为社区治理的重要任务之一。因此,社区养老服务成为居家养老的重要支撑,也能够弥补机构养老的缺口,有效避免或延缓农村老年人入住养老机构。与机构养老服务相比,社区养老服务能更好地满足老年人的心理需求,增进老年人对社区的归属感和认同感。因此,社区成为越来越多农村老年人安度晚年的重要依托平台。作为养老的统筹主体,村委会既可以有效对接各级政府获取养老政策和资源,又可以直接面对家庭为他们提供必要的信息、资金和人力支持,了解和督促子女尽到赡养责任,成为养老服务的"兜底"保障者。在这个意义上来说,村委会取代家庭的核心养老地位,是因为它具有更为强大的能力与多种优势。

正是基于社区养老的重要性,1992 年,联合国通过的《老龄问题宣言》指出,"以社区为单位,让老人尽可能在家里居住"。20 世纪 90 年代以后,学者们开始把目光转向社区养老,一些国家也开始重视社区养老。例如,20 世纪80 年代以来,日本不断修订相关法律,加强地方政府对老人福利的责任和职权,将一部分过去由都、道、府、县掌管的权限下放给市、町、村(区、街道)。1982 年颁布的《老人保健法》对此做了进一步的确认,它一改国家和政府对老人福利有责无旁贷的责任的提法,强调家庭和社区是老人保健实施的社会

---

① 王维、刘燕丽:《农村养老服务体系的整合与多元建构》,《华南农业大学学报(社会科学版)》2020年第 1 期。

基础。[1]

2004 年,北京、上海、广州、南京、杭州等大城市开始"居家和社区养老服务"探索。2013 年 9 月 13 日,《国务院关于加快发展养老服务业的若干意见(国发〔2013〕35 号)》中指出"到 2020 年,全面建成以居家为基础、社区为依托、机构为支撑的,覆盖城乡、规模适度、功能完善的养老服务体系",强调了社区养老服务在养老服务体系中的地位和作用。2016 年 7 月,民政部、财政部印发《关于中央财政支持开展居家和社区养老服务改革试点工作的通知》(民函〔2016〕200 号),选择部分地区和城市进行居家和社区养老服务改革试点。中央财政多次安排资金支持开展居家和社区养老服务改革试点,在七大领域可以获得支持。试点城市普遍在社区养老服务中心或站点开展日间照料服务,由社区服务人员为老年人提供助餐服务、健康指导、文化娱乐、日间照料、呼叫服务、心理慰藉等服务。在服务方式上,各地有一些自己的经验做法,如北京推出 96156 生活服务热线,运用声讯、信息技术整合全市企业为老人提供 100 多项服务;大连实行家庭护理员一对一、一对多的上门服务;广州实行"五定"服务模式(定人员、定对象、定时间、定地点、定项目)。

具体而言,居家和社区养老服务有别于机构养老服务模式,是一种具有公共服务性质的社会化养老服务模式。该模式以社区为依托,以日间照料、呼叫服务、助餐服务、健康指导、文化娱乐、心理慰藉等基本服务为主要内容,以上门服务和日间照料为主要形式,把居家养老与社区养老有机结合起来,体现了国家、社会和家庭对养老责任的共同承担。对于农村社区而言,村委会就成为居家和养老服务的重要协调者与主导者,成为不可或缺的统筹主体。由此,村委会的治理能力就成为决定养老服务模式、养老服务体系建设的重要条件。

三、 社区治理能力决定了养老服务供给

在政府加大了社区养老政策支持力度,创新了供给模式,社会各方面也加大了投入之后,目前"9073"或"9064"(即养老服务的总供给中,90% 为居家

---

[1]　张暄:《日本社区》,北京:中国社会出版社 2007 年版,第 181—182 页。

养老服务,7%或6%为社区养老服务,3%或4%为机构养老服务)的供给格局基本上是各地养老服务业政策框架的标配。然而,就全国社区养老服务特别是农村养老服务发展来看,还存在着许多亟待解决的现实问题,体现在以下几个方面。一是养老服务供需匹配程度低。社区养老服务有需求、有供给,但供需失衡、利用率低;服务项目单一,缺乏心理疏导等个性化的精神养老需求。二是受益人群覆盖面较窄。截至2017年年底,全国社区服务中心(站)覆盖率25.5%,其中城市社区服务中心(站)覆盖率78.6%,农村社区服务中心(站)覆盖率只有15.3%。① 大部分地区主要通过政府直接或间接为"三无老人"和失能半失能老人购买服务,未纳入政策覆盖的普通老年人则依靠自己或家庭养老。三是养老服务经费、专业人才和设施较缺乏。政府部门经费紧张和基层社区的经济困难,成为大多数欠发达农村地区和贫困地区开展居家社区养老服务工作的瓶颈,老年人对社区养老服务的利用率很低。②

社区养老出现上述诸多问题深刻反映了一个普遍存在的状况,即社区治理能力亟待提高。所谓社区治理能力,是指城乡社区自治组织通过提供服务解决各类社会问题中所具有的动力、思维和方法。社区治理能力既是国家治理能力的微观组成部分,也是社区内各要素相互作用而形成的独特效果。社区治理能力既反映了农村基层党支部和村委会的工作能力,也反映了"两委"委员的个人素质。通常而言,社区治理能力越高,就能够为所在社区的居(村)民提供更多高质量服务,能够更好地解决各类社会问题,实现社区的良性发展。当治理能力较为低下时,不仅很难提供包括养老服务在内的多种服务,面对形形色色的社会问题也会束手无策。

社区治理能力的重要性在宏观层面上也有体现。2013年11月,中共十八届三中全会通过的《中共中央关于全面深化改革若干重大问题的决定》,首次提出"推进国家治理体系和治理能力现代化"的改革目标。社区治理能力则是这一改革目标实现的基础工程。习近平总书记反复强调"基层强则国家强,基层安则天下安,必须抓好基层治理现代化这项基础性工作"。十九届五

---

① 成海军:《我国居家和社区养老服务发展分析与未来展望》,《新视野》2019年第4期。
② 王震:《居家社区养老服务供给的政策分析及治理模式重构》,《探索》2018年第6期。

中全会明确提出了"基层治理水平明显提高"的战略目标,中共中央、国务院也印发《关于加强基层治理体系和治理能力现代化建设的意见》,为新时代加快推进基层治理现代化提供了根本遵循和行动指南。这是因为基层治理是国家治理的"微细胞",在国家治理系统中,基层治理既是公共治理的"最后一公里",也是人民群众感知公共服务效度和温度的"神经末梢",更是推动社区认同走向社会认同,社会认同走向国家认同的"源头"。①

社区治理能力主要包括动力、思维和方法三个方面,共同构成了现实的解决问题的能力。具体而言,一是服务导向动力。就是"两委"委员将更好地为村民服务作为自己工作的动力源泉。这种动力既来自相关考核机制的激励,也来自对于社区服务重大意义的深刻认识,还来自个人的信念和价值观的认同。二是资源链接思维。即村委会学习和掌握了资源链接的理念与方法,形成了资源链接思维,从而解决服务中需要的资源短缺难题。三是机制创新方法。即面对所链接到的各类资源,村委会从实际出发建立起各种运行机制,让资源提供者愿意持续地参与到社区治理和服务中。

对于农村养老服务而言,作为统筹主体的村委会是否具有较高的治理能力决定着养老服务供给的数量质量,也从而决定着养老服务体系的建设。具体而言,村委会的服务导向动力决定着是否将村民养老服务作为优先问题来解决;资源链接思维决定着是否能够为养老服务寻找到足够的人力、资金、设备和技术等资源;机制创新方法则决定着能否在资源提供者与养老服务受益者之间建立起长期互惠机制,从而形成不同的养老服务模式,并建构完整的养老服务体系。

四、 农村养老服务体系建设路径

认识到村委会成为农村养老服务的统筹主体,社区治理能力成为农村养老服务的关键性制约因素,就可以从提升社区治理能力的视角出发,提出农村养老服务体系的建构路径。具体而言,这一路径与社区治理能力的三个要素紧密相关。

---

① 姜晓萍:《加强基层治理体系和治理能力现代化建设》,《光明日报》,2021年8月17日,第7版。

首先,确立养老服务在农村社区治理中的优先地位。在村委会所承担的诸多公共服务、生活服务中,养老服务只是其中一项工作。如果养老服务没有获得优先保障的定位,相关资源也就难以获得。为此,构建农村养老服务体系的第一步是需要在政策和村委会考核指标中提升养老服务的权重。同时,要让更多"两委"委员认识到现代养老所具有的积极功能,而非传统单纯的消极保障。还要让村委会和广大村民意识到养老服务是尊老爱老这一中华文明传统的实践,也是传承优良家风家训的具体做法。

其次,为农村养老服务链接多方面资源。长期以来,农村社区的养老服务资源较为短缺,供给主体的单一来源造就了社区养老服务资源的结构性依赖,社区未能建立起养老资源有效对接和有机整合的机制;社区组织能力的不足造成福利供给依赖性与服务效能短期性的叠加。[①] 不过,对于治理能力强的农村社区而言,其养老服务资源的获得是多方面的,通过链接资源就可以为我所用。除了社区自有的人力、土地、资金、历史文化等资源外,还可以有以下资源:(1) 政府机构政策资源和保障资金。通过公共政策与服务购买等方式,在"质"的方面保障高质量、均等化的医疗与生活保障服务,在"量"的方面推进社区养老服务群体覆盖与服务内容延伸。特别对于具有福利性、事业性、普惠性特征的农村养老服务,政府机构的作用更是不可或缺。(2) 市场化的养老服务机构的资源。(3) 非营利养老组织能够为老年人提供高效、方便快捷、经济优质的服务资源,能够在一定程度上满足农村老年人需求的多元化。(4) 包括财物捐赠、志愿者在内的公益慈善力量在社区养老服务中具有重要作用,公益慈善组织可以通过购买服务的方式向农村社区提供养老服务。(5) 本地的老年人互助组织和其他草根组织也是一种可以利用的资源。(6) 从本社区走出去的成功人士也是社区养老服务可以借用的独特资源。如果村委会能够广泛利用上述养老服务资源,将会改变受制于资源不足的现状。

再次,建构农村养老服务的互惠合作机制。作为组织者的村委会在整合多种养老服务组织的基础上,需要促进养老服务组织与服务对象之间形成互惠信任关系,同时还要促进不同养老服务组织之间形成合作共赢态势,才能

---

① 许晓芸:《资源短缺抑或资源依赖:智慧社区养老服务的资源困局》,《兰州学刊》2019 年第 5 期。

够实现社区养老服务的可持续性。对于养老机构而言,需要获得合理的收益,而付费的老人则能够得到优质的服务;对于社会组织而言,需要在承担项目的同时获得合理的报酬;对于公益慈善组织和志愿者,则需要从养老服务中获得成就感。社区通过了解和促进这些不同养老服务组织与其服务对象各自的需求,从而在双方之间建立起互惠信任的长期关系。不同的互惠合作机制带来了多种多样的农村养老服务模式创新。

对于不同的社区服务组织而言,相互之间也存在着分工合作的机会。例如,生活照料服务具有突出的社会福利性质,以县、乡镇等政府机构借助公办社区服务机构或政府购买方式提供社区照料服务的行政供给为主;医疗保健服务应坚持行政与准市场机制的混合运用,基本医疗保障体系由政府买单,但需要市场机制介入医疗服务市场满足老年人差异化服务需求;精神慰藉、权益保障与社会参与服务实行社区自治与准市场供给,由社区活动中心、公益组织或"社区互助"等提供多元化的精神文娱服务和社会参与服务,权益保障类服务则要求具备专业性与效率并存的市场服务提供商。①

在当前多元化主体共同参与到农村社区养老服务的大背景中,不仅需要强调政府、社会组织、企业等主体的生产和供给能力,也要求他们彼此互动合作,在服务内容和机制上互相衔接,以保证不同特质的老年人可以从多元渠道获得便捷性的服务。社区养老服务平台相当于一个"大脑",统筹上下游的信息、资金、服务和物资的运转。一方面基于大数据技术等准确评估老年人的群体差异分层及服务需求特征,另一方面基于差异化服务内容在不同服务提供主体间进行分工,再传递给具体服务的上游服务商。② 最终在养老服务的供给上形成社区多中心治理的框架。即多元的参与主体运用公共权力,通过平等的沟通、协商、谈判、合作方式,自发地组织起来采取集体行动。多中心治理将原本没有交集的合作伙伴聚集到了一起,包括政府管理者、社会服务提供者、房产拥有者或管理者、医疗健康服务提供者和居民本身以及社区

---

① 郑莹、高源:《政府购买社区养老服务的法学审视》,《辽宁大学学报(哲学社会科学版)》2017 年第 3 期。
② 石园、纪伟、张智勇等:《基于差异化服务内容的社区养老服务需求与供给协调机制研究》,《人口与发展》2019 年第 3 期。

社会组织、外部社会组织、慈善机构等。这些合作伙伴本身有不同的目标，但是多中心治理赋予了它们同一个使命，使得每一方都在项目的发展中发挥特长，起到关键作用。社会服务提供者通常是项目的主导机构，能起到促进伙伴关联和建立社区关系的作用；房产拥有者或管理者通常会参与到项目的融资与治理中，并提供场地和设施的支持；医疗健康服务通常由专业健康机构、养老服务中心和医院等提供；而村民本身不仅是被服务对象，他们通常能为项目本身的发展起到积极的作用，并通过各种志愿服务机会参与到服务提供中去。

由不同社区养老服务组织分工协作提供的社区养老服务项目形成了有机的农村养老服务体系。这一服务体系由社区主导、村民主动参与，并得到政府的有力协助，针对不同养老需求的服务对象提供分层次、费用差异、个性化的服务。

五、 农村养老服务体系建设的制度保障

上述分析表明，村委会将逐步成为农村养老服务的统筹主体；社区治理能力决定着养老服务资源利用和养老服务模式创新、养老服务体系建设的状况。可见，要完善农村养老服务体系，就需要在社区治理能力提升和养老服务模式创新上提供制度保障。

一是激励村委会担负起农村养老的统筹主体责任。要在广大农村社区传播积极养老的理念及其重大意义。在政策中突出村委会统筹养老服务的职责，在农村社区考核指标上加大养老服务的权重。同时，要有效整合政府不同部门支持农村社区养老服务的财力和物力资源。农村社区养老服务的管理主体是村委会，财政、民政、社会保障等部门对社区养老服务的财力、物力和项目支持，以及残联、妇联、驻区单位等部门开展的社区养老服务都应纳入社区的统一管理，使有限的资源和设施发挥最大的效能。

二是加强对"两委"委员的治理能力培训。农村社区的"两委"委员是开展社区治理的具体人员，他们的能力素质对于养老服务体系建设至关重要。在针对性的治理能力培训中，一方面要充分借鉴社会工作的理论和方法，提供有关链接资源的思维和方法；另一方面要重视互惠合作机制方法的学习，

提升养老服务模式创新的能力。

三是积极探索契约式养老模式。随着政府职能转变和村委会养老服务主体地位的提升，社区养老服务应在政府指导下积极探索更多社会化和市场化的路子。例如，允许和鼓励一些经济条件比较优越的城市老人与农村老人联合起来购买或租赁土地，设计和建造小型养老社区，在农村内建立多种服务设施。再如，利用农村土地能够获得资本性收入的特性，获得稳定的农村养老服务资金，从而支持更多农村老人转移到城镇社区或养老机构中获得养老服务。一方面减轻其子女的赡养压力，另一方面也有利于满足农村老人传统的养老服务需求和新兴的积极养老服务需求。

县乡村三级养老服务网络构建路径研究*

——基于江苏省的调查

张艳霞　吴佳宝　刘远冬　朱启臻**

摘　要：我国农村人口老龄化日益加深，城乡倒置问题不断加剧，但农村社会化养老基础薄弱，养老服务存在供给主体权责不明晰、供需不匹配和服务质量不高等问题，在纵向层级上发展不均衡，乡镇和村级养老服务尤为缺失。国家近年出台的政策强调健全县乡村衔接的三级养老服务网络，完善农村养老服务体系。江苏省较早进入人口老龄化，率先利用财政资金支持、引入市场和社会力量参与养老服务供给，探索构建县乡村三级养老服务网络。通过县级建立特困人员集中供养机构、乡镇改造农村区域性养老服务中心、村级推行互助式养老，将养老服务由县向乡和村延伸，在县乡村各级实现机构、社区和居家养老服务的有机结合。从全国来看，农村养老服务网络的构建面临城乡和区域发展不平衡、社会化养老服务机构不完善、供需不匹配等问题，可借鉴江苏省的经验统筹规划农村养老服务体系建设。

关键词：农村老年人　县乡村衔接　三级养老服务网络　构建路径

一、 问题的提出

中国的人口老龄化具有鲜明的中国特色，如城乡倒置和未备先老，[①]农村面临的养老挑战巨大。中国的人口老龄化自 1982 年出现城乡倒置且随着时

---

* 本研究是 2020 年中国老龄事业发展基金会项目"我国农村养老服务研究"的阶段性成果。原载《中国农业大学学报（社会科学版）》2022 年第 1 期。

** 张艳霞，中国农业大学人文与发展学院副教授；吴佳宝，中国农业大学人文与发展学院博士生；刘远冬，中国农业大学人文与发展学院博士生；朱启臻，中国农业大学人文与发展学院教授。

① 郑功成：《实施积极应对人口老龄化的国家战略》，《人民论坛·学术前沿》2020 年第 22 期。

间的推移不断扩大。根据最新公布的第七次全国人口普查数据,中国人口老龄化城乡倒置的趋势更加凸显,2020 年农村 60 岁及以上、65 岁及以上老人的比例分别为 23.81% 和 17.72%,比城镇分别高出 7.99 个百分点和 6.61 个百分点。与城市相比,农村人口老龄化呈现程度深、速度快、空巢独居现象严重、高龄失能失智占比高等特征,[①]但农村社会化养老服务的基础薄弱,[②]在纵向层级上发展更不均衡,乡镇和村级养老服务发展尤为不充分。[③] 与城市相比,我国农村地区社会养老服务设施和养老服务供给严重不足,农村五保供养机构空床率高,民营养老机构经营惨淡,[④]日间照料中心难以发挥托底功能。养老服务城乡差异大主要是由于县乡村社会化养老服务没有形成网络,其根本原因在于农村社会化养老服务在资金和服务供给两个方面严重匮乏。在农村养老服务的资金保障方面,我国长期实行城乡二元体制,政府在养老服务事业上的财政投入明显重城市轻农村。由于农村老年人购买力不足,市场更倾向于对城市养老服务提供资金支持,而对农村养老机构的投资有限。[⑤] 在我国农村地区,公益组织的重要性并未被强调和重视,大部分农村地区缺少特定养老公益组织为养老服务提供相应的资金支持。[⑥] 在农村养老服务供给方面,供给主体权责不明晰,政府在农村养老服务供给方面履职存在偏差,[⑦]农村养老服务市场和社会组织不够成熟,[⑧]家庭和老人自身的养老服务功能弱化,[⑨]农村

① 原新、刘志晓、金牛:《从追赶到超越:中国老龄社会的演进与发展之路》,《新疆师范大学学报(哲学社会科学版)》2020 年第 2 期。
② 聂建亮、李澍:《政府主导、多方参与与农村社会养老服务体系构建》,《重庆社会科学》2017 年第 3 期。
③ 毕天云:《推进我国城乡养老服务体系融合发展初探学术探索》,《学术探索》2019 年第 9 期。
④ 王维、刘燕丽:《农村养老服务体系的整合与多元建构》,《华南农业大学学报(社会科学版)》2020 年第 1 期。
⑤ 乔晓春:《养老产业为何兴旺不起来?》,《社会政策研究》2019 年第 2 期。
⑥ 李翌萱、蒋美华:《农村互助养老服务支持体系的多元整合与优化——基于关中农村 9 所互助院的调研》,《中州学刊》2020 年第 6 期。
⑦ 齐鹏:《论农村养老服务体系的完善》,《西北人口》2019 年第 6 期。
⑧ 唐健、彭钢:《从模糊失衡到多元均衡:福利多元主义视域下农村社会化养老主体责任反思与重构》,《农村经济》2020 年第 8 期。
⑨ 纪志耿、祝林林:《中国农村养老服务供给:理论基础、形势判断及政策优化》,《农村经济》2019 年第 5 期。

社区养老供给不足,[①]服务质量不高,养老服务人员缺乏专业培训。[②]

根据相关测算,"十四五"期间平均每年将增加 60 岁以上老人 1 000 万左右,全国老年人口将突破 3 亿,我国社会将从轻度老龄化迈入中度老龄化。[③]农村老人老无所依、老无所乐是一个非常严峻的社会问题,解决农村养老问题刻不容缓。发展农村养老服务是解决"三农"领域有关突出问题、实施乡村振兴战略的必然要求,是贯彻党的十九届五中全会精神、实施积极应对人口老龄化国家战略的关键举措。2021 年 2 月出台的《关于全面推进乡村振兴加快农业农村现代化的意见》强调要健全县乡村衔接的三级养老服务网络,推动村级幸福院、日间照料中心等养老服务设施建设,发展农村普惠型养老服务和互助性养老。[④] 国家计划"十四五"期间,通过建立县级失能半失能照护机构、乡镇级农村区域养老服务中心和发展农村互助养老、居家养老等服务,以点带面实现养老服务全覆盖,从而基本构建起县乡村三级养老服务网络。

县乡村三级养老服务网络构建是基于解决我国当前老龄化治理问题而提出的,研究三级养老服务网络的构建路径有助于为农村养老服务的均衡发展和养老服务体系的优化完善提供参考。江苏省是全国最早进入老龄化社会的省份之一,也是目前老龄化程度较高的省份之一。第七次全国人口普查结果显示,江苏省 60 岁及以上人口占 21.84%,其中 65 岁及以上人口占 16.20%,已经进入中度老龄化。根据江苏省民政厅 2021 年 2 月公布的数据,江苏省 60 岁及以上的农村老年人口约有 940.3 万人,约占全省总人口的 11.1%。[⑤] 作为经济社会发展水平总体较高但内部差异不小的省份,江苏省已率先对县乡村三级养老服务网络进行了探索,致力于构建市场有效、政府有为的养老服务体系,农村养老服务供给水平在全国领先,取得了一些值得总

① 李小琳:《农村养老服务体系的实践困境与出路》,《农业经济》2019 年第 11 期。
② 宋川、周丽敏:《人口老龄化趋势下农村养老服务的优化对策分析》,《农业经济》2019 年第 6 期。
③ 李昌禹:《"十四五"期间全国老年人口将突破 3 亿》,《人民日报》,2020 年 10 月 24 日。
④ 《中共中央 国务院关于全面推进乡村振兴加快农业农村现代化的意见》(2021 年 2 月 21 日),中华人民共和国中央人民政府网:http://www.gov.cn/zhengce/202102/21/content_5588098.html,2021 年 4 月 30 日。
⑤ 《事关 940 万江苏农村老人! 江苏省民政厅发布最新安排》(2021 年 1 月 27 日),江苏民政网:http://mzt.jiangsu.gov.cn/art/2021/1/27/art_55087_9656834.html,2021 年 4 月 30 日。

结和分析的经验。本研究基于团队于 2020 年在江苏省开展的农村养老服务实地调研,通过与省市县乡四级民政部门、人社部门、卫健部门、财政部门等不同机构座谈,到县乡村养老机构、社区居家养老服务中心和服务站点走访调查所获得的丰富资料,研究总结先进地区养老服务的发展经验,有助于解决农村养老服务有效供给不足、质量效益不高等问题,进而结合国家经济社会发展方针,明确养老服务体系改革的方向。

二、 县乡村三级养老服务网络构建现状

针对农村养老服务体系的短板,要着力增强县级特困供养服务机构的失能照护服务能力,拓展乡镇敬老院的养老服务中心功能,发挥村级互助养老服务设施前沿阵地作用。"十四五"规划提出,争取到 2025 年基本建立城乡融合发展的基本养老服务制度,形成布局完善、功能互补、统筹衔接的县乡村三级养老服务网络,构建居家社区机构相协调、医养康养相结合的农村养老服务体系。目前,我国各地开始根据"十四五"规划中有关构建县乡村三级养老服务网络的要求展开行动,在现有养老服务的基础上,健全县、乡镇、村三级养老服务平台,但大部分省市尚处于探索阶段。从全国来看,重庆①、江西②等地在"十四五"规划要求提出后,陆续出台建立县乡村三级养老服务网络的政策文件,计划打造县级养老服务载体,推进乡镇敬老院提档升级和乡镇养老服务中心全覆盖,普及农村互助式养老,尝试摸索建立与本地相适应的养老服务体系,但大多数地区三级养老服务网络尚未形成。

江苏省已经率先在全省范围内推广建立县乡村三级养老服务网络,坚持系统观念,打造县乡村三级衔接互通、功能互补的农村养老服务体系。近年来,江苏省不断完善政策体系,为农村养老服务打造坚实的制度基础。省委连续出台"三农"一号文件,将强化农村养老服务兜底保障、推进农村养老设

---

① 《重庆市人民政府办公厅关于印发重庆市农村养老服务全覆盖实施方案的通知》(2021 年 2 月 3 日),重庆市人民政府网:http://www.cq.gov.cn/zwgk/zfxxgkml/szfwj/qtgw/ 202102/t20210203 _8874723.html,2021 年 4 月 30 日。

② 省民政厅印发《关于巩固拓展民政领域脱贫攻坚成果同乡村振兴有效衔接的实施方案》(2021 年 4 月 7 日),江西省民政厅官网:http://mzt.jiangxi.gov.cn/art/2021/4/7/art_ 34593_3311203.html, 2021 年 4 月 30 日。

施建设、提升农村养老服务能力作为推进"三农"工作重点任务加以落实。省委省政府印发《江苏省乡村振兴战略实施规划（2018—2022 年)》,实施农村养老服务能力提升工程,推动城市优质养老服务资源要素向农村覆盖延伸,实现城乡养老服务发展共建共享。江苏省从 2014 年起陆续出台的《江苏省"十三五"养老服务业发展规划》《省政府关于全面放开养老服务市场提升养老服务质量的实施意见》《省政府关于进一步推进养老服务高质量发展的实施意见》等多部规划和政策文件,均涵盖农村养老服务各领域各层次,就着力夯实农村养老服务基础、持续推进农村养老服务体系建设做出了方向性、制度性安排,形成了具有江苏特色的农村养老服务政策体系。

江苏省政府不仅在政策和财政资金方面大力支持县乡村三级养老服务网络的建立,还按照规章制度通过公建民营、委托经营等形式,积极鼓励社会力量参与三级养老服务网络的构建。首先,县级政府打破县乡村养老服务的界限,充分利用养老资金和资源优势,改革特困供养机构,将县域内特困失能老人集中供养,为他们提供"兜底"保障。其次,在满足本地特困失能供养对象集中入住的前提下,乡镇将部分敬老院改造升级为区域性养老服务中心。一方面吸纳身体条件相对较好的特困人员,另一方面通过区域性养老服务中心向周边乡镇和农村辐射,提供综合性养老服务,满足社会老年人的居家和社区助养服务需求。最后,在区域性养老服务中心难以覆盖到的农村,建立居家养老服务中心、养老服务站点来分散供养老人,为乡村基层提供最基本的社会化养老服务。总体来说,江苏省县乡村三级养老服务网络的构建考虑到了城乡养老服务资源的差异和不平衡,统筹使用各级现有的养老服务资金和资源:养老服务需求程度和质量要求高的失能特困老人统一由养老服务资金和资源集中的县级特困供养机构兜底供养;有自理能力的特困老人和社会老人由养老服务基础设施较好的镇养老机构和区域性养老服务中心助养;边缘农村地区的老人由养老服务基础相对薄弱的养老服务站点提供基础性的服务。

（一）县级改建失能失智特困群体集中照料中心,打通城乡养老服务边界

政府基于城乡养老服务资金和资源存在差异的现状,对农村养老服务进行纵向统筹,利用城市优越的养老资源配置和服务条件,对特困供养机构进

行改造,为集中供养的县乡村特困失能老人提供食宿、医疗、康复、护理等养老服务,全方位满足集中供养对象的需求。为提升特困供养机构的服务质量,充分发挥农村特困供养机构的骨干作用,江苏省自 2013 年起全面实施农村特困供养机构"三有三能六达标"工程。其中,"三有"指的是每个老人房间有空调、有电视、有保温降温设备,"三能"指老人不出院能洗澡、能看病、能康复娱乐,"六达标"指敬老院的消防、安全卫生、老人的供养标准、管理服务人员配比、管理服务人员工资、待遇水平能够达到国家相应标准。所有敬老院初步具备了生活照料、精神慰藉、康复护理、安全援助和社会参与等功能,聚焦满足农村失能老年人长期照护需求。政府引导特困供养机构采取内设医务室,与乡镇卫生院合作等方式提供医养结合服务。截至 2020 年年底,全省特困供养机构护理型床位数达到 8.1 万张。在农村老年人口比较多的涉农县(市、区),选择当地一所敬老院或社会福利院作为县里失能失智特困老年人的集中照料服务场所,与医疗部门合作,一方面分散各敬老院的照料服务压力,减轻养老机构的生存压力;另一方面降低管理成本,提升运营效率。

(二) 镇级改造升级农村区域性养老服务中心,增加辐射带动作用

江苏省行政区划调整后,以前的两三个乡镇合并为一个乡镇,乡镇的范围扩大。保障农村养老服务,江苏省实施农村敬老院"双提升"工程,选择将一些位于乡镇或行政村中心位置、养老基础设施完备的敬老院转型升级为农村区域性养老服务中心,将闲置床位面向社会开放,一般可以覆盖 2—3 个乡镇,为乡镇及周边的社会老年人提供一定的助养服务。截至 2020 年年底,通过部署实施为期三年的江苏省农村养老服务"双提升"工程,全省 700 家养老服务机构基本具备农村区域性养老服务中心功能,接收农村老年人达到 1.93 万人,194 家特困供养服务机构开展了公建民营改造,由专业的民营养老企业进行管理。区域性养老服务中心提供居家上门服务、失能照料护理、精神慰藉、教育培训等,还承担对留守老人关爱探访的职责。区域性养老服务中心借助自身地理区位和养老服务资源优势,与周边农村社区居家养老服务中心合作管理,将养老服务向乡镇和村庄辐射,形成服务网络。

(三) 村级利用闲置空房建立养老服务站点,开展农村互助养老

处于养老服务网络边缘的农村地区通过建立村级养老服务站点作为补

充,以这些养老服务站点为阵地向外延伸拓展。在人口较少和相对分散的自然村设置的养老服务站点建筑面积一般不到 200 平方米,选址在村民经常聚集的地方,利用闲置的校舍、民房、老村部等资源,为本村老人提供一个养老服务和娱乐活动的场所。养老服务站点的建设和运营经费主要依靠政府财政补贴。苏南张家港市、乡两级对村级养老服务站点一次性给补贴建设经费 4 万—5 万元,运营经费每年补贴 6 万元左右;苏北沭阳县、乡两级财政根据地方财政实力一次性共补贴建设经费 3 万—5 万元,运营经费每年补贴 5 000元。同时,江苏省各地立足实际情况,创新农村养老服务模式,开展互助养老。比如,苏北部分县区建设"农村养老幸福小院"作为村级养老服务站点,探索农村地区邻里守望、互助养老试点;苏南部分地区探索建立农村地区低龄助高龄的养老志愿服务体系——养老服务"时间银行"等,打通农村养老的"最后一百米";一些集体经济比较发达的村庄,如张家港市永联村尝试建立适老化的老年公寓,在每幢老年公寓底层建立一个服务站,为老年人提供一些常态化标准化的服务,包括普惠的无偿或低偿养老服务、有偿的个性化定制服务以及管家式高端服务。

三、 江苏省县乡村三级养老服务网络构建路径

构建县乡村三级养老服务网络的关键是解决养老资金保障和服务供给难题。福利多元主义理论倡导养老资金和服务供给主体不应该是政府单一主体,强调政府、市场和社会力量等多元主体共同参与和合作,促进养老供给侧的融合优化,以有效满足老年人多样化、多层次的养老服务需求。江苏省在县乡村三级养老服务网络的构建上,较好地解决了县乡村各级社会化养老服务的资金和服务供给问题。具体来说,一方面,政府高度重视老龄事业和养老服务的发展,并对积极应对人口老龄化和解决农村养老问题给予重要的政策和财政支持,为建立健全县乡村三级养老服务网络奠定了资金保障;另一方面,政府强调吸纳市场和社会力量参与县乡村养老服务事业和产业,并根据农村实际情况,调动村庄现有人力资源,开展互助式养老,将养老服务切实延伸到农村,形成家庭、政府、社会多元主体共同参与的养老服务供给体系。

（一）政府强化财政资金支持，提供坚实的经济保障

江苏省整体经济社会发展水平高，各级政府对养老服务事业的扶持力度大，特别是针对特困人员的供养问题，不断完善农村基本养老服务制度建设。到 2020 年年底，全省对 20.42 万农村特困供养对象实现应养尽养，供养标准达到 12 421 元/人/年；将 98 万农村老年人纳入低保，平均标准达到 725 元/人/月，位居全国前列；农村地区高龄津贴和老年人护理、服务补贴制度实现全覆盖。县(市、区)乡级养老事业财政投入比例高、金额多，充分利用和整合政府、社会和个人资源，统筹城乡养老资源，构建农村养老服务体系，实施敬老院运营机制改革，探索医养结合的方式，提升养老服务保障的能力水平。

县级政府集中力量为县域范围内的特困失能老人提供经济保障，财政支持提高特困人员补贴标准，促进特困人员的供养服务设施建设。其一，政府财政注重保障农村老年群众基本生活，着力满足特殊群体养老服务需求，织牢编密农村基本养老服务保障网。建立财政投入增长机制，根据老龄人口自然增长情况逐年增加财政投入，并将其列入财政预算。例如，张家港市每年总财政约 200 亿元，养老约占政府财政投入的 2%，2020 年该市将农村"五保"老年人的保障待遇在最低生活保障标准的基础上增加了 40%，并实现了特困供养标准城乡一体化。其二，政府财政兜底保障特困人员养老，改造农村特困供养机构。地方根据自身经济实力，提升农村特困供养机构服务质量，发挥养老机构在农村养老服务体系中的骨干作用。

宿迁市沭阳县是全国人口大县，2020 年年底总人口达 193 万，其中 60 周岁以上老人 30.91 万人，老龄化率为 15.48%。沭阳县政府重点解决农村经济困难、高龄失能失智老人的养老问题，将失能特困老人安排到一家敬老院集中照护，并引进有护理资质的养老企业运营，提高专业化养老服务水平，发挥兜底职能。对特困失能老人实行集中照护后，在其他待遇不变的基础上，每月新增 800 元护理费，以后还将逐年提高护理标准，以确保为失能老人提供综合持续的照护服务。除此以外，沭阳县还重视养老机构的服务质量和安全管理水平的提升，2020 年投入 500 万元用于完善敬老院的消防设施，提高消防安全水平，投入 50 万元在消防设施维保、食品安全监管、养老服务质量考评等方面实行专业化服务。

在乡镇一级,推动农村特困供养机构运营机制改革,使其提档升级改造为农村区域性养老服务中心,激发农村养老机构发展活力。区域性养老服务中心是民办非企业单位,既承接机构服务,也承接机构外的居家服务。以养老服务中心为依托,加强居家养老服务站建设,使农村养老服务由过去仅面向特困老年人向普通社会老年人拓展。

苏州张家港市将塘桥镇一所敬老院升级改造为区域性养老服务中心,在改造过程中给予了 2 000 万元的资金支持,其中苏州市财政补贴占 30％,张家港市补贴占 25％,其余 45％由塘桥镇财政承担。改造完成后,政府引入一家养老服务公司参与设计和运营,现在已建成 272 张床位,吸纳了 45 位"五保"老人。张家港市和塘桥镇两级政府每年各补贴运营资金 10 万元左右,主要用于为"五保"户购买养老服务,政府返聘了前敬老院院长对公司的各项事务进行监管。除满足特困老人的养老需求外,区域性养老服务中心还面向社会老人提供助餐服务,依靠市镇两级补贴和老人自费 5 元/天,尝试从养老服务中心辐射到乡镇和农村的社会老人。

(二)社会力量参与养老机构改革,提升机构养老服务水平

机构养老解决的基本上是高龄、失能半失能老年人的养老问题,是农村养老服务中最为根本和基础的,需要政府、市场、社会以及个人的资金投入。中轻度失能老人的照料可以通过家庭养老和互助养老解决,但重度失能老人的照顾需要走专业化机构照护的道路。民营养老机构投入产出的上限极高,回报周期很长,在养老市场开放后是最需要持续稳定投入大量资金来发展的。

江苏省对养老院进行的改造,绝大多数都是政府首先把基础工作做好,将房子改造修理完善后,再委托专业的养老服务企业进行标准化管理,政府依据对企业的绩效考核结果进行补贴。江苏省统一了公办、民办养老机构的建设补贴标准和扶持政策,推动连锁化、品牌化养老服务企业发展。截至 2020 年年底,江苏省社会力量举办或经营床位数达到 47.88 万张,占 68.5％。

南京市财政部门要求签约的民营养老企业对所属区域范围内 60—79 岁老年人的居家养老服务量达 50％,对 80 岁以上的老年人居家养老服务全覆盖。财政资金中 40％由乡镇(街道)一级承担,60％由市(区)一级承担。民营

养老企业收入除靠政府补贴以外,还依靠提供有偿服务获得。南京市江宁区湖熟街道于 2020 年对一个医养结合的敬老院进行公建民营改革,政府投入 400 多万元,引入了一家民营企业进行管理,以 5 年为一个合作周期。为吸引民营企业加入,湖熟街道减免了企业第一年的租赁、管理等费用,在未来 5 年内将向该民营企业收取 60 万元的管理费用。这所敬老院有大约 180 张床位,30 多位工作人员。到 2020 年年底,敬老院已经招收了 110 多位"五保"老人,其余床位面向社会老人用来盈利,以维持运营。根据接收社会老人的身体状况划分了全能型、全失能型和半失能型三类收费标准,每月收取 3 000 元到 6 000 元不等。敬老院将其中一个院子改成日间照料中心,为周边街道和农村的老人提供日常助餐和活动的场所。

在养老工作中应调动社会资源和力量,达成政府和企业间的合作,充分利用和整合政府资源、社会资源与个体资源:政府提供保障、搭建平台、改善硬件设施、购买服务等,企业在养老事业中发挥管理和经营的作用。江苏省敬老院普遍实行公建民营,由专业的民营养老企业进行管理。考虑到企业的经济效益,在首先保证特困供养人员机构养老的需求外,将剩余空置床位盘活,面向社会招收有需求的老年人。通过公建民营方式,推动农村养老服务管理向社会化、专业化发展。

引导社会力量更加广泛积极地参与农村敬老院的连锁化管理运营,推动机构在管理、技术、服务质量、硬件设施等方面全面提升。公建民营养老院具有一定的优势,建设养老院的土地规划、项目建设审批等手续更便捷,有利于降低民营资本的风险和负担,保障养老服务规划的延续性,提高养老服务的质量和水平;通过政府购买养老服务或财政资金补助,降低民营养老院的收费标准,要求公办民营机构在优先解决农村特困老人、失能半失能老人养老的前提下面向社会老人,发挥兜底的职责;政府比企业的号召力大,农村老年人对政府出资建设的养老院信任度比较高。地区民政部门对营利性的养老企业有约束性的政策,每年由第三方机构根据民政部门制定的考核细则对其满意度、入住率等进行评分和监管,一定程度上保障了养老服务水平。

(三) 创建"虚拟养老院"平台,管理居家养老服务市场

养老服务体系以居家养老为基础,利用"互联网+"信息技术,通过"虚拟养老院"实现对居家养老服务市场的有效管理。① 作为既经济又便捷的养老方式,"虚拟养老院"在社会上已经得到推广,利用互联网技术,实现居家、社区和机构养老服务的融合发展,提高养老服务的效率和水平,促进养老服务产业的创新发展。"虚拟养老院"具有养老综合体意义上的综合性和一体化功能,②这一养老服务平台,可降低交易成本优化市场。虚拟养老院是社区居家养老服务设施的"服务外延",通过网络平台,更加方便快捷地满足了居家老年人阶段性、个性化的养老需求。

江苏省不断完善智慧养老服务网络体系,建设省级养老服务信息平台,各县(市、区)均建成 1 个以上虚拟养老院,初步形成"15 分钟养老服务圈"。政府通过购买虚拟养老院这类新型居家养老服务,将市场力量引入养老产业。虚拟养老院像一座"没有围墙的养老院",老人足不出户就可以选择和享受专业化的上门养老服务。③ 通过互联网对县乡村老人的居家养老服务需求进行精细化管理,丰富了养老服务市场,提高了养老服务的质量和效益,开拓了为居家老人提供上门服务解决其居家养老所遇到问题的途径,推动了政府购买社区居家养老服务,为分散供养特困对象和部分高龄独居、空巢老人提供了更有针对性的养老服务。

苏州张家港市在 2007 年建了 4 个虚拟养老院,以政府采购和社会化的运作方式托管运营,其中一所虚拟养老院有 21 位工作人员,依托张家港市虚拟养老院服务平台,为全市老年人提供居家养老和智慧养老服务。张家港市虚拟养老院由市民政局管理,下设工作站,工作站下设居家服务站,为县乡村老人提供统筹协调和监督管理。老人通过线上拨打咨询专线和呼叫服务,线下由专业服务企业、各类居家服务站和养老机构具体提供相应服务,目前服务对象有 800 多人。服务完成后,虚拟养老院会定期回访,由老人对服务做出满意度评价。张家港市的虚拟养老院在建设过程中注重信息化和网络化的管理,与卫健委系统互通,建立老人的健康档案,为老人量身定制养老服务套餐。

①　罗艳、石人炳:《虚拟养老院服务质量评价指标体系初探》,《华中科技大学学报(社会科学版)》2016年第 5 期。
②　代利凤:《智慧养老综合体服务:缘起、风险与政策应对》,《广西社会科学》2019 年第 10 期。
③　刘红芹、包国宪:《政府购买居家养老服务的管理机制研究——以兰州市城关区"虚拟养老院"为例》,《理论与改革》2012 年第 1 期。

宿迁市沭阳县民政局考虑到当地有限的经济发展水平和财政补贴,创新虚拟养老院的运营机制,通过引入一个民营企业,建立了互联网呼叫中心平台。老人通过呼叫中心平台选择服务后,线下服务人员依托乡镇敬老院改造后的区域性养老服务中心提供上门服务,由此,将原有乡镇敬老院的养老服务延伸到机构以外的老人。一方面有助于提高敬老院工作人员的收入;另一方面为居家老人提供了服务,并节约了路途成本。如果没有区域性养老服务中心,敬老院是公办的,公办机构人员是不能开展其他活动的,但是区域性养老服务中心是民办非企业单位,把敬老院交给区域性养老服务中心来运作,既承接机构服务,也承接机构外的居家服务,同时通过互联网在县乡村三级实现养老服务类型全覆盖。县级居家上门服务指标直接下放到区域性养老服务中心,中心下派工作人员到村服务,也可以到村里就地找人提供服务,形式由乡镇决定,由此实现了居家养老服务全覆盖。居家养老服务对象不断扩展,由原来省里规定的低保、失能、失独三类老人,逐渐扩展到空巢老人、80 岁以上的高龄老人。空巢老人如果既不失能又能自理,那就只需要派工作人员每周上门看望两次,寻访了解老人的日常状况并登记到系统里。

(四) 开展互助式养老,将养老服务延伸到乡村最基层

农村劳动力外流,家庭结构变化,农村老年人缺乏稳定的收入和保障,互助养老是解决农村养老的重要途径。从本质上说,互助是一种社会交换行为,是在互惠的基础上形成的,互助养老在某种意义上是养老模式的“第三条道路”[1]。农村老年人生活在农村这个熟人社会,有较强的归属感,可以通过邻里互助、老老互助、少老互助等方式获得物质帮助和情感支持。互助养老的成本低、提供养老服务的效率高,符合农村现阶段的经济文化生态,有助于解决留守老人和空巢老人的养老问题,是对农村传统家庭养老的补充。[2] 江苏省引导鼓励在农村开展互助式养老,为广大农村老年人养老离家不离村,在村中享受天伦之乐提供支撑。

---

① 杨静慧:《互助养老模式:特质、价值与建构路径》,《中州学刊》2016 年第 3 期。
② 刘妮娜:《农村互助型社会养老:中国特色与发展路径》,《华南农业大学学报(社会科学版)》2019
　　年第 1 期。

1. 创办农村养老幸福小院,解决农村老人无人照料问题

农村养老幸福小院改变了政府作为农村养老服务主要提供者的状况,将政府、村委会、老年人、市场、社会组织等多元主体进行整合,有助于形成农村养老服务共建共治共享的治理格局。通过农村老人抱团互助养老,实现机构养老和居家养老有机结合,缓解农村空巢老人和留守老人的养老困境。农村养老幸福小院为老年人提供制度化、规范化的养老服务,以应对日益严重的人口老龄化问题。① 苏北的一些村庄将农村养老幸福小院与自然村的村级养老服务站点合并在一起,为农村老人提供一个类似"托老所"的活动场所。

宿迁市沭阳县探索了一条适合欠发达地区发展农村养老服务的道路,即在老人、妇女留守问题严重的人口流出地区低成本解决农村养老问题。沭阳县有位 60 岁的农村留守妇女,之前在外地做过养老护理员,后来私下利用自家院子照顾难以自理的独居留守老人。县民政部门本来打算关停这家养老院,但是考察后发现这种方式很受留守老人欢迎,就尝试扶持其发展,在帮助其完成餐饮、消防等适老化和标准化改造后下发了营业执照,并发放运营补贴。沭阳县民政局据此印发了《沭阳县农村"日间照料幸福小院"实施方案》进行规范和推广,幸福小院运营满半年即可获得一次性建设补贴 5 万元,从运营之日起享受每年 3 万元的运营补贴。幸福小院要求建设规模小于 300 平方米,留宿照料床位数量不超过 10 张,必须向民政局申报,考察审批后才可建设,建成后纳入养老机构统一管理。幸福小院符合农村老年人传统养老观念和消费能力,满足了农村老年人安土重迁的习惯,也以平均不超过 1 000 元/月的低廉收费适应了农村老年人的经济条件。同时幸福小院也解决了农村留守妇女自身就业和照顾家人的矛盾。项目实施半年,沭阳县就初步建成了 10 家幸福小院。

2. 推广"时间银行"新模式,鼓励低龄老人参与养老志愿服务

"时间银行"是由低龄老人和社会组织为高龄老年人提供日常生活照料和精神慰藉等养老服务的新模式,照料者将服务时间记录下来换取时间券

---

① 朱火云、丁煜:《农村互助养老的合作生产困境与路径优化——以 X 市幸福院为例》,《南京农业大学学报(社会科学版)》2021 年第 2 期。

（币），作为这些老人年老时接受服务的凭据，[1]体现了积极老龄化的理念。推广志愿服务"时间银行"，为低龄老人提供继续为社会服务的平台，有利于实现社区老人老有所为的美好愿景，促进老年人力资源的开发和互助养老服务的可持续。[2] 通过志愿团体等社会力量的参与，很好地填补了政府和企业管理机构服务人员的不足，有助于农村基层基础性养老服务的稳定持续供给。江苏省各县市的时间银行主要是由养老志愿者协会承接的。利用信息化的平台和线下社会化运营站点，高龄老年人可以通过智能手机下单、拨打 24 小时在线服务的专线或者到线下的服务站点让社工代替下单。志愿者可以根据自己的情况接单，服务完成后，所获得的时间券（币）可以留给自己或者赠予有需要的人。

张家港市于 2020 年依托"互联网＋养老志愿服务"平台，制定"时间银行"运行规范，由养老志愿者协会承接，鼓励 60—69 周岁低龄老人（女性放宽至 50—69 周岁）为 70 周岁及以上的高龄困难老人提供养老志愿服务，构建市、镇、村（社区）三级管理体系。张家港市设立时间银行专项资金，首批资金 48 万元用于时间币兑现保障、信息系统建设和日常运作，为首批高龄空巢独居老年人赠送每人 100 个时间币。志愿者赚取时间币，可以留给自己，也可以赠予有需要的老人。时间币的限额不超过 1 000 个，多余的时间币可以赠予他人。时间币分为专业服务和非专业服务两类，一次非专业服务需要一个时间币，而专业服务需要两个时间币。

正是由于政府、市场、社会和家庭在江苏省县、乡镇和村庄各级提供了养老资金和养老服务，才使得全省多数地区县乡村三级养老服务网络的创建得以实现，从而切实健全了农村养老服务体系，满足了老人多样化、多层次的养老需求。

四、 构建农村养老服务体系的思考与建议

随着农村人口老龄化程度加剧，城乡倒置问题日益突出，农村社会化养

---

① 贺雪峰：《互助养老：中国农村养老的出路》，《南京农业大学学报（社会科学版）》2020 年第 5 期。
② 张晨寒、李玲玉：《时间银行：居家养老服务模式的新探索》，《河南师范大学学报（哲学社会科学版）》2016 年第 5 期。

老事业进展缓慢,乡镇和村级养老服务尤为缺失,需要建立县乡村三级养老服务网络,改变养老服务纵向发展不平衡的局面。从江苏省的经验来看,构建县乡村三级养老服务网络的关键是解决县乡村在养老资金保障和服务提供方面的难题。江苏省鼓励和吸引政府、市场和社会多元主体参与,充分整合利用县乡村各级养老服务资源,有效保障了养老服务资金和养老服务的提供。政府财政拨款为农村养老服务提供了重要的资金保障,政府政策吸引市场和社会力量参与养老机构、居家养老和社区养老服务,并调动农村闲置资源开展互助式养老,创建多元养老服务模式,打造多样化、多层次的养老服务。三级养老服务网络从纵向来看,在县乡村三级间建立了连接,县级将失能失智特困供养人群集中照护,以区域性养老服务中心为轴心向周边乡镇和村庄辐射,通过养老服务站点和居家养老服务中心等机构使得养老服务延伸到边缘区域的各村;从横向来看,以养老机构为中心进行辐射,连接机构养老、社区养老和居家养老服务,体现了政府和社会力量的联合,在农村社区层面满足了大多数老人的养老需求。县乡村三级各有分工又可联动,层层向下辐射养老资源和服务,层层向上转介特困老人,以提升专业资源使用效率。

从全国来看,农村养老服务体系的构建尚存在一些突出问题。第一,城乡、区域间养老服务发展不平衡。养老服务资源相对集中于城市,而农村养老服务资源基础薄弱;经济发展水平不高的地区,用于养老的财政投入有限,养老服务内容单一、质量不高。第二,社会化养老服务机构发展滞后,基础设施条件差,管理服务水平不高,尤其是乡镇和农村养老服务缺失严重,难以满足农村老人的养老需求。第三,老年人受传统家庭养老观念影响,对机构养老认可度不高,更倾向于选择在家养老,但是农村年轻人大量外出务工,留守和空巢老人难以得到照顾,甚至其基本养老服务需求都无法得到满足。

农村养老是一项系统工程,从江苏省的经验来看,应该加强对农村养老的统筹规划和顶层设计,充分整合利用县乡村的养老服务资源,以满足老年人的养老需求为"指挥棒",促进农村养老服务主体多元化、服务内容和服务方式多样化,构建县乡村三级养老服务网络,不断丰富和完善农村养老服务体系。农村养老服务体系的建设需要多层次优化养老服务支持结构,发挥政府、市场和社会各方力量的作用,坚持分工协作的原则。首先,中央和省市政府需要考虑地区经济发展差距,将财政投入有针对性地向经济欠发达的地区和农村倾斜,加大养老服务资金投入力度,利用优惠政策吸引社会力量参与农村养老事业和产业,保障养老服务可持续发展。其次,推进县级特困失能人员集中照护机构建设,发挥政府和机构养老的兜底职能,与医院等医疗机构进行合作,探索医养结合的有效途径,满足失能老年人的养老服务需求。再次,重点改造升级乡镇级敬老院为区域性养老服务中心,推动线上线下服务同步发展。利用互联网技术,通过"虚拟养老院"在线上将养老服务不断向下延伸,以区域性养老服务中心为阵地向外辐射周边多个乡镇的社会老年人,提供居家上门服务等助养服务。最后,稳步推进农村互助式养老的普及,合理规划村级养老服务站点。村庄充分整合阵地资源,利用闲置的房屋资源,因地制宜改建养老服务设施,与区域性养老服务中心相互配合协调,在建制村、较大的自然村配建有助餐等基本功能的互助养老服务设施,将养老服务真正落实覆盖到村级,切实满足老人居家养老的需求。

农村养老模式与养老服务

农村老年家庭养老风险与老年福祉动态演进的跨学科分析框架[*]

李树茁　张　丹　王　鹏[**]

摘　要:在管理学、经济学、生态学等多学科交叉研究范式的指导下,结合可持续生计分析框架、社会—生态系统理论和生命历程理论,构建了一个用于解释中国农村老年家庭养老风险与老年福祉动态演进的跨学科分析框架。框架以农村老年家庭为分析对象,从个体、家庭、社区多尺度视角出发,将养老风险拓展为涵盖风险、脆弱性和恢复应对策略三位一体的广义风险概念。继而将广义养老风险与可持续生计分析框架结合,形成以养老风险为核心的影响机制链条,分析"养老资本→养老风险→老年福祉"的动态演进机制,探索创新降低养老风险、提升老年福祉的家庭支持政策体系。

关键词:养老风险　老年福祉　老年家庭　可持续生计　养老资本

一、引言

随着社会经济发展转型和人口大规模流迁,农村家庭规模小型化和结构简单化、代际养老支持弱化、传统孝道观念淡化等多重冲击使得中国农村老年家庭的养老风险凸显,老年福祉的实现不可持续。关注养老风险问题对于增强农村老年家庭的养老能力、促进家庭生计的可持续性发展具有重要的理

* 本研究是国家自然科学基金项目"农村老年人生计与福利的动态演进及家庭支持政策研究"(项目编号:71573207)、国家自然科学基金项目"农村老年家庭养老风险与福祉的动态跟踪研究"(项目编号:72074177)的阶段性成果。原载《当代经济科学》2021年第5期。

** 李树茁,西安交通大学公共政策与管理学院教授,研究方向为人口与可持续发展、公共政策分析与评价;张丹,西安交通大学公共政策与管理学院博士研究生,研究方向为老年社会学;王鹏,西安交通大学公共政策与管理学院博士研究生,研究方向为老龄与健康。

论价值和现实意义。近年来,养老风险问题逐渐引起学界关注,目前主要形成了两种研究取向:一类研究从宏观结构角度分析国家层的宏观风险、企业和保险机构承担的中观风险,并提出相应的养老风险规避或治理对策;另一类研究从微观个体角度切入,尤其关注失独老人、农村独生子女家庭的老年人等社会相对弱势人群的养老风险问题。研究内容包括客观养老风险的类型识别和现状水平分析,养老风险感知的测量研究,以及考察子女流动、家庭保障能力、社会保障能力等因素对于养老风险的影响。

　　尽管学界对养老风险问题展开了较为丰富的理论阐释和实证探索,但仍有以下几方面可拓展的空间:第一,在研究内容上,现有研究主要集中在养老风险的影响因素分析和风险后果治理等方面,未充分考虑风险的系统属性,很少将与养老风险紧密相关的养老脆弱性和养老风险应对恢复策略一起纳入研究视野,对于养老风险与老年福祉影响机制链条的考察不足。第二,在研究层次上,已有研究大多是基于老年个体的风险分析,缺乏家庭视角下的整体性分析,风险的干预和规避政策上对于家庭的关注也相对较少。事实上,在遭遇风险时,个体通常首先从家庭内部寻求风险分担,家庭是最为重要且最有可能的风险分担网络。[①] 特别是在农村地区,老年人更倾向于从家庭获取抵御风险冲击的资源和保障,家庭的养老保障水平决定了养老风险的高低。第三,在研究视角上,囿于研究理论和数据可得性,多数研究是以弱势老年人为主的静态分析,而对于多尺度视角下农村老年家庭养老风险的动态演进逻辑缺乏清晰认识和充分论证。

　　上述研究不足产生的一个重要原因在于缺乏综合性的分析框架来有效整合养老资本、养老风险、老年福祉等核心概念,进而厘清各概念的内涵、外延及相互关系。可持续生计框架为研究农村老年家庭生计和福祉的动态演进提供了新的视角和方法,[②]关于养老资本、养老策略、老年福祉的研究逐渐

---

① 梁腾坚、刘奇、郭志芳:《"家庭网"中的风险分担》,《西安交通大学学报(社会科学版)》2019 年第 4 期。

② 李树苗、徐洁、左冬梅等:《农村老年人的生计、福祉与家庭支持政策:一个可持续生计分析框架》,《当代经济科学》2017 年第 4 期。

兴起,①养老资本—养老策略—福祉后果的影响机制链条得到初步验证。② 然而可持续生计分析框架仅把风险或脆弱性视为环境和趋势背景,没有系统考察家庭整体视角下的养老风险问题,因此在解释农村老年家庭养老风险和福祉的动态演进问题时有待加入新的理论作为补充。

鉴于此,本文试图在可持续生计分析框架的基础上,结合社会—生态系统理论,构建一个用于研究农村老年家庭养老风险与福祉动态演进的分析框架。框架以养老脆弱性、养老风险、恢复力与应对策略的概念界定为起点,从个体—家庭—社区多尺度出发,分析农村老年家庭的养老脆弱性、养老风险、风险恢复力与应对策略的现状特征、相互关系、内在影响机理和动态演进规律,为农村老年家庭的养老风险研究提供更有力的理论支撑,在此基础上探索降低养老风险、提升老年福祉的家庭支持政策体系。本文的主要贡献在于:一是在理论层面突破传统学科界限,采用跨学科的研究范式多尺度、动态地综合理解农村家庭的养老风险和老年福祉问题,拓展了老年研究的前沿领域,为相关研究提供了理论指导和方法论借鉴。二是对农村老年家庭养老风险防范和化解的相关政策设计和制度创新具有启示价值。

二、 农村老年家庭养老风险的情境分析

农村老年家庭的养老风险内嵌于社会发展转型的过程之中,社会变迁对家庭的外部形态和内部功能均产生一定影响。本文从多个方面描述农村老年家庭所处的现实情境,为提高养老风险与老年福祉动态演进分析框架的适用性和解释力奠定基础。

第一,农村老年家庭规模缩减,家庭结构的脆弱性凸显。根据全国人口普查数据,农村地区家庭户平均规模由 1990 年的 4.13 人降至 2000 年的 3.68 人。到 2010 年,户均规模仅 3.34 人。③ 在 65 岁及以上的农村老年家庭中,夫

---

① 宋璐、李树茁:《子女迁移对农村老年家庭生计资本的影响:基于家庭结构的可持续生计分析》,《人口研究》2017 年第 3 期。
② 张若恬、张丹、李树茁:《当代中国老年人养老资本、策略与福祉:基于 2014 年中国老年社会追踪调查数据的分析》,《西安交通大学学报(社会科学版)》2018 年第 4 期。
③ 胡湛、彭希哲:《中国当代家庭户变动的趋势分析:基于人口普查数据的考察》,《社会学研究》2014 年第 3 期。

妇核心和单人户占比由 1982 年的 25.91％上升至 2010 年的 39.08％。[①] "七普"数据显示,2020 年我国户均规模已降至 2.62 人。[②] 我国家庭户均规模进一步减少,核心化趋势更加显著。伴随老年人口预期寿命的增长和代际居住模式的变动,农村老年人口空巢化趋势仍将加剧,空巢期不断延长。据测算,农村老年人的空巢预期寿命(13.9 年)及其占余寿比重均显著高于城市老年人。[③] 预计到 2050 年,农村空巢老年人占农村总人口的比重将达到 26.1％,为城镇的 2.9 倍。[④] 同时,几种较为典型的高脆弱老年家庭类型均集中在农村地区。其中,55.2％的纯老家庭户(家庭成员均为 65 岁及以上老年人)集中在农村地区。而老年人与其兄弟姐妹同住的一代纯老家庭类型,农村地区占比更是高达 72.5％。受劳动力迁移流动的影响,越来越多的留守农村老人担负起照料孙子女的角色,超过半数(51.2％)的隔代家庭户也集中在农村地区。[⑤]

第二,农村家庭的赡养功能弱化,传统孝道文化式微。一直以来,以血缘、亲缘关系为内核的家庭养老是农村地区最主要的养老模式。随着农村大量劳动力流迁到城镇,代际生活空间分离、生活成本增加等因素打破了传统均衡的代际交换模式,农村老年父母获得的代际养老支持不断弱化。有学者测算发现,子女对农村老年人的经济支持、生活照料和精神慰藉已分别弱化了 25％、5.6％和 30.7％。[⑥] 基于农村地区的田野调查发现,公众舆论、宗族社会组织、宗教信仰、家庭私有财产等一系列传统机制受到根本性冲击,传统孝道观念失去了文化基础和社会基础,农村地区出现了孝道观念的衰落,并引

① 王跃生:《中国城乡家庭结构变动分析:基于 2010 年人口普查数据》,《中国社会科学》2013 年第 12 期。
② 国家统计局:《第七次全国人口普查公报(第二号)》,国家统计局网站 http://www.stats.gov.c n/tjsj/tjgb/rkpcgb/qgrkpcgb/202106/t20210628_1818821.html,2021 年 5 月 11 日。
③ 陈卫、段媛媛:《中国老年人的空巢时间有多长?》,《人口研究》2017 年第 6 期。
④ Zeng Yi & Wang Zhenglian. A Policy Analysis on Challenges and Opportunities of Population/Household Aging in China. *Population Ageing* No.7 (2014).
⑤ 胡湛、彭希哲:《中国当代家庭户变动的趋势分析:基于人口普查数据的考察》,《社会学研究》2014 年第 3 期。
⑥ 于长永、代志明、马瑞丽:《现实与预期:农村家庭养老弱化的实证分析》,《中国农村观察》2017 年第 2 期。

发严重的养老困境。① 还有质性访谈研究认为,农村地区阶层分化和底层的去道德化建构,使得农村老年人承受最严重的代际剥削,甚至导致自杀等严重后果。②

第三,农村老年家庭养老资本匮乏,抵御风险冲击的能力非常有限。在金融资本方面,农村老年家庭的收入水平较低且来源单一,经济依赖度很高。根据 2014 年中国老年社会追踪调查发现,农村老年人平均年收入仅 6 488元,不及城市老年人收入的 1/4。③ 大部分农村老人需要依靠自身劳动和子女的代际经济支持获取收入,难以依靠养老金生活。有学者利用"六普"数据发现,近 60% 的农村老年人依靠家庭成员供养,20% 的老年人依靠劳动收入,而依靠离退休金的仅占 4%,依靠最低生活保障金的占 5%。④ 由此看出,一旦老年人丧失劳动能力或子女停止经济支持,极易陷入经济贫困状态。人力资本方面,农村老年人的教育和健康人力资本水平均相对较低。生命历程累积的健康劣势导致农村老年人的多项健康指标(如认知功能、日常生活自理能力等)显著低于城市老年人。物质资本方面,农村老年人口遭受较为严重的物质剥夺。在医疗、住房、食品、燃料和支付五个基本的物质维度上,有32.12% 的农村老年人处于一个或多个维度的物质剥夺状态,其中住房和医疗维度的物质剥夺尤为严重。⑤ 社会资本方面,政府部门提供的正式支持将"托底"作为政策定位,侧重于问题家庭、边缘群体的补助扶持,缺乏对普通农村老年家庭养老支持的政策考量。受到农村劳动力外流、市场机制介入等因素影响,村落内部的邻里、宗族互助的非正式社会支持网络在养老支持方面发挥的作用也出现明显的弱化和萎缩。最后,土地是农村老年人维持生计的重要来源和维护尊严的基础性自然资本。受到土地流转和青壮年劳动力外流

---

① 阎云翔:《私人生活的变革:一个中国村庄里的爱情、家庭与亲密关系》,上海:上海书店出版社2006 年版。

② 杨华、欧阳静:《阶层分化、代际剥削与农村老年人自杀:对近年中部地区农村老年人自杀现象的分析》,《管理世界》2013 年第 5 期。

③ 孙鹃娟:《中国城乡老年人的经济收入及代际经济支持》,《人口研究》2017 年第 1 期。

④ 王跃生:《中国城乡老年人居住的家庭类型研究:基于第六次人口普查数据的分析》,《中国人口科学》2014 年第 1 期。

⑤ 韩华为、高琴、徐月宾:《农村老年人口绝对贫困及其影响因素:物质剥夺视角下的实证研究》,《人口与经济》2017 年第 5 期。

等因素的影响,农村老年人赖以依靠的土地养老传统遭受严重冲击,并对家庭整体的生计资本造成不利影响。[1]

第四,农村老年人的福祉水平较低,生计难以实现可持续发展。老年福祉不仅包括对生活质量的客观评价(如社会参与、社会交往等),还包括个体对生活的主观感受(如满意度、幸福感、生活质量等)。一方面,农村老年人的客观福祉水平较低。与城市老年人参与志愿活动、休闲娱乐活动不同,农村老年人的社会参与主要集中在工作或劳动方面。尽管"老人农业"能够为农村老年人带来经济收入和在一定程度上的精神依托,而一旦丧失劳动能力,这种建立在"自养"基础上的"社会参与福祉"即遭中断。同时,伴随科技革新,以网络为基础的新形态社会参与不断发展,由此产生的数字鸿沟问题使老年福祉进一步受损。其中既有代际数字鸿沟,也有老年群体内部的城乡数字鸿沟,致使农村老年人处在双重劣势地位,难以分享信息化发展的成果。截至 2020 年 3 月,中国网民规模已达 9.04 亿,互联网普及率为 64.5%,而其中 60 岁及以上网民占比仅为 6.7%,农村老年人"经常上网"的占比不到1%。[2] 另一方面,农村老年人所感受到的主观福祉也不容乐观。基于 2014 年中国老年人社会追踪调查发现,城市老年人对生活满意的占比为 79%,高出农村老年人 5 个百分点。[3] 因此,农村老年人的精神养老面临多重困境,主观福祉亟待提高。

三、 分析框架的提出

(一) 分析框架的理论基础

可持续生计分析框架和社会—生态系统理论是农村老年家庭养老风险与老年福祉动态演进分析框架的指导理论。其中,可持续生计分析框架为研究养老资本、养老风险和老年福祉的影响机制链条奠定基础;社会—生态系

① 张会萍、胡小云、惠怀伟:《土地流转背景下老年人生计问题研究:基于宁夏银北地区的农户调查》,《农业技术经济》2016 年第 3 期。
② 黄江林:《在"数字鸿沟"的另一边》,新华网 http://www.xinhua net.com/politics/2020—08/10/c_1126349674.htm. 2020 年 12 月 11 日。
③ 王一笑:《老年人生活满意度及其影响因素分析:基于 2014 年中国老年社会追踪调查数据》,《老龄科学研究》2017 年第 8 期。

统理论则为分析养老风险的内涵和外延提供依据。

1. 可持续生计分析框架

可持续生计分析框架在农户生计发展、生态环境保护、贫困治理等研究领域已得到广泛应用。该框架强调在脆弱性或风险背景下,农户基于自身拥有生计资本,选择并实施不同的生计策略,由此产生不同的生计结果。[①] 脆弱性或风险作为生计发展的背景性要素,主要包括冲击、趋势和季节性,如自然灾害冲击、流行病冲击、意外伤害的冲击,社会经济发展趋势、人口和资源环境变化趋势,以及农业生产的季节性波动。生计资本是可持续生计链条的核心,也是抵御风险和选择各类生计策略的基础,主要包括人力资本、社会资本、金融资本、物质资本和自然资本。生计策略是人们为了实现生计目标,在既定生计资本基础上进行的各类投资、迁移活动以及各类生产消费活动。生计结果是生计策略带来的结果或产出,包括收入增加、脆弱性降低、食品安全性增加以及资源的优化利用等。

近年来有学者拓展了可持续生计分析框架的运用范围,将其用于解释老龄相关问题。其中,有研究从学理角度论证了将可持续生计分析框架运用到老年生计和福祉研究的可行性与适用性,指出老年人在面临外部冲击时,表现出易受伤害、抵御能力不足等脆弱性特征,以及养老资本相对匮乏、相关政策和制度支持不足等弱势群体的特点,因此可持续生计分析框架适用于老年家庭的研究。通过引入可持续生计分析框架,能够将传统以老年个体为分析单位的研究拓展到以家庭为分析单元,并为研究农村老年家庭养老资本、养老策略和生计福祉的动态演进提供理论依据。[②] 有学者利用全国大样本数据实证分析了中国老年人养老资本、养老策略和老年福祉的现状水平和人群差异。[③] 还有学者考察了土地流转、子女迁移、子女数量、结构和序次等因素对

① Scoones I. Sustainable Rural Livelihoods: A Framework for Analysis. IDS Working Paper 72(1998).

② 李树苗、徐洁、左冬梅等:《农村老年人的生计、福祉与家庭支持政策:一个可持续生计分析框架》,《当代经济科学》2017 年第 4 期。

③ 张若恬、张丹、李树苗:《当代中国老年人养老资本、策略与福祉:基于 2014 年中国老年社会追踪调查数据的分析》,《西安交通大学学报(社会科学版)》2018 年第 4 期。

于养老资本的影响。①

　　综上可知,可持续生计分析框架在解释老年生计和福祉问题的适用性上已得到验证,但仅通过这一框架还难以全面阐释农村老年家庭养老风险和福祉的动态演进。首先,可持续生计分析框架偏重于指导实践和政策干预,在分析农村老年家庭养老风险这一特定问题时的针对性不足。其次,可持续生计分析框架并未明确区分脆弱性和风险。尽管脆弱性和风险紧密相关,但二者并非同一概念,研究侧重也有所不同,需要在厘清各自概念内涵的基础上辨析二者的关系。再次,可持续生计分析框架中有关农户的生计策略与农村老年家庭基于恢复能力做出的风险应对策略有较大差异。因此,为了更好地理解农村老年家庭养老风险和老年福祉的动态演进问题,需要在可持续生计分析框架的基础上引入新的理论观点,实现对既有框架的修正、拓展和丰富。

　　2. 社会—生态系统理论:脆弱性与恢复力

　　社会—生态系统(Social—Ecological Systems,SESs)起源于复杂系统动力学,现已成为可持续发展研究的新方向之一。社会—生态系统是一个复杂适应性的网状系统,受到自身和外界干扰的影响,具有不可预期性、自组织、非线性、多样性、多稳态等特点。② 社会—生态系统内部子系统之间通过能量传递、生产要素流动等方式相互作用和反馈。有关社会—生态系统的早期研究多聚焦于脆弱性,随着研究的深入,恢复力逐渐从脆弱性中脱离,成为新的研究关注点。尽管脆弱性和恢复力的关系在学界尚未达成共识,但无论将其理解为简单的线性关系或是复杂的双螺旋结构,二者在系统发展的不同阶段均对系统的稳定性产生不同影响。③

　　脆弱性(vulnerability)源于自然灾害研究,后来逐渐在可持续发展、生态

---

① 宋璐、李树茁:《子女迁移对农村老年家庭生计资本的影响:基于家庭结构的可持续生计分析》,《人口研究》2017年第3期;张会萍、胡小云、惠怀伟:《土地流转背景下老年人生计问题研究:基于宁夏银北地区的农户调查》,《农业技术经济》2016年第3期;张若恬、张丹、李树茁:《子女数量、性别和序次对养老资本的影响及城乡差异:基于2014CLASS数据的分析》,《人口与经济》2020年第4期。

② 王琦妍:《社会生态系统概念性框架研究综述》,《中国人口资源与环境》2011年第S1期。

③ 励汀郁、谭淑豪:《制度变迁背景下牧户的生计脆弱性:基于"脆弱性—恢复力"分析框架》,《中国农村观察》2018年第3期。

学和气候变化等多个学科领域中得到广泛应用。① 脆弱性关注系统暴露于冲击时的状态表征和受损的可能性，强调应对扰动的结果属性，在冲击来临之初发挥着主导作用。气候变化专门委员会提出的"暴露—敏感性—适应能力"的三维脆弱性评价体系是当前评估脆弱性的主导框架。② 其中，"暴露"是指系统暴露在危险事件中的可能性，"敏感性"是指系统面对不良事件的干扰时易受影响的程度，"适应能力"是系统面对干扰时应急避免遭受损失的能力。③ 在老龄研究方面，已有学者将"暴露—敏感性—适应能力"框架用于农村老年家庭养老脆弱性的评估，发现农村老年家庭养老脆弱性水平较高，且在不同家庭特征下呈现出不同特征。④

恢复力（resilience）一词最早由霍林（Holling）引入到生态学研究领域，并将其定义为系统吸收干扰并继续维持原有结构、功能和反馈且不发生质变的能力。⑤ 在后续研究中，不同学科领域的学者构建了和恢复力相近的抗逆力、弹性、韧性等多种概念。⑥ 尽管表述不尽相同，但学界形成了一定的共识，即认为恢复力强调系统的优势发展取向，尤其关注系统的更新、重组与发展能力，突出人类在社会—生态系统中做出的调整和适应。⑦ 社会—生态系统视角下的恢复力研究已成为可持续发展研究的新方向。③

结合社会—生态系统理论关于脆弱性和恢复力的论述，能够拓展传统风险理论中关于风险的外延，由此形成养老脆弱性和养老风险应对恢复策略的概念，为理解养老风险、养老脆弱性和养老风险恢复应对策略的内涵以及三者的关系链条提供理论指导。养老脆弱性是老年家庭生命发展周期过程各

① 李鹤、张平宇：《全球变化背景下脆弱性研究进展与应用展望》，《地理科学进展》2011 年第 7 期。

② IPCC，*Climate change 2007：The physical science basis*. Cambridge：Cambridge University Press，2007.

③ 田亚平、向清成、王鹏：《区域人地耦合系统脆弱性及其评价指标体系》，《地理研究》2013 年第 1 期。

④ 徐洁、李树茁、吴正等：《农村老年人家庭养老脆弱性评估：基于安徽农村地区的实证研究》，《人口研究》2019 年第 1 期。

⑤ Hoiling，Resilience and stability of ecological systems. *Annual Review of Ecology and Systematic* Vol.4，No.1(1973).

⑥ 孙晶、王俊、杨新军：《社会生态系统恢复力研究综述》，《生态学报》2007 年第 12 期。

⑦ 闫海明、战金艳、张韬：《生态系统恢复力研究进展综述》，《地理科学进展》2012 年第 3 期。

类风险累积的结果,是农村老年家庭由于缺乏制度性支持、养老资本而导致老年生活福利受损的固有特征。[②]养老风险的恢复力是老年家庭在遭受风险冲击后,通过协调利用内外部资源,从风险中恢复的能力。养老风险的应对策略即建立在一定恢复能力的基础之上。养老脆弱性和养老风险的恢复与应对策略紧密相关,只有同时降低养老脆弱性和加强恢复能力,才能有效降低养老风险发生的可能性。

3. 可持续生计分析框架与社会—生态系统相结合

养老的过程即老年生计可持续的实现过程,可持续生计分析框架和社会—生态系统理论结合具有合理性和可行性。第一,农村老年家庭的生计系统是社会—生态系统的重要组成部分,二者均有作为系统的本质属性,通过社会—生态系统理论,有助于从多尺度视角理解老年家庭生计系统的动态发展演进。第二,可持续生计分析框架中的生计资本能够较好地与社会—生态系统中的脆弱性概念相结合,有助于加深对生计动态性与家庭面临冲击和压力时的应对策略选择的认识。农村老年家庭的养老资本体现了养老脆弱性中的"适应力",养老资本的总体水平越高、各类资本发展越均衡,老年家庭的适应能力越强,相应的养老脆弱性水平可能越低。第三,引入社会—生态系统理论中的恢复力,有助于深化理解在养老风险冲击下农村老年家庭生计策略的内涵。恢复力理论强调在风险冲击和扰动下研究主体维持或改善其功能的能力。[①]农村老年家庭在遭受养老风险冲击时并非完全被动应对,而是积极行动的主体。借鉴恢复力理论,可以清晰展现出农村老年家庭在面临养老风险冲击时是如何激发自身恢复能力,并在此基础上形成风险应对策略,从而获取有关养老风险应对策略更为贴近本质的理解。综上,将涵盖脆弱性、风险和恢复力的社会—生态系统理论纳入原可持续生计分析框架,有助于加深学界关于农村老年家庭养老风险与福祉动态演进问题的理解。

(二)分析框架的主要内容

结合前文关于农村老年家庭养老现实情境和相关理论的分析,本研究提

---

① Adger W. N., Social and ecological resilience: are they related? *Progress in Human Geography*, vol. 24, No. 3(2000).

出了一个用于解释农村老年家庭养老风险和老年福祉动态演进的分析框架
（见图1）。框架以农村老年家庭为分析对象，丰富并拓展狭义（传统）养老风
险的研究；将养老脆弱性、养老风险恢复与应对策略和狭义养老风险相连接，
形成广义养老风险的概念，进而将广义养老风险纳入可持续生计分析框架，
分析"养老资本→养老风险（养老脆弱性、狭义养老风险、风险恢复与应对策
略）→老年福祉"动态作用链条，为形成有针对性的风险应对和规避政策提供
借鉴。分析框架采用多尺度、动态性和可持续性的三维研究视角，整合可持
续生计分析框架理论、社会—生态系统理论和生命历程理论的核心观点，增
进对于农村老年家庭养老风险和福祉动态演进的理解。老年人的养老过程
本身即是一个复杂的系统工程，各种养老的资源、条件、环境均处于动态变化
之中。[①] 农村老年人个体生命历程的累积劣势、家庭支持的可及性和所在社
区（村落）的社会经济发展状况等多尺度因素共同形塑了农村老年家庭的养
老风险。养老风险呈现复合型特点，各类风险要素相互叠加、耦合和演化。
因此，理解养老风险需要突破传统针对单一个体的静态分析，转向对多尺度
下不同风险主体及其相互作用的多层动态分析。本文以可持续生计分析框
架为核心理论，从中提炼并构建农村老年家庭养老资本、养老策略和老年福

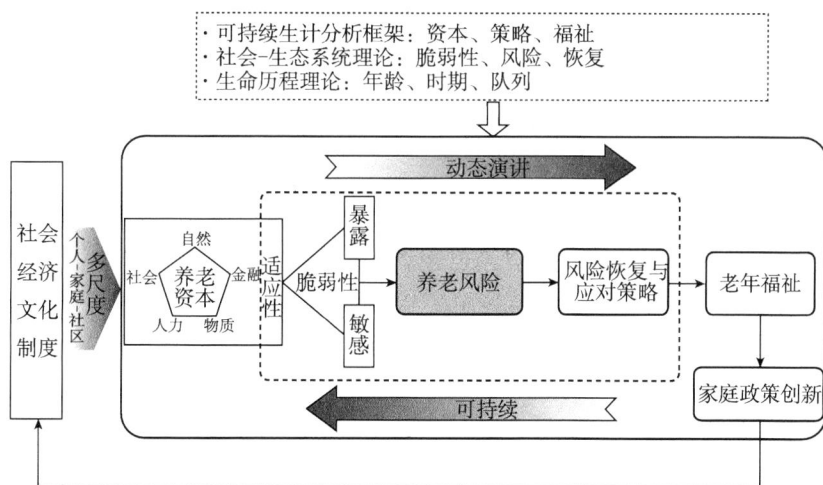

图1　养老风险和老年福祉动态演进的分析框架

① 于长永、何剑:《脆弱性概念、分析框架与农民养老脆弱性分析》,《农村经济》2011年第8期。

祉的概念内涵及作用机制链条,形成分析框架的逻辑主线。在此基础上,结合社会—生态系统理论,将脆弱性、恢复力与风险相结合,形成个体—家庭—社区的多尺度分析视角。生命历程理论作为老龄研究领域的重要理论之一,主要关注个体在生命历程不同阶段的发展变化,着重从生命时间、社会时间和历史时间三维结合的研究范式理解个体发展的过程。通过生命历程理论,将年龄、时期和队列的三重时间属性与养老的多尺度因素有机整合,实现对于农村老年家庭养老风险和福祉的动态、多尺度研究。

具体而言,分析框架的研究内容主要包括以下方面。

第一,广义和狭义养老风险研究。一方面,结合社会—生态系统理论关于脆弱性和恢复力的观点,从既贴近中国农村老年家庭的养老实际,又便于理解风险核心影响链条的双重考量,拓展传统养老风险的内涵,将其扩展为涵盖脆弱性、风险、风险恢复与应对策略于一体的广义养老风险概念。养老脆弱性是导致养老风险产生的重要前端因素,降低脆弱性有助于减少风险可能带来的损害。[①] 风险恢复与应对策略则是在风险产生之后,家庭激发潜在的恢复能力,在此基础上形成风险应对策略选择。风险作为连接脆弱性和恢复力的重要纽带,在"脆弱性—风险—恢复力"研究链条中处于核心位置。养老脆弱性、养老风险和养老风险恢复与应对策略三者相互影响,共同作用于农村老年家庭生计系统。在养老脆弱性的研究方面,根据"暴露—敏感性—适应能力"框架,考察农村老年家庭养老脆弱性在暴露、敏感和适应能力三个子维度的现状水平及其内部作用关系,利用多期追踪数据探索养老风险脆弱性的动态演进规律。养老风险恢复力与应对策略的研究方面,从缓冲能力、自组织能力和学习能力[②]三个维度识别农村老年家庭恢复力的现状水平和结构特征,比较不同家庭类型的恢复力指数及其维度的差异,在此基础上识别养老风险恢复应对策略的类型。另一方面,继续深化狭义(传统)养老风险的研究。由于风险本身即为主观和客观综合体,分析框架从客观养老风险和主

---

① 于长永:《他们在担心什么:脆弱性视角下农村老年人的养老风险与养老期望探究》,《华中科技大学学报(社会科学版)》2018 年第 1 期。

② Speranza, Chinwe Ifejika, Urs Wiesmann & Stephan Rist. "An indicator framework for assessing livelihood resilience in the context of social-ecological dynamics." *Global Environmental Change* Vol. 28 (2014).

观养老风险感知两方面研究狭义养老风险。客观养老风险是农村老年家庭由于养老资本不足而遭受不利冲击发生的可能性,主要集中在经济收入、健康状况和照料可及性等方面。在研究中可以借鉴世界银行提出的风险测量框架,从风险发生层面和风险事态性质构建客观养老风险的评价指标体系,识别客观养老风险的主要类型和现状水平,在此基础上分析养老资本对客观养老风险的可能影响。主观养老风险感知则是农村老年人对于养老过程中在经济支持、生活照料、精神慰藉、临终护理和后事料理等方面的需求不能得到满足所发生可能性和后果严重性的综合认知。养老风险感知的研究可借鉴心理学有关风险感知的测量范式,设计量表实证考察老年个体对于养老风险的感知,分析养老风险感知的现状水平和人群差异,利用多期追踪数据探索养老风险的动态变化情况。

第二,农村老年家庭养老资本、养老风险与老年福祉的影响链条研究。养老资本是影响养老风险的关键成因,养老风险对老年福祉产生重要影响。一方面,充足的养老资本是农村老年家庭降低养老脆弱性、增强养老风险抵御能力的基础,家庭生计的可持续发展主要取决于各类养老资本的综合效用。养老资本整体匮乏或结构失衡是导致养老风险的主要原因之一。[①] 结合可持续生计框架,农村老年家庭的养老资本可分为自然资本、人力资本、物质资本、社会资本和金融资本。通过多期数据可分析各类养老资本对客观养老风险和养老风险感知的长期影响。另一方面,可持续生计分析的落脚点在于实现生计的可持续发展,体现为较好的生计结果,也就是实现老年福祉(主观福祉和客观福祉)。在考察老年福祉现状和类型的基础上,分析客观养老风险和养老风险感知对于老年福祉的直接影响,探索养老风险、养老风险恢复应对策略和老年福祉的影响机制。

第三,养老风险与福祉动态演进的多重机制研究。具体包括养老风险的生成机制、养老脆弱性的决定机制、养老风险应对策略的选择机制、养老脆弱性—风险—恢复力的互动机制和资本—风险—福祉的影响机制(见图2)。在个体层面关注老年人个体特征、养老需求和养老资源不足等在农村老年家庭

---

① 许汉石、乐章:《生计资本、生计风险与农户的生计策略》,《农业经济问题》2012年第10期。

养老脆弱性、养老风险生成过程中的基础效应;在家庭层面关注家庭成员间的互动关系与利益关系、家庭规模与结构特征等方面的差异,解释家庭结构和功能风险转化为家庭养老脆弱性和家庭养老风险的转移效应;在社区层面关注人口结构、经济发展水平和养老基础设施,分析社区层面的养老脆弱性、养老风险向家庭层面的扩散效应。通过考察养老脆弱性对养老恢复力的直接影响效应、主客观养老风险在影响链条中的调节作用,以及养老恢复力对后期养老脆弱性的动态影响效应,明确养老脆弱性—风险—恢复力的互动机制,以及分析养老资本—养老风险—老年福祉的整体影响机制链条。

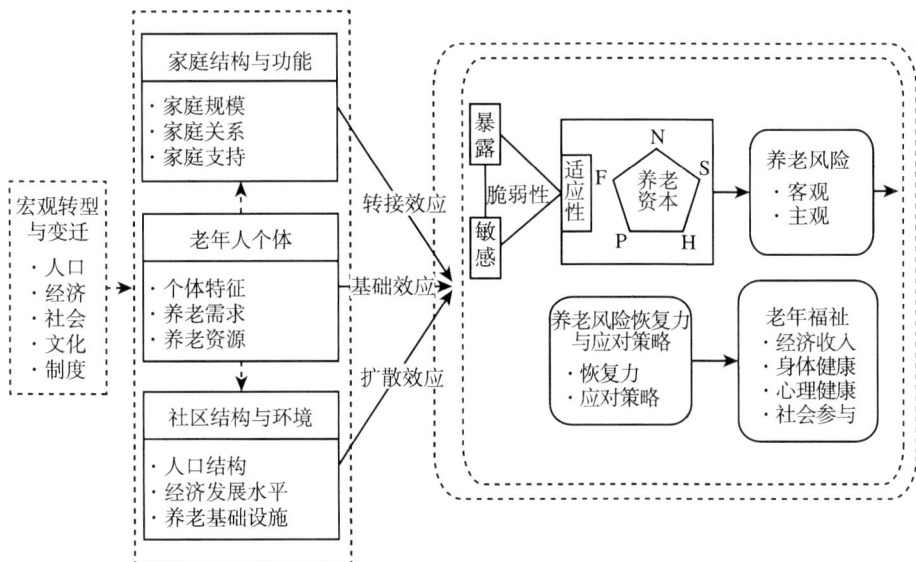

图2　养老风险和老年福祉动态演进的影响机制

　　最后,探索与设计降低养老风险、提升老年福祉的政策体系。形成以家庭为单位的政策目标对象和多元主体协同治理的政策理念。政策对象要着眼于老年家庭整体,不仅考虑已经处于高风险状态的农村老年人,还要充分关照高养老风险家庭的其他成员,增强家庭整体的抗风险能力。关注当前农村家庭养老面临的制度环境,剖析现有家庭养老政策的不足,提高政策的针对性和有效性。借鉴一般风险治理研究的理论框架,结合农村养老的现实情境,突出社区在养老风险治理中的重要作用。结合农村家庭养老风险与养老脆弱性的现实特点,构建发展型的家庭养老政策体系,形成个体、家庭、社区多主体联动的风险协同治理体系,设计养老风险治理的工具和策略等。

四、 研究展望

在风险社会和人口老龄化城乡倒置的现实背景下,规避和降低养老风险不仅事关农村老年个体及其家庭福祉的实现,而且关乎农村地区未来养老的可持续发展。本文提出了一个用于解释农村老年家庭养老风险和老年福祉动态演进的跨学科分析框架。通过结合管理学、经济学、生态学、社会学等多学科的理论观点,打开了传统养老风险研究的黑箱,展现了养老风险问题的复杂性,深化了学界对于农村老年家庭养老风险的认识。同时,分析框架还拓展了原可持续生计分析框架的适用范围,为降低养老风险、提升老年福祉的前瞻性政策设计和制度创新提供了有益参考。

分析框架对现实的解释和预测能力需要通过实证研究加以检验和丰富。笔者所在团队自 2001 年起开展“安徽农村老年人福利状况”纵贯数据调查,形成了国内关于农村老年家庭生计和福祉研究的一套独特的大样本追踪数据。除了社会人口特征、代际支持和代际关系、身心健康等传统老龄研究内容的收集,团队已于 2015 年和 2018 年顺利完成了第 6 期和第 7 期追踪调查,获取了有关农村老年家庭养老资本、养老风险感知、养老脆弱性和老年福祉的关键信息。利用这一数据,团队成员研究发现可持续生计分析框架对农村老年家庭的生计与福祉问题具有很强的解释力,在此基础上实证评估了当前中国老年家庭养老脆弱性的水平、结构及其对福祉的影响[①]。笔者所在团队计划开展第 8 期追踪调查,此次调查将保留关于养老资本、养老风险感知和老年福祉等测量内容,同时增加有关客观养老风险、养老风险恢复力、养老风险应对策略等分析框架提及的核心研究内容的相关测度。利用丰富的一手调查数据,沿着“科学问题—理论构建—实证检验—政策创新”的路径深化研究,后

[①] 李树苗、徐洁、左冬梅等:《农村老年人的生计、福祉与家庭支持政策:一个可持续生计分析框架》,《当代经济科学》2017 年第 4 期;宋璐、李树苗:《子女迁移对农村老年家庭生计资本的影响:基于家庭结构的可持续生计分析》,《人口研究》2017 年第 3 期;张若恬、张丹、李树苗:《当代中国老年人养老资本、策略与福祉:基于 2014 年中国老年社会追踪调查数据的分析》,《西安交通大学学报(社会科学版)》2018 年第 4 期;徐洁、李树苗、吴正等:《农村老年人家庭养老脆弱性评估:基于安徽农村地区的实证研究》,《人口研究》2019 年第 1 期。

续将围绕以下几个方面展开。

第一，深化理解养老风险这一核心问题。随着个体生命历程的变化和家庭生命周期的演进，养老风险处在不断变化之中。因此，在研究中需要特别注意厘清养老风险的概念内涵和边界外延，防止将养老风险的引致因素、养老风险和养老风险的后果相互混淆。在明晰养老风险相关概念的基础上，探索社会—生态系统视角下的广义养老风险问题，研究养老资本、养老风险、养老脆弱性、养老风险恢复力和老年福祉的动态作用机制。第二，拓展跨学科的研究范式，形成人文和自然多学科交叉的综合性研究。比如，利用地理学领域的 GIS 空间分析技术，研究自然环境因素对养老风险和老年福祉的影响；借鉴系统动力学的计算机仿真模型系统，构建模型考察资本、风险、恢复力和福祉之间相互影响的结构性原因。第三，后续研究可以采用质性研究的方法，进一步验证、补充和阐释实证发现，与定量研究结合形成混合分析范式，提高分析框架的解释力。比如通过深度访谈的方法展开典型案例分析；对关于农村老年家庭养老风险的新闻报道实例和政策文本等内容进行文献计量和内容分析。综合以上分析，形成以农村老年家庭整体为视角的政策取向和政策设计模式，创新农村家庭养老政策体系，促进农村老年家庭的可持续发展，实现老年福祉。

农村"养儿防老"模式何以陷入窘境? *

常亚轻　黄健元 **

摘　要:传统家庭"养儿防老"模式一直居于核心地位,但如今却面临诸多困境。首先,计划生育政策的实施使得大量核心家庭出现,家庭养老保障的人力基础被削弱,加重了独生子女养老负担。其次,农村大批青壮年劳动力进城务工引起的代际居住分离动摇了家庭照料基础,外出子女价值观变化又淡化了"养儿防老"观念。再次,人均预期寿命的延长引致病残压缩和病残扩张效应在老年人群体中并存且产生协同效应,致使"养儿防老"风险凸显。最后,基本养老保险制度人群分割又弱化了部分家庭的经济供养功能。为保障老有所养,应从观念上重视并发挥家庭养老的核心功能,健全社会养老服务体系、构建底线公平的养老保险体系。

关键词:养儿防老　核心家庭　人口流动　养老保险制度

"养儿防老"作为传统的家庭养老模式由来已久。受儒家文化的影响,人们普遍认为生育的目的和意义在于"养儿防老",这也是我国亲子关系反馈模式的社会基础。① 从广义层面看,"养儿防老"中的"儿"指儿子和女儿,"养老"主要包括经济支持、生活照料和精神关爱等。由于农民是厌恶风险型的,所

---

* 本研究是国家社科基金重点项目"流动老年人口家庭代际团结关系及支持政策研究"(项目编号:17ARK003)和中央高校基本科研业务费专项资金项目"'长寿村'特征及长寿的社会因素研究——以如皋市的5个村为例"(项目编号:2017B737X14)的阶段性成果。原载《理论月刊》2019年第3期。

** 常亚轻,河海大学公共管理学院博士研究生,研究方向为人口与社会保障;黄健元,河海大学公共管理学院教授、博士生导师,研究方向为人口与社会保障。

① 费孝通:《家庭结构变动中的老年赡养问题——再论中国家庭结构的变动》,《北京大学学报(哲学社会科学版)》1983年第3期。

以"养儿防老"实际上是农民为适应农业经济环境购买的人格化的保险,更是在传统社会血亲价值观念支配下必然选择的养老模式。但是在快速转型的现代社会,随着改革进程加速和社会流动性增强,我国人口老龄化,特别是农村人口老龄化形势日趋严峻,传统家庭"养儿防老"模式正受到前所未有的冲击与挑战。

当前,学界对"养儿防老"的影响因素展开了深入的理论和实证分析。于长永基于全国 10 个省份调查数据研究发现,年龄、民族、健康状况、教育水平及家庭关系等因素显著影响农民"养儿防老"观念;[①]王增文等认为互助养老模式和新农保制度社会认同是影响"养儿防老"观念认同的关键因素;[②]罗玉峰等研究则表明社会风气、宗族关系及村落聚居程度是维系农村家庭养老模式的重要力量,而村庄经济发展水平和子女外出就业会显著弱化"养儿防老"观念。[③] 这些对理解"养儿防老"面临的困境具有一定的借鉴意义,但对中观影响因素关注不足,鉴于此,本研究尝试从政策、结构、制度等因素分析农村家庭"养儿防老"模式何以陷入窘境?

一、 家庭结构核心化严重冲击"养儿防老"功能

为控制人口的快速增长,中国在 20 世纪 70 年代开始实施计划生育政策。经过 30 多年的控制,我国人口快速增长的趋势得到有效控制,但 90 年代以后持续低生育水平下人口的负面影响开始出现,家庭规模小型化、结构核心化不断冲击传统的养老模式,家庭"养儿防老"功能面临严峻的困境。

(一)计划生育政策:家庭养老保障人力基础受削弱

传统家庭养老保障的重要特征是"养儿防老",这是一种以人力自然储蓄为基础的家庭成员内部代际交换机制。[②]然而,自计划生育制度实施以来,家庭户的平均人口规模呈直线下降趋势。据第三次人口普查统计,家庭户平均

① 于长永:《农民对"养儿防老"观念的态度的影响因素分析——基于全国 10 个省份 1000 余位农民的调查数据》,《中国农村观察》2011 年第 3 期。
② 王增文、Antoinette Hetzler:《农村"养儿防老"保障模式与新农保制度的社会认同度分析》,《中国农村经济》2015 年第 7 期。
③ 罗玉峰、孙顶强、徐志刚:《农村"养儿防老" 模式走向没落? ——市场经济冲击 VS 道德文化维系》,《农业经济问题》2015 年第 5 期。

人口为 4.41 人，而到了 2010 年第六次人口普查时，家庭户平均人口下降到了 3.09 人。在家庭规模持续缩小、家庭结构日益核心化的压力下，农村传统家庭养老资源不断减少。具体表现是，原本由多个子女共同赡养一个老人演变为现在的少数子女赡养多个老人，从而加重了家庭"养儿防老"的人均负担。另外，有学者侧重关注家庭结构变化对养老的影响，认为家庭规模趋于小型化、家庭结构日趋核心化挑战了农村传统的家庭养老模式，养老资源供求矛盾逐渐凸显。[1] 加之在女性逐渐走出家庭的压力下，长期以"养儿防老"为支撑的社会支持网络是否能满足老年人养老的基本需求是众多小型家庭面临的现实困境。总体而言，家庭结构变化冲击家庭"养儿防老"的结论已得到普遍认可。

（二）独生子女家庭："养儿防老"功能不堪重负

近年来，第一批独生子女父母已经步入老年阶段，2020—2050 年期间我国老高龄独生子女父母规模将会进一步扩大，独生子女承担的养老负担不断加重。[2] 未来十年，一对独生子女夫妇面临 4 个甚至 4 个以上老人的养老问题。同时，由于独生子女面临事业竞争压力及子女教育等问题难免会影响他们对老年父母提供的养老支持，难以满足家庭养老需求。从本质上看，独生子女家庭实际上是一种风险家庭。一是与多子女家庭不同，独生子女没有兄弟姐妹，缺乏相应的亲属支持，因而在"少子老龄化"和"独子老龄化"时代，将面临更大的"儿女养老风险"，而且面临的非经济养老风险要大于经济性养老风险。[3] 二是独生子女群体对独子生育和不育的偏好可能更强，从而放大了孩子未来的养老负担。[4] 因为独生子女家庭回旋余地较小，当孩子抚养成本转化为养老资源的时候，独生子女家庭生育的积极影响明显小于多子女家庭。当前俗称的"四二一"家庭结构非常脆弱，从长期来看，绝大多数独生子女家庭在经济供养、生活照料和精神关爱方面或多或少都存在养老负担。因

---

① 郭文娟：《我国农村家庭结构变化背景下养老资源供给研究》，硕士学位论文，陕西师范大学国际商学院，2010 年，第 1—51 页。

② 伍海霞：《城市第一代独生子女父母的社会养老服务需求——基于五省调查数据的分析》，《社会科学》2017 年第 5 期。

③ 穆光宗：《独生子女家庭非经济养老风险及其保障》，《浙江学刊》2007 年第 3 期。

④ 穆光宗：《人口生态重建》，北京：中国科学技术出版社 2016 年版。

此,在子女仍是老年父母获取养老资源主要途径的养老实践中,独生子女家庭"养儿防老"的前景更加堪忧。

(三) 空巢家庭增多:老年人口"照料风险"扩大

独生子女政策对家庭的影响主要表现之一是促使较高比例的核心家庭迅速转化为"空巢家庭"。[①] 空巢家庭的产生一方面是由于家庭老年成员预期寿命延长,另一方面是年青一代生育子女数量的减少。我国农村 65 岁及以上的老年人口中,空巢老年人口为 2 179.39 万人,占 32.69%;空巢家庭 1 495.79 万户,占 7.68%。[②] 空巢家庭急剧增加,并且还呈现年轻化、长期化的趋势,扩大了空巢老人的"照料风险"。与多代同堂的老人相比,在缺乏家庭成员照料的情况下,空巢老人的健康状况更容易恶化。[③] 空巢家庭固有的脆弱性迫使空巢老人面临严峻的养老风险,即由于缺乏基本的生活保障可能遭遇的意外性和不确定性。这种养老风险可以进一步细分为内生性风险和外生性风险,[④]前者指老年人丧失劳动和自理能力产生的风险,后者强调家庭支持的弱化和社会支持的弱化而产生的养老风险。未富先老、人口流动、安土重迁等因素导致我国农村地区空巢家庭陷入"养儿防老"困境,独生子女老年父母进入空巢期后在非经济保障方面,尤其是精神关爱方面存在严重不足。

二、 人口迁移流动加剧"养儿防老"困境

随着城市化进程的快速推进,大批青壮年劳动力不断从农村流入城市,农村开始出现大量空巢老人,严重冲击着传统的家庭养老模式。农业社会时期,"养儿防老"是我国农村老人度过晚年的依靠,但在强流动性和经济飞速发展的现代社会,家庭养老正在失去原有的社会和经济基础。绝大多数空巢及留守老人在经济供养、生活照料和精神关爱等方面存在不同程度的问题,

---

① 王跃生、伍海霞、李玉柱等:《社会变革时代的民众居住方式:以家庭结构为视角》,北京:社会科学文献出版社 2016 年版。
② 温凤荣、毕红霞:《农村空巢老人养老方式选择实证研究——山东省例证》,《人口与发展》2016 年第 4 期。
③ 曾毅、胡鞍钢:《整合卫生计生服务与老龄工作,促进亿万家庭福祉》,《人口与经济》2017 年第 4 期。
④ 穆光宗:《低生育时代的养老风险》,《华中科技大学学报(社会科学版)》2018 年第 1 期。

造成农村家庭"养儿防老"问题尤为突出。

（一）居住方式变化：家庭照料基础被动摇

20 世纪 90 年代以来，青壮年农民离乡求职成为主要趋向，这直接影响到老人的居住和生活方式。[①] 居住距离的扩大在空间上减少了父母和外出子女接触的机会，并削弱了子女为老人提供的家务帮助和生活照护。家庭年轻成员外流迫使两代人长期分居两地，因此子女在家庭主体的缺位直接影响到留守老年父母所获得的家庭养老质量。既有关于人口迁移流动与农村老年人养老关系的多数研究认为劳动力外出弱化了农村家庭养老的能力，并削弱了家庭代际关系。[②] 劳动力迁移动摇了农业社会以家庭成员共同生活、共同方式就业为基础的家庭养老基础，减少了代际支持的养老资源，加剧了老年空巢和赡养脱离。

目前，家庭养老在农村养老中依然占据核心地位，而作为赡养主体的大量青壮年劳动力外流以及长期代际居住分离，必然会给传统的"养儿防老"体系带来严重挑战。[③] 有调查发现部分子女外出后对留守老人经济供养水平基本没有影响，一些隔代家庭甚至还出现了代际经济的逆向流动，反而加重了留守老人的经济负担。一方面，工作和生活地点改变可能导致外出子女生活成本大幅上升，客观上使其对老人的经济供养改善不明显，乃至减少。[④] 此外，代际居住方式改变后，最初由外出子女承担的老人照护责任转向留守老人或其他未外出子女，进而增加了留守老人生活照料风险，如日常生活照护普遍缺少、精神关爱及康复护理照料缺失。实践表明，家庭结构、居住方式及代际空间距离是影响留守老人养老资源获得的重要因素，而子女外出改变了这些影响因素，最终影响留守老人生活照护供给。事实上，农村劳动力迁移和代际空间分离使得外出子女很难为留守老人提供稳定的照料支持，同时还减少了与老人同住的子女数，从而降低了留守老人照料资源的可获得性。

---

① 王跃生：《中国当代家庭结构变动分析》，北京：北京社会科学出版社 2009 年版。

② 孙鹃娟：《成年子女外出状况及对农村家庭代际关系的影响》，《人口学刊》2010 年第 1 期。

③ 贺聪志、叶敬忠：《农村劳动力外出务工对留守老人生活照料的影响研究》，《农业经济问题》2010 年第 3 期。

④ 罗玉峰、孙项强、徐志刚：《农村"养儿防老"模式走向没落？——市场经济冲击 VS 道德文化维系》，《农村经济问题》2015 年第 5 期。

（二）外出务工子女价值观变化:"养儿防老"观念淡化

经济发展和子女外出务工会显著弱化传统的"养儿防老"观念。[①] 首先,人口迁移流动弱化了传统家庭内部的社会规范和代际关系。长期以来,"养儿防老"是维护家庭代际关系并确保老有所养的社会规范,但是孝道的实施需要一定的条件,时间则是其中一个重要的客观条件。由于农耕社会人们时间充裕,机会成本低,所以孝道的执行完全可能。然而在现代社会,代际居住分离倾向和时间成本的上升造成养老的经济成本、时间成本及心理成本都大幅提高,因此传统社会规范和家庭"养儿防老"观念难免发生变化。其次,社会流动及文化碰撞冲击外出群体的价值观,进一步弱化了传统家庭之间的赡养意愿。外出人口就业性质的改变使其接触到更多不同的群体、思想和文化并受之影响,因而流动人口根深蒂固的孝道观念难免受冲击。加之工作地点的变化使其在多数时间脱离于传统社区,传统社区道德约束力下降降低了子女对父母经济供养和服务提供所受到的道德谴责压力。由此,青壮年劳动力进城务工后,多数农村父母的养老方式已不再是传统意义上的依靠子女。

随着农村经济社会发展和人口城镇化进程的加快,未来会有更多的年轻劳动力外出务工。农村大量劳动力向城市流动、从农业部门转向非农业部门,其生活和就业方式发生了重大变化。受就业生存压力、市场利益文化及崇尚独立、个体化的现代文化影响,传统家庭伦理观念难免淡化。与此同时,随着家庭收入来源中农业收入比重下降,老年人的传统种植经验相对贬值,削弱了其家庭权威,造成老年人家庭地位下降。以上多种因素综合作用改变了传统家庭养老的经济基础和文化根基,促使家庭"养儿防老"模式陷入困境。

三、 病残"压缩—扩张"协同作用引致"养儿防老"风险凸显

（一）病残"压缩—扩张"协同作用与养老需求多元化

病残压缩和病残扩张理论是西方学者围绕随着死亡率下降和寿命延长,老年残障期是否延长提出的两种截然相反的理论假设。病残压缩理论(com-

---

① 罗玉峰、孙项强、徐志刚:《农村"养儿防老"模式走向没落? ——市场经济冲击 VS 道德文化维系》,《农业经济问题》2015 年第 5 期。

pression of morbidity)认为,随着社会经济发展、医疗卫生水平提高和健康生活方式的改善,主要慢性病的死亡风险和致残率将下降,从而使老年人口在寿命延长的同时,能够推迟慢性病及残障发生的时间,进而缩短残障生存期,[1]被称为"胜利的胜利"。然而,病残扩张理论(expansion of morbidity)认为医疗技术和生活水平提高的同时提高了健康较差的高龄老人存活率,许多在以往医疗和生活条件可能死亡的高龄老人被"救",致使高龄老人的平均躯体功能残障率提高,相关研究称之为"胜利的失败"。

这两种模式在欧美国家都得到了验证,但对于解释中国老年人健康预期寿命的变化仍存在争议。许多国外学者指出无论中低龄老年人还是高龄老年人,生活自理能力有残障或失能的比例自 20 世纪 80 年代后正在逐年下降。[2] 有研究还发现瑞典等发达国家的一些老年人口健康状况变得更差。[3]国内学者杜鹏等人分析了中国老年人生活自理能力认为,中国老年人的残障期正在不断扩张。[4] 但曾毅等对中国高龄老人健康状况和死亡率变动趋势的研究指出,与十年前相比,近期高龄老人死亡率和生活自理能力残障比例显著下降,而高龄老人躯体功能残障比例却显著增长。[5] 这一实证分析证明了"病残压缩"效应和"病残扩张"效应在我国高龄老人群体同时存在并产生协同作用,具体表现为人类在享受寿命延长及一些健康指标改善,收获"胜利的效益"的同时,也有一定的成本,如躯体功能、生活自理能力和认知功能等主要健康指标的整体水平可能变差,即需要付出"胜利的成本"。

现有老年家庭照料需求成本趋势研究表明,21 世纪上半叶我国生活自理能力残障老人的增长率大大高于总体老年人口,高龄残障老人增长明显快于

① James W. Vaupel, Biodemography of human ageing. *Nature*, Vol. 464 (2010).
② Freedman, V. A., Martin, L. G., &. Schoeni, R. F. Recent Trends in Disability and Functioning Among Older Adults in the United States. *JAMA*, Vol.288, No. 24(2002).
③ Marti G. Parker, Kozma Ahacic&Mats Thorslund. Health Changes among Swedish Oldest Old: Prevalence Rates from 1992 and 2002 Show Increasing Health Problems. *The Journals of Geron-tology: Series A: Biological Sciences and Medical Sciences*, Vol.60, No.10(2005).
④ 杜鹏、武超:《1994—2004 年中国老年人的生活自理预期寿命及其变化》,《人口研究》2006 年第 1 期。
⑤ 曾毅、冯秋石、Therese Hesketh 等:《中国高龄老人健康状况和死亡率变动趋势》,《人口研究》2017 年第 4 期。

中低龄者。^① 因此,在人均预期寿命提高及生育率下降的背景下,病残压缩和病残扩张的协同作用不仅对老龄健康保障体系、社会养老服务带来了严峻挑战,更对家庭养老保障提出了日益多元化的需求,如经济供养、医疗服务、康复护理、生活照料及精神关爱等压力增大。

（二）快速的人口老龄化加重"养儿防老"负担

据统计,2016 年末我国 60 周岁及以上人口达 2.3 亿,占总人口的 16.7%;65 周岁及以上人口为 1.5 亿,占总人口的 10.8%。曾毅等预测认为我国 65 周岁及以上的老年人口将从 2010 年的 1.9 亿增加到 2050 年的 3.6 亿,占总人口的 25.6%;其中最需照护的 80 岁及以上高龄老人会从 2010 年的 2 000 万飞速增加到 2050 年的 1.2 亿。^② 当前老龄化已成为非常严重的社会问题,而农村老龄化形势更加严峻。与西方发达国家不同,中国是在经济水平、养老和医疗水平不高的情况下提前步入"老龄化社会",社会养老服务虽然有所发展但远不完善,家庭仍是照顾老人的主体。因而,老龄化、高龄化程度的加重为家庭养老带来了沉重的负担。

另一方面,我国"人口老龄化"成因和结构极为复杂。^③ 一是人口绝对老龄化包括老年人口长寿化和新增人口老龄化两种因素。老年人口长寿化表明个体生命周期中老年阶段相对延长,高龄老人养老需求也随之扩张,这部分群体对子女的依赖程度也不断提高。二是人口相对老龄化,即总人口老龄化。这种"底部老龄化"现状相对增加了年轻人口对于老年人口总体上的赡养—照料负担,放大了家庭养老压力。最后,我国人口在获得"长寿老龄化"的胜利时,依然存在"少子老龄化""空巢老龄化"和"痛苦老龄化"等现实问题。"长寿拐点"理论中的老年人口由"康寿"到"病寿""辱寿"的转折,不仅会带来大量失能失智老人面临"痛苦老龄化"的窘境,也大大加重了家庭养老负担。

---

① 曾毅、陈华帅、王正联:《21 世纪上半叶老年家庭照料需求成本变动趋势分析》,《经济研究》2012 年第 10 期。

② 穆光宗:《低生育时代的养老风险》,《华中科技大学学报(社会科学版)》2018 年第 1 期。

③ 王跃生、伍海霞、李玉柱等:《社会变革时代的民众居住方式:以家庭结构为视角》,北京:社会科学文献出版社 2016 年版。

2015 年底，我国 60 岁及以上失智的老年人数已达 950 万，其中大部分居住在家中，家庭成员为其长期提供照料服务。[①] 随着人口老龄化加速、失能失智老年人口的急剧增长以及家庭规模小型化、居住方式空巢化的发展，传统家庭"养儿防老"模式已难以为继。

四、 基本养老保险制度痼疾弱化了部分家庭经济供养功能

目前，我国基本养老保险制度框架以机关事业单位工作人员基本养老保险、城镇职工基本养老保险和城乡居民基本养老保险等为主体。2009 年以来，基本养老保险制度已基本实现了人群全覆盖。然而，中国基本养老保险制度人群分割、区域分割痼疾不仅背离了基本养老保险制度公平的价值目标，[②]同时基本养老保险制度"跨家庭式"的代际转移模式也弱化了部分家庭经济供养的能力。

（一） 基本养老保险制度城乡分割：农村家庭养老经济基础薄弱

我国农村人口老龄化问题比城市更严重，而城乡二元社会保障结构的存在，使农村老年人长期游离于制度之外，导致农村家庭经济供养基础薄弱。[③]由于城镇养老保障体系相对完善，多数夫妻双方或一方退休后有较高的离退休金或养老金，这是城镇老年人口的主要生活来源。但我国农村养老保障体系远未完善且总体保障水平普遍较低，多数农村老人的生活来源以自我供给为主导、子女支持为补充。随着年龄的增长，老年人生理机能不断退化并逐渐丧失劳动能力，老年人依靠劳动获得收入的渠道被迫中断。与此同时，子辈承担着"养老抚幼"的双重压力，当子女没有足够能力在经济上赡养父母时，农村老年群体养老难免陷入经济困境。

---

① 杜鹏、董亭月：《老龄化背景下失智老年人的长期照护现状与政策应对》，《河北学刊》2018 年第 3 期。
② 黄健元、王欢：《中国基本养老保险制度问题分析——基于公平价值理念》，《社会科学战线》2014 年第 10 期。
③ 钟涨宝、杨柳：《转型期农村家庭养老困境解析》，《西北农林科技大学学报（社会科学版）》2016 年第 5 期。

表1　中国城乡老年人主要生活来源构成　　　　　单位:%

主要生活来源	城镇			农村		
	2010 年	2004 年	1994 年	2010 年	2004 年	1994 年
劳动收入	12.90	10.10	14.30	41.20	43.15	29.18
离退休金	50.10	58.05	48.54	4.60	4.76	4.39
家庭其他成员供养	31.40	27.88	34.94	47.70	48.92	64.23
其他	5.60	3.97	2.22	6.50	3.17	2.20
合计	100.00	100.00	100.00	100.00	100.00	100.00

数据来源:1994 年和 2004 年数据来自国家统计局人口就业司:《中国人口 2004》,北京:中国统计出版社 2005 年版;2010 年数据引自杜鹏、谢立黎:《中国老年人主要生活来源的队列分析》,《人口与经济》2014 年第 6 期。

从表1可以看出,城乡老年人主要生活来源的构成存在显著差异。在城镇,1994 年以来,离退休金、家庭其他成员供养和劳动收入是老年人口生活来源的三大支柱;农村老年人的生活来源主要依靠家庭其他成员供养和劳动收入。在 2010 年中国城镇老年人主要生活来源排名中,首先是离退休金,达50.1%;第二位是家庭成员供养,占 31.4%;第三才是老年人自己的劳动收入,占 12.9%。农村老年人生活来源依靠家庭成员供养的比例最高,超过 47%,比城市老人高出 16.3 个百分点;其次是自己的劳动收入,超过 40%,比城市老人高 28.3 个百分点。与之相反,城镇老年人主要生活来源中,离退休金占第一位,占 50.1%,比农村老人高出 45.5 个百分点。

2010 年与 2004 年、1994 年相比,虽然城乡居民生活来源比例有所变动,但仍可以有效检验我国老年人口主要生活来源城乡差异显著的事实。离退休金一直是城镇老人生活来源最主要的构成部分,由 1994 年的 48.54% 上升到 2004 年的 58.05%。而对同期农村老人而言,离退休金占生活来源的比例不到 5%,家庭成员供养是农村老人的主要生活来源,这也是传统的家庭养老模式。但农村家庭成员经济供养水平呈现明显的下降趋势,尤其是从 1994 年到 2004 年,家庭成员供养从 64.23% 下降到 48.92%,2010 年跌至 47.7%。

（二）基本养老保险制度人群分割:部分家庭养老经济供养功能受损

我国基本养老保险制度的本质特征是成本的代际转移,即由在职员工

（企业职工、机关事业单位工作人员）承担已退休人员的基本养老保险成本。通过向当前在职劳动者收费以支付退休人员的养老金，因而退休者的养老金直接来自所在基金统筹体在职劳动者的基本养老保险费用。① 然而，现行基本养老保险成本的代际转移仅局限于同类人群内部，是一种"跨家庭式"的代际转移，严重削弱了部分家庭养老经济供养功能。

笔者于 2018 年 5 月在江苏苏北、苏中、苏南选取 3 个市（县），对部分机关事业单位工作人员、城镇职工进行调研，发现有相当一部分个体来自农村，如表 2 所示。

表 2　调研点工作人员来源情况

调研点	机关事业单位		城镇职工	
	来自农村人数（人）	占比（%）	来自农村人数（人）	占比（%）
S 市	481	47	2362	55
R 县	236	53	3170	62
N 市	157	45	1934	58

这些职员脱离了农村，基本养老保险费用由所在单位和个人共同支付。他们虽有较高的工资收入，但其工资有部分要用于缴纳基本养老保险，以支付同类人群已退休人员的基本养老保险费用。这部分群体的缴费进入机关事业单位工作人员或城镇职工基本养老保险"资金池"，然而其父母因为农村居民的身份，却分享不到代际转移。

就这一视角而言，当下基本养老保险制度的人群分割是以个人为基础、身份为划分依据的负外部性体现。对于父母在农村，子女在企业、机关事业单位就职的家庭而言，子女用以缴纳基本养老保险的费用对于家庭而言是一笔不菲的支出，但人群分割的基本养老保险制度使得这笔资金成为"跨家庭式"的代际转移。另外现行基本养老保险制度公平缺失，不同人群养老金待遇差距过大，这部分家庭子女缴纳的养老保险费被用来支付其他家庭老人的养老金，他们年迈的父母只能领取每月 140 元的基础养老金。由此可见，人群分割、公平缺失的基本养老保险制度使得部分家庭养老经济供养功能受损。

---

① 吴连霞：《中国养老保险制度变迁机制研究》，北京：中国社会科学出版社 2012 年版。

五、结论与讨论

随着农村经济社会发展和农业转移人口非农就业趋势强化,农村传统的"养儿防老"非正式制度正面临前所未有的挑战。从政策层面看,20世纪70年代实施的计划生育政策有效地控制了人口的快速增长,但持续的低生育率下也出现了大量的核心家庭。家庭规模小型化直接影响家庭养老保障的人力基础,客观上减少了传统家庭的养老资源,加重了家庭养老的人均负担,空巢家庭的增加也使更多的老年人处于"养老风险"中。从微观层面看,20世纪90年代后,农村人口城乡迁移流动成为主要趋势,大批青壮年劳动力流向城市,加大了他们与父母的居住距离。一方面,居住方式的改变及接触机会的减少,影响了留守老人照料资源的可获得性,甚至出现赡养脱离。另外,受社会流动和不同文化碰撞影响,外出务工子女价值观发生变化,根深蒂固的"养儿防老"观念受到冲击,传统社区道德约束力下降。就人口结构而言,我国早已进入人口老龄化社会,而且老龄化、高龄化程度日益加深,未富先老的现实不断挑战传统家庭"养儿防老"模式。病残"压缩—扩张"对高龄老人的协同作用不仅对社会养老服务带来了严峻挑战,更对家庭养老服务提供提出了新的需求,致使家庭养老支持风险凸显。从制度层面看,养老保险制度痼疾导致农村家庭经济基础薄弱,基本养老保险制度人群分割、"跨家庭式"式的代际转移削弱了部分家庭养老经济供养功能。

虽然家庭"养儿防老"面临诸多挑战,但在相当长的一段时间内,家庭养老仍是我国养老的主要模式,对解决新时代老有所养问题具有不可替代的作用。无论是对城市居民还是农村居民而言,"养儿防老"观念仍占据主体地位,而家庭养老模式也需要不断适应现代社会的发展。整体来看,为确保我国老年人老有所依、老有所养,应注意以下三点。

首先,观念上重视并发挥家庭"养儿防老"的核心功能。"养儿防老"作为我国家庭传统的养老模式,某些养老功能是难以替代的。即使强流动性的现代社会客观导致了家庭成员对老年人日常生活照料等的弱化,但家庭提供的情感支持和精神关爱等是其他养老方式难以替代的。因此,"养儿防老"作为我国传统的家庭养老模式今后在广大农村地区将继续居于核心地位,并发挥举足轻重的作用。

其次,大力推动农村社会经济发展,健全社会养老服务体系,以弥补家庭养老功能的不足。传统家庭养老是有条件的,要求子女与父母同住或邻近居住,并愿意赡养父母,[①]然而现代社会农业转移人口非农就业化和人口老龄化不断挑战农村家庭的"养儿防老"功能。因此,片面强调养老回归家庭并不现实,更不符合社会保障体系社会化的改革趋势。这需要政府在落实乡村振兴战略的过程中,注重激活农村经济发展,提高农民收入水平,进一步完善农村社会养老服务体系,填补或替代家庭养老功能在经济供养或生活照料方面的不足。

最后,构建底线公平的养老保险体系。我国农村养老制度的设计逻辑基于传统家庭养老制度,如"土地养老"和"养儿防老",虽然城乡居民基本养老保险已实现制度全覆盖,但农村居民享受的养老金水平过低,难以有效解决农村老年人口养老的经济供养问题。基于城乡二元结构和收入差距大的现实,应构建以"底线公平"为基础的多层次养老保险制度,[②]保障低收入和社会弱势群体的养老保障权利,促进社会公平和可持续发展。

---

① 陈友华:《中国养老制度设计问题与认识反思》,《江苏行政学院学报》2012年第3期。
② 景天魁、杨建海:《底线公平和非缴费性养老金:多层次养老保障体系的思考》,《学习与探索》2016年第3期。

积极应对人口老龄化战略进程中
农村养老模式变迁及反思[*]
——基于嵌入性理论视角

田　鹏^{**}

摘　要:实施积极应对人口老龄化国家战略是贯彻以人民为中心的发展思路、保障全国亿万老年人安度晚年的内在要求。随着乡村振兴与新型城镇化双轮驱动战略的深入实施,农村养老行为嬗变和模式变迁呈现动态性、复杂性等特征;农村养老嵌入性及其多元价值取向使得变迁中的农村养老供需结构和治理机制兼具复杂性、整体性。关于农村养老的理论视域和研究范式亟待回应现实中"一半空置"和"一床难求"结构失衡背后的深层次原因。基于农村养老嵌入性假设及其理论命题,从供需结构和治理机制两个维度构建"变迁中的农村养老"类型化分析框架,对农村养老行为嬗变和模式变迁过程中不同供需结构的差异化治理机制及其实现路径进行对比性阐述。研究发现,农村养老秩序重建应当从供需两侧结构性改革入手,完善以失能照护为主的养老基本服务体系,构建居家社区机构相协调、医养康养相结合的养老服务框架,要在支持家庭承担养老功能和情感性慰藉的同时,发挥政府和市场的合力效应,形成"有为政府"和"有效市场"的良性互动,真正推动农村养老事业和养老产业协同发展。另外,重建农村养老秩序必须在坚持老年人主体地位和保障老年人合法权益的"硬约束"下,时刻警惕"政府失灵""市场失灵""集体失灵"等叠加效应带来的社会风险。

关键词:农村养老　积极老龄化　嵌入性　供需结构

---

* 本研究是江苏省社科基金项目"乡村振兴战略下江苏返乡创业的发生机制及实现路径研究"(项目编号:19SHC004)的阶段性成果。
** 田鹏,南京航空航天大学人文与社会科学学院副教授,研究方向为农村社会学。

一、"十四五"规划中的农村养老：新趋势与新特征

《中华人民共和国国民经济和社会发展第十四个五年规划和 2035 年远景目标纲要》（以下简称《纲要》）明确提出，实施积极应对人口老龄化国家战略，制定人口长期发展战略，优化生育政策，以"一老一小"为重点完善人口服务体系，促进人口长期均衡发展。同时，完善养老服务体系，推动养老事业和养老产业协同发展，健全基本养老服务体系，大力发展普惠型养老服务，支持家庭承担养老功能，构建居家社区机构相协调、医养康养相结合的养老服务体系。

实施积极应对人口老龄化国家战略是贯彻以人民为中心的发展思路、保障全国亿万老年人安度晚年的内在要求。进入 21 世纪以来，中国人口老龄化速度加快、程度加深，65 岁及以上老年人口占比已由 2000 年的 6.96％增至 2019 年的 12.57％，预计在"十四五"时期将超过 14％，进入中度老龄化社会。[1] 与世界其他国家相比，中国人口老龄化具有"未富先老""未备先老""少子老龄化"以及城乡倒置等与我国现实国情密切相关的显著特点；[2]同时，在中华民族优秀文化传统中，尊老、敬老、爱老的文化根底也使得中国人的养老行为承载了孝道文化传承的现实需求。[3]

因此，应当将中国经验和中国语境下的养老行为置于政府、市场、集体、家庭等多元利益相关者及其实践场域构型之中，并从家庭关系、社会结构、制度体系及文化模式等维度，系统阐释养老行为的行动策略、运作模式及实践逻辑。另外，城乡倒置，即人口老龄化进程中农村老年人口比例日益高于城市，是当前和今后一个时期中国老龄化演进及养老模式变迁必须面对的一个重要现实。[4]

---

[1] 《中华人民共和国国民经济和社会发展第十四个五年规划和 2035 年远景目标纲要》，北京：人民出版社 2021 年版，第 77—78 页。

[2] 郑功成：《实施积极应对人口老龄化的国家战略》，《人民论坛》2020 年第 22 期。

[3] 李升、方卓：《农村社会结构变动下的孝文化失范与家庭养老支持困境探析》，《社会建设》2018 年第 5 期。

[4] 杜鹏、王武林：《论人口老龄化程度城乡差异的转变》，《人口研究》2010 年第 2 期。

二、社会结构、代际关系与文化模式：农村养老的代表性理论视角

笔者在此仅就城乡结构转型及乡土社会变迁进程中农村养老的理论研究进行耙梳。从理论视域和研究进路上看，当前学术界关于传统乡土社会转型与农村养老行为嬗变的理论研究呈现多元化、精准化；其中，具有较强学术代表性和影响力的理论范式主要包括社会结构、代际关系、文化模式等。社会结构范式将农村养老置于城乡、区域、村社等不同层级结构转型及制度变迁进程之中，着重考察城乡二元结构发展制约及乡村社会结构转型过程中，共同体导向的地域构造下传统农村养老模式变迁的影响因素及作用机制；[①]同时，社会结构范式还聚焦城乡二元地域格差演进机制下人口净流出导致的"村庄空心化""乡村无主体化"等地域衰退困境导致的，家庭养老行为及其衍生模式难以维系。[②]

与社会结构范式不同，代际关系理论范式从家庭代际关系入手，将农村养老实践过程中的代际关系视作核心因素，[③]并通过代际关系转型背后的家庭内部决策权利及资源配置等行为方式的深入考察，[④]提出乡村社会变迁及代际关系转型过程中传统农村养老方式尤其是家庭养老行为嬗变的行动机制和实践过程。[⑤]当然，代际关系理论范式还关注到了村庄结构及伦理转向对代际关系转型及传统农村家庭养老行为嬗变的影响；[⑥]或者说，代际关系理论范式在考察农村家庭代际关系转型及其引发的传统养老行为嬗变和养老模式变迁的同时，还表现出了对传统村落共同体语境下代际不对等导致的伦理担忧和学理反思。

文化模式理论范式主要关注代际关系转型引发农村家庭养老模式变迁，

---

① 王辉：《村庄结构、赋权模式与老年组织连带福利比较研究》，《中国农村观察》2020 年第 4 期。

② 班涛：《农村养老的区域差异研究》，《社会科学研究》2017 年第 5 期。

③ 贺雪峰、郭俊霞：《试论农村代际关系的四个维度》，《社会科学》2012 年第 7 期。

④ 杨华：《资源配置、代际责任与农村养老的区域差异》，《南通大学学报（社会科学版）》2019 年第 4 期。

⑤ 陈佳：《社会养老资源对老年家庭代际支持的影响："挤出"还是"挤入"？》，《社会建设》2020 年第 5 期。

⑥ 贺雪峰：《互助养老：中国农村养老的出路》，《南京农业大学学报（社会科学版）》2020 年第 5 期。

以及在此过程中产生的伦理转型、"道德滑坡"、孝道衰落等不利于传统养老模式延续的主体障碍和文化困境。例如,文化人类学者阎云翔指出,中国农村个体主义化进程中"无公德个体"现象日趋显著,导致传统孝道文化日渐衰落并由此引发"农村养老何以可能"的现实反思和文化拷问;①也有学者梳理中国农村互助养老文化模式变迁及其当代转向后指出,从旧社会的宗亲互助养老文化模式到集体主义互助养老文化模式,再到新时期社会化导向的互助养老文化模式,这一历史变迁背后折射出了文化在行为意识、主体认知、体制机制和实践模式等方面对养老行为具有潜移默化的影响。②

三、 一半空置与一床难求: 积极老龄化与农村养老供需结构失衡

从农村养老行为嬗变的现实经验上看,当前农村养老面临的主要问题依旧是养老需求和养老供给两侧的结构性矛盾,集中体现在基层村社养老服务设施置空和部分养老床位"一床难求"并存,这种供需失衡及其结构性矛盾一方面是由农村传统养老模式和赡养方式发生变化有关,尤其是随着乡土社会流动性增强引发传统家庭抚育—赡养代际结构失衡,"养儿防老"的农村家庭养老模式难以维系;③另一方面,农村养老供需结构失衡还和养老资源配置及其运营机制有关,农村养老需求侧主要集中在高龄、失能、失智以及其他需要特殊照顾和集中托管的"老老人",而"小老人",即只要有劳动能力或无基础疾病或慢性病困扰的农村老年人,在当前农村制度环境和生活方式下依然可以实现自力养老,④他们不会成为当前养老需求尤其是集中托管服务的重点对象和目标人群。而恰恰在供给侧未能按照当前农村养老需求的差异化现状进行资源配置,例如,实践中政府兜底的特困供养机构(农村敬老院)面

---

① 阎云翔著,龚小夏译:《私人生活的变革》,上海:上海人民出版社 2017 年版,第 129—135 页。
② 朱火云、丁煜:《农村互助养老的合作生产困境与路径优化——以 X 市幸福院为例》,《南京农业大学学报(社会科学版)》2021 年第 2 期。
③ 宋嘉豪:《"养儿防老"还是"养儿啃老":男性子嗣对农村老年贫困的影响》,《农业技术经济》2019 年第 12 期。
④ 陆益龙:《后乡土中国的自力养老及其限度——皖东 T 村经验引发的思考》,《南京农业大学学报(社会科学版)》2017 年第 1 期。

临功能定位不明确、服务效能不足、社会化运营程度不高，[①]以及专业化服务质量不高难以适应不断变化的养老需求等现实困境。[②]

因此，并不能一刀切地认为城乡二元结构不断演化和乡土社会渐次转型过程中传统农村养老模式难以维系，尤其是农村家庭养老和村社集体养老行为因家庭结构转型和代际关系嬗变失去了必要的社会支持，而应当具体问题具体分析，把农村养老行为置于特定的社会结构、关系网络、制度环境和伦理语境中，并从供需两侧如何有效衔接和高度匹配的结构性视角出发，在农村养老服务实践和体系建构过程中厘清哪些人可以继续依托子代赡养维持家庭养老，哪些人因什么缘由需要集体、政府或市场等不同养老主体的支持，以及他们通过怎样的方式获得差异化、专业化的养老服务。因此，要在精准定位农村差异化养老需求和多元化主体功能的基础上，构建多层次、立体化、灵活性的新型养老服务供给体系，锚定家庭、集体、社会、市场等不同养老主体的"最大公约数"，在支持家庭、集体承担养老功能的基础上，调动社会力量、激发市场潜力并培育出养老新业态，从而真正实现养老产业、养老事业和养老文化协同发展。

既然农村养老兼具事业、产业和文化等多重属性，且在不断变化的乡土环境和现实需求下呈现供需失衡的结构性矛盾和体制性困境，那么，关于农村养老行为的理论视域和研究范式亟待回应现实中"一半空置"和"一床难求"结构失衡背后的深层次原因。遗憾的是，当前学术界关于农村养老行为嬗变和模式变迁的学理阐释中，对结构性、体制性的理论观照和现实考量不够充分，无论是关于农村养老行为嬗变的社会结构、代际关系、文化模式等研究范式，抑或是关于"老人农业"的自力式养老、"时间银行"的互助式养老以及"农民上楼"的"退地养老"等实践模式的实证分析，都未能在系统性、历时性视域下形成一个整体性分析框架和动态性理论进路。笔者认为出现上述理论匮乏的根本是未能抓住养老行为的"嵌入性"理论内涵及其实践外延，从而难以在学理层面构建一个产业、事业、文化兼容以及家庭、集体、政府、市场

---

① 黄俊辉：《农村养老服务供给变迁：70 年回顾与展望》，《中国农业大学学报（社会科学版）》2019 年第 5 期。
② 纪春艳：《农村"时间银行"养老模式发展的优势、困境与应对策略》，《理论学刊》2020 年第 5 期。

协同的整体性理论范式。因此，笔者首先借鉴新制度经济学嵌入性理论提出养老的嵌入属性，并阐释农村养老嵌入性特征及其实践形态；其次，基于嵌入性理论视角，从供需结构与治理机制两个相互关联的维度构建多元化农村养老需求的差异化实现路径；最后，基于农村养老嵌入性及其差异化实现路径，对"十四五"规划中关于健全基本养老服务体系的战略部署进行理论反思。

四、农村养老及其嵌入性：理论意涵与实践样态

"十四五"时期如何实现农村养老事业和养老产业协同化发展体制机制是《纲要》提出的重要战略部署；在此顶层设计和战略布局指引下农村养老服务体系和养老模式改革的最优路径和最佳方式，是新时期健全农村基本养老服务体系，推动家庭、集体、社会、政府、市场等多元主体共同培育养老产业新业态、实现养老事业高质量发展，以解决当前农村养老面临的结构性失衡和体制性困境，这就要求我们应当从养老供需两侧的结构性矛盾以及养老行为嬗变的社会基础及体制困境两方面入手，精准评估养老需求，科学规划运行机制，合理引导养老预期，协同构建农村养老事业、养老产业以及养老文化良性运行体制机制及政策体系。然而，从既有研究范式和理论框架上看，无论是关注乡土村社结构转型的社会结构范式还是聚焦家庭内部资源配置和权利让渡的代际关系范式，抑或关注伦理道德及其孝道文化变迁的文化模式研究进路，均未能明确提出养老行为本质属性及其实践模式的特殊逻辑，或者说，既有研究范式和理论进路未能从整体上概括农村养老兼具事业、产业和文化等多重属性的现实经验。

（一）农村养老嵌入性的理论意涵

作为一项事业的农村养老行为首先表现出显著的社会属性而非单纯的经济效益或道德伦理属性，但是，农村养老行为社会属性的实现也离不开必要的经济基础和物质保障。离开了必要的经济保障必然导致农村养老事业、孝道文化成为"水中之月""空中楼阁"，或者说，农村养老事业及其社会属性必须有与之相适应的物质支撑和经济保障作为制度基础和前提条件，但这种经济性制度基础也不能脱离某一具体养老模式或养老行为所处的政策环境和社会空间。因此，实践中的养老行为表现出社会、经济、文化等多重属性，

且不同属性之间具有很强的实证关联性,不仅表现为农村养老行为的社会、经济和文化等不同属性之间的制度耦合及价值融合,也集中体现在农村养老实践过程中政府、市场、集体、家庭等多层级、多元化主体之间的功能互补及机制互构。一言以蔽之,农村养老行为具有新经济社会学意义上的嵌入性特征。

卡尔·波兰尼用嵌入表达这样一种理念,即经济是从属于政治制度、宗教信仰和社会文化的。[1] 而将嵌入概念引入新经济社会学的则是马克·格兰诺维特。作为一个整体性理论分析框架,格兰诺维特的嵌入概念试图调和社会学与经济学里的过度社会化与低度社会化的理论张力,在微观社会行动和宏观社会结构之间开辟一条相互关联的理论通道,并将个体能动性置于特定社会经济网络及关系结构之中,既聚焦社会网络对个体行动的结构性制约,又强调个体行动对其所处结构制约的主观能动性。[2] 作为一种理论视域和研究范式,格兰诺维特的嵌入性理论采用关系主义理论视角和结构—能动分析范式,聚焦社会结构与个体能动之间多重关联及辨证互构的动态过程。

首先,农村养老作为一种社会行动具有嵌入性特征。一方面,作为社会事实的农村养老行为本身就是一系列理性行动的社会建构,具有显著的主体建构性特征;但是,这种主体性社会建构无法完全依照养老行动者自身的主观动机和理性意志开展,而是在特定社会环境、制度体系和利益联结等体制机制因素及其结构性制约下的策略性建构;另一方面,作为社会行动的农村养老行为也可以通过行动者自身的主体性实践反作用于其所处的社会环境和制度结构,尤其是为了适应特定城乡发展格局和家庭抚育模式的现实需求而开展的主体性调适和策略性应对,其目的就是为了进一步激发政府、市场、集体、家庭等多元养老主体服务效能并最大化养老合力效应,从而实现主观能动性建构对客观结构性制约的反作用。

其次,正因为农村养老的内在属性及其实践意涵均体现了嵌入性理论特

---

① [匈]卡尔·波兰尼著,冯钢、刘阳译:《大转型:我们时代的政治与经济起源》,杭州:浙江人民出版社 2009 年版,第 15 页。

② [美]马克·格兰诺维特著,罗家德译:《镶嵌:社会网与经济行动》,北京:社会科学文献出版社 2015 版,第 10—12 页。

征,在如何精准界定和科学认知农村养老行为及其多元模式变迁的实践经验和行动逻辑时,新制度经济学意义上的嵌入性理论所提倡的关系主义研究范式就具有十分重要的理论价值。或者说,作为社会事实和社会行动的农村养老行为及其实践模式,嵌入性理论视域下关系主义方法论导向要求关注多元养老主体之间的利益结构和关系模式,要么是结构意义层面农村养老行为不同主体之间的经济性、社会性、文化性等多重关联,要么是能动意义层面农村养老模式演化过程中不同制度主体之间的利益结构及其动态博弈。因此,农村养老嵌入性假说决定了唯有关系主义研究范式才能客观系统地把握农村养老行为的内生属性及其实践模式变迁的经验过程。

最后,农村养老模式演化过程中的行为嬗变、结构转型与制度变迁在实践经验层面遵循新制度经济学意义上的嵌入性理论逻辑;进而言之,从制度变迁和政策演进的实证逻辑层面上看,农村养老行为嬗变和模式演化不能脱离其所处社会、经济、文化等不同相关因素的发展环境和历史阶段,否则将导致服务效能低下和制度功能失效;或者说,构建事业、产业协同发展及良性运行的农村养老模式,既离不开必要的经济基础和物质保障,也无法彻底摆脱传统孝道文化及伦理道德的"软约束"。从实现过程和制度路径上看,农村养老行为的结构二重性,决定了我们必须将多元实践模式及其治理路径内嵌于政府、市场、集体、家庭等多重影响因素及其作用关系之中进行系统考察,避免孤立化、简单化处理社会结构转型背景下农村养老模式演化与变迁的实践逻辑。

(二) 农村养老嵌入性的实践样态

《纲要》提出"十四五"时期实施积极应对人口老龄化国家战略部署,一方面要积极开发老龄人力资源,发展银发经济,推动养老事业和养老产业协同发展;同时,要稳步推进基本养老服务,构建居家社区机构相协调、医养康养相结合的养老服务体系,健全养老服务综合监管制度;另一方面要大力弘扬中华传统优秀文化,支持家庭承担养老功能,发挥家庭养老基础性作用。从嵌入性理论视角而言,农村养老是多元养老主体在既定社会结构和制度环境约束下,并基于理性最大化进行的主体性建构和社会性实践,是主体、制度、行为在特定时空条件和理性视域下的综合性实践产物;或者说,兼具经济、社会、文化等多重属性的农村养老行为及其经验模式,无论在产业效益、功能取向还是在伦理道德层面都应当不断创新治理机制和制度路径,实现积极应对人口老龄化政策措施社会效益、经济效益及文化效益有机统一。因此,"十四五"时期如何在不断激活银发经济,催生银发经济新产业、新业态并积极转化老龄风险为"长寿红利"的同时,持续激发调动市场、政府、集体、家庭等多元主体的积极性和主动性,打造共建共治共享的老龄社会治理共同体,就成为落实积极应对人口老龄化尤其是仍然处于不均衡、不充分发展状态的农村老龄化应对战略的关键。鉴于此,笔者基于农村养老嵌入性假说提出笔者理论视角及分析维度。农村养老行为及其实践模式的嵌入性特征主要体现在养老诉求的社会生成与动态演化、养老主体的功能属性与价值导向,以及养老模式的治理机制与实现路径。

首先,作为一种主体建构和社会实施的农村养老及其现实诉求,无法"脱嵌"于其所处的社会经济发展阶段和历史演化规律,尤其是城乡二元发展格局下乡土社会结构转型和家庭代际关系嬗变引发的农村养老变迁及其社会风险;①或者说,作为一个整体性事实和总体性存在的农村养老诉求的社会生成,受到城乡关系、村社结构、抚育模式、文化传统、风俗习惯等非经济因素制约;另外,农村养老诉求不仅是一个静态的结构性样态,还是一个动态的社会性变迁和主体性嬗变。随着农村家庭结构小型化、抚育—赡养观念以及孝道文化等影响因素的不断变化,传统农村"养儿防老"观念及其家庭养老方式难以维系,老年人的社会支持、生活照料和情感慰藉等现实诉求也逐渐脱离传统大家庭和子代核心家庭,并在主体层面发生不同程度嬗变,例如养老观念、心理认知、身心健康等。②

其次,嵌入性理论视角下农村养老主体的功能结构及其价值属性受政府、市场、集体、家庭、农民个体等不同因素影响,养老行为嬗变及其实践模式变迁是政府干预、市场逐利、集体支持、家庭保障及农民诉求等不同主体之间

---

① 王萍:《农村老年父母家庭养老福祉,孰优孰劣?——15 年家庭结构变动的追踪研究》,《人口与经济》2019 年第 1 期。
② 孙鹃娟、冀云:《家庭"向下"代际支持行为对城乡老年人心理健康的影响——兼论认知评价的调节作用》,《人口研究》2017 年第 6 期。

相互作用和利益博弈的结果。① 回顾新中国养老服务体系发展的历史沿革可以发现,养老主体从家庭养老、国家养老再到社会化、市场化的多层次养老体系和多元化养老机制的不断发展,从改革开放前的计划经济模式下政府包办的救济式养老,渐次转向市场经济模式下老年人权益规范化和社会化养老保障制度化,并随着老龄化程度不断加深以及养老服务产业化、养老市场开放化进程加快,我国养老主体和养老体系转向政府、市场、社会、集体、家庭等多主体、多层次的养老服务体系建设。②

最后,农村养老在养老诉求社会生成与养老主体功能属性两个层面的嵌入性,决定了其微观层面也具有明显的嵌入性实践特征,具体表现在养老模式的治理机制与实现路径方面。一方面,农村养老模式实现路径表现出家户主义和社会主义二元价值取向的内生逻辑,例如,传统家文化及孝道伦理的影响使得市场化、社会化养老在农村社会面临"水土不服"以及难以"落地生根"的现实困境;③同时,虽然社会化、市场化养老方式能够在部分程度上替代传统农村家庭养老,尤其是替代传统家庭在经济性反哺、物质性照护等方面的功能,但是农村家庭养老观念和传统孝道文化根深蒂固的影响,使得家庭养老模式及其背后承载的文化意涵难以顺势转变;④或者说,文化意义上的家庭养老本身就是农村养老行为及其实践模式的内在组成部分,而非有些学者指出的那样,社会养老对传统家庭养老存在一定程度的替代性。⑤ 另一方面,农村养老的治理方式上也存在市场化和地域化两种不同机制。市场化治理机制强调效率,即要通过完善农村养老市场、激活养老要素内生活力,让市场在资源配置中起决定性作用;与市场化治理机制不同,地域化治理机制凸显农村养老的社会效益和文化意涵,这是由养老行为以及养老福祉本身的社区

---

① 于长永、代志明、马瑞丽:《现实与预期:农村家庭养老弱化的实证分析》,《中国农村观察》2017年第2期。
② 宋晓梧:《新中国社会保障和民生发展70年》,北京:人民出版社2019版,第190—191页。
③ 唐滢:《社会养老为何在农村水土不服——"家文化"视角下城乡养老意愿差异的实证研究》,《农业经济问题》2020年第1期。
④ 姚兆余、陈日胜、蒋浩君:《家庭类型、代际关系与农村老年人居家养老服务需求》,《南京大学学报(哲学·人文科学·社会科学)》2018年第6期。
⑤ 张川川、陈斌开:《"社会养老"能否替代"家庭养老"?——来自中国新型农村社会养老保险的证据》,《经济研究》2014年第1期。

性、边界性、排他性等特性决定的,它既要求农村养老模式改革和制度变迁过程中始终不能虚置、弱化家庭养老、集体养老的基础地位和保障功能,又必须在当前城乡结构和二元体制下继续发挥农村养老对社区治理转型、公共服务完善以及孝道文化传承等方面的协同性作用。

五、 供需结构与治理机制:嵌入性理论启示及本研究分析框架

阐释并论证农村养老的嵌入性特征之目的在于:要求我们在更深层次上认识乡土社会结构和家庭代际关系转型过程中,农村养老行为嬗变及其实践模式变迁的社会规律,以及农村养老治理机制和实现路径与其他相关经济社会发展的多维关联,在认识论层面实现从农村养老理论的"必然王国"到农村养老实践的"自由王国"之飞跃。或者说,能否客观认识并在实践中灵活把握农村养老变迁过程和演化规律,关键在于从养老诉求的社会生成与动态演化,养老主体的功能属性与价值导向以及养老模式的治理机制与实现路径等维度,系统阐释农村养老行为嬗变及其实践模式变迁的实践逻辑。

(一)"小老人"与"老老人":谁需要养老服务?

《纲要》明确提出,实施积极应对人口老龄化国家战略,"要推动养老产业和养老事业协同发展,健全基本养老服务体系,发展普惠型养老服务和互助性养老,支持家庭承担养老功能,培育养老新业态,构建居家社区机构相协调、医养康养相结合的养老服务体系"。这就意味着"十四五"期间构建农村养老服务体系的"四梁八柱"必须精准需求、创新机制、提升效能,逐步建立健全以高龄、失能、失智、特殊困难等弱势老年人群体为主要对象的农村基本养老服务体制机制和政策体系;同时,要鼓励家庭继续主动承担农村养老的基础作用且发挥"老有所养"的社会保障功能,并进一步倡导出入相友、守望相助的邻里式自助养老模式,以及农村幸福院、"时间银行"等互助养老模式;另外,在家庭、集体等养老主体之外,还应当积极引入市场、社会等其他养老力量,通过不断拓展农村养老服务形态、培育新型农村养老业态,真正实现政府、社会、市场、集体、家庭等多元化养老主体协同配合、融合发展。

因此,农村养老嵌入性特征决定了乡土社会结构和家庭代际关系转型过程中,农村养老行为嬗变及其实践模式变迁的社会规律遵循着一条不同于其

他制度体系及其行为模式的特殊逻辑。一方面,要通过体制机制创新,在农村市场化、个体化进程中最大程度地发挥农村养老"保基本"的兜底功能,或者说,要不断创新农村养老社会事业的制度路径和实践模式,尤其是在农村家庭结构小型化、抚育模式隔代化以及村落治理空心化等现实情境制约下,更好地发挥政府、集体以及家庭等传统养老主体"老有所养"的基础性保障功能;另一方面,还必须依托市场、社会等新兴养老主体,在养老事业、养老产业之间寻求一条协同、均衡、可持续的发展路径,不断提升农村基本养老服务效能和服务质量,构建"老有所乐"的农村高质量养老发展体制机制。另外,农村养老行为嬗变及其实践模式转型还是传统孝道文化和伦理习俗的变迁,尤其是在中国农村根深蒂固的家文化影响下,机构养老、村社养老等社会化养老方式,以及其他各种形式的市场化养老模式都会面临"水土不服"的现实困境。

农村养老的嵌入性特征在实践过程中就表现为,多样化养老需求及其动态化社会生成与多元化养老主体及其差异化治理机制之间的结构耦合和功能协同,或者说,"十四五"期间实施积极应对农村人口老龄化国家战略,必须要在主动适应乡土社会变迁和家庭结构转型的现实基础上,调动并激发多元养老主体积极性和主动性,营建一个共建共治共享的农村老龄社会之利益共同体和治理共同体。进而言之,要从养老需求侧角度出发,精准聚焦变迁中的农村养老需求及其动态演化,把握养老需求主体的社会人口学特征,以及服务内容的需求层次和需求结构。例如,有学者指出我国养老服务需求大致呈现"9073"结构,即居家养老需求占 90%,以社区为依托的养老需求占 7%,3% 的养老需要通过市场化、专业化的养老机构进行补充;也有学者指出,农村女性老年人在养老需求的内容结构和服务排序上呈现医疗保健、精神慰藉、生活照顾渐次降低的特征。[①]

（二）政府、市场、集体与家庭：谁提供养老服务？

从供给结构和治理机制角度看,不同类型老年人及其养老服务需求结构

---

① 姚虹:《武陵民族地区农村女性老年人的生活状况以及对养老服务的需求研究——以恩施市为例》,《云南民族大学学报(哲学社会科学版)》2020 年第 4 期。

需要多元化供给模式及治理机制,尤其在养老事业和养老产业之间如何实现政府兜底和市场激活的协同发展,是新时期农村养老行为嬗变及其模式变迁过程中必须平衡好的一对关系。或者说,农村养老变迁过程中供需匹配和动态均衡最关键的问题是,如何通过"有为政府"和"有效市场"发展普惠型和互助性养老服务的同时,培育农村养老新业态,构建农村养老的居家、社区、机构、市场等多元主体相互补充、协同发展的新型养老服务体制机制。例如,有学者基于演化博弈模型构建与情景仿真指出,纯市场机制或行政机制条件下,博弈系统均无法达到最优状态,唯有通过适度的市场激活和必要的政府干预才能实现养老产业链、养老监管体系和养老新业态三者之间的良性运行和协调发展。[①]

　　变迁中的农村养老嵌入性在实践中主要体现在需求结构和治理机制两个维度上,其中,前者在积极老龄化视域下呈现"小老人"到"老老人"的社会人口结构之连续统一特征,后者在供给结构上表现出政府、市场、集体、家庭等多元主体之间的功能互补和机制耦合,从而形成养老服务供给的合力效应。笔者从供需结构—治理机制两个维度及其实践中的连续统一性,构建农村养老行为嬗变及其模式变迁的一个整体性理论分析框架。进而言之,作为理论框架的第一维度,农村养老供需结构聚焦乡土社会和家庭结构转型过程中农村养老需求的多样性、动态性,以及供给主体多元化、协同化;或者说,随着乡村振兴战略深入实施和城乡融合程度不断加深,农村社会哪些人真正需要养老服务,以及不同社会人口特征的老年人需要什么样的差异化养老服务?又或者说,当前农村社会养老服务体系及其体制机制中,哪些主体能够提供这些差异化、层级化的养老服务?因此,作为理论框架的第二个维度,农村养老的治理机制要回答的是嵌入特定制度环境和社会体系的农村养老供需结构均衡化之实现途径及治理方式的问题。实践中农村养老供给主体包括家庭、集体、社会、市场和政府等多元主体,以及社区、机构为导向的社会化养老和其他形式的市场化养老模式。

---

① 封铁英、齐心竹:《旅居养老产业链智慧化纵向整合——基于演化博弈模型构建与情景仿真》,《西安交通大学学报(社会科学版)》2021年第1期。

为便于分析和凸显实践中农村养老供需结构失衡的主要矛盾,笔者将农村养老供给主体及其治理机制化约为行政机制和市场机制,前者由政府通过政策扶持、制度供给和财政转移等多种形式配置农村养老资源,后者由逐利本性的资本及其效率优先原则主导并推动农村养老资源市场化配置。同时,笔者将政府、市场两大农村养老服务供给主体及其差异化资源配置机制,以干预程度和主导力度为依据从强到弱类型化为"强政府—强市场""弱政府—强市场""弱政府—弱市场"以及"强政府—弱市场"四种理想类型,及其实践中分别对应的差异化养老模式与治理机制,详见图1。

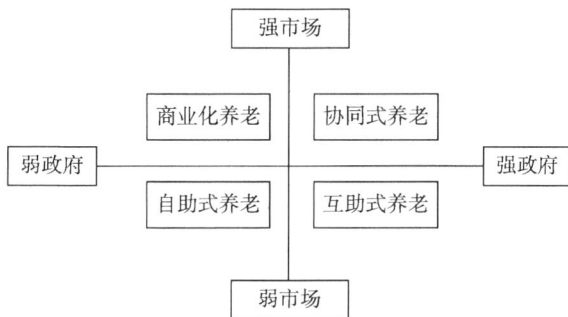

图1 分析框架

六、 变迁中的农村养老模式:一个类型化的实证分析

(一) 强政府—强市场:协同式养老

"强政府—强市场"供需结构对应的是农村社会的协同式养老,即政府运用行政性手段和资本运用市场化方式共同提供精准化、专业化的养老服务体系,并通过政府、市场两者之间的结构耦合、功能互补、机制互联,健全养老产业和养老事业协同发展的体制机制和政策体系。从需求主体和需求结构上看,农村协同式养老主要针对农村高龄、失能且家庭养老功能逐渐弱化的特殊老年群体,他们也是农村社会老年人中的弱势群体。《纲要》提出健全基本养老服务体系的战略部署,实践中农村养老要逐步建立以失能、失智、贫困、高龄等特殊老年人,以及家庭养老功能弱化的"鳏寡孤独"等各类弱势老年人群为主要内容的基本养老服务体系及其体制机制。为此,要继续深入发挥政

府在农村养老基本服务体系中的兜底作用,以公办养老机构和农村敬老院为重点,在扩大农村基本养老服务规模的同时,进一步聚焦慢性病管理和健康保健等专业化服务水平及其养老治理效能,尤其是要在涉农县域范畴内建立失能照护服务机构和区域化养老综合服务中心。[①]

同时,应当积极发挥市场"无形之手"在农村养老资源配置中的基础性作用,尤其是随着乡村振兴战略的深入实施以及农业现代化进程中一二三产业融合发展的理念下,鼓励并支持龙头企业实施"养老服务＋行业"行动,积极培育农村基本养老服务与文旅、康养、保健等紧密关联行业之间的新业态,以及风险可控情况下与金融、房地产、互联网、大数据、人工智能等高新科技领域的深入融合,在数字治理时代农村养老服务供给过程中缩小养老"数字鸿沟"、延伸养老服务链、拉长产业链和提升价值链。[②]"强政府—强市场"供需结构下的农村养老服务供给模式及其治理机制,在聚焦农村失能、失智、贫困、高龄等特殊老年人群体的基本养老服务需求的同时,进一步发挥市场在专业化、精准化、效能化养老服务需求方面的制度优势,实现农村养老"有为政府"和"有效市场"的良性互动与协同发展。

(二) 弱政府—弱市场: 自助式养老

"强政府—强市场"供需结构下的协同养老模式显然不仅是农村基本养老体系建构的理想目标,也是《纲要》提出的实施积极应对人口老龄化国家战略的制度安排和政策路径。然而,农村养老实践的现实经验表明,当前制约农村养老基本服务体系发展的核心问题是供需两侧的结构性矛盾,以及由此引发的政府、市场、社会、集体、家庭等多元化养老主体之间的机制性失衡。进而言之,对标协同式养老这一理想型模式发现,变迁中的农村养老主要包括自助式和互助式两种典型的养老模式。自助式养老是"弱政府—弱市场"供需结构下农村社会自发形成的本土化养老模式,也被称之为"自力养老"。该模式主要瞄准农村老年群体中那部分身体健康、有农业劳动能力且无其他

---

① 刘华:《需求理念下我国农村养老保障政府行为再思考》,《兰州大学学报(社会科学版)》2019 年第 6 期。

② 鲁迎春、唐亚林:《数字治理时代养老服务供给的互动服务模式:特质、问题及其优化之策》,《南京社会科学》2020 年第 7 期。

过重家庭负担的"小老人",他们是农村社会中具备发挥余热和"银发经济"的主力军;同时,在中国农村土地集体所有的制度优势下,基于"老人农业"、熟人社会以及传统家庭代际关系形成"小老人"的自力养老模式。①

随着乡村振兴和新型城镇化双轮驱动战略的深入实施,村落共同体不断终结和传统家庭结构逐渐转型,自力养老模式也失去了必要的社会基础而不断式微,并在实践中形成了独居共灶型、独居分灶型、共居抚育型和共居轮养型四种居家养老类型。② 与"强政府—强市场"供需结构下协同养老的理想模式不同,农村养老实践中存在着"弱政府—弱市场"下的自助式养老这一特殊类型,它是当前农村社会基本养老服务体系,尤其是居家养老的主要载体和实践模式。当然,强弱在此分析模型中仅作相对意义上的划分,"弱政府"和"弱市场"并非意味着实践中政府"有形之手"和市场"无形之手"两者同时"缺位",或者从需求侧角度而言,农村自助式养老并不意味着那些具备农业劳动能力的"小老人"在居家养老的实践过程中并不需要市场化养老服务,恰恰相反,有研究指出,当前农村居家养老服务过程中老年人对法律援助、文化娱乐以及医疗卫生等多元类型的市场化服务有着不同程度的现实诉求,虽然这种诉求会随着支付费用水平增加而逐渐下降。③

（三）强政府—弱市场：互助式养老

"强政府—弱市场"供需结构下的互助式养老是当前和今后一个时期农村社会养老的重要模式。随着新型城镇化进程中农村传统自助式居家养老的不断式微,尤其是如何积极应对乡土社会变迁过程中家庭结构转型及其养老功能弱化产生"谁来养老"这一现实问题,政府通过财政补贴、阵地打造、政策扶持等行政手段调动村社集体主动承担养老功能,并通过政府购买、公建民营等形式引入社会力量共同应对农村居家养老的现实困境,尤其是"一床难求"和"一半空置"供需失衡的结构性矛盾,从而兴起了以"时间银行"为典型的农村互助养老新模式。虽然中国农村社会受传统文化影响,在不同历史

① 贺雪峰:《论农村土地集体所有制的优势》,《南京农业大学学报(社会科学版)》2017 年第 3 期。
② 田鹏:《新型城镇化进程中农村居家养老模式转型的实践逻辑》,《云南民族大学学报(哲学社会科学版)》2019 年第 2 期。
③ 吉鹏、李放:《农村老年人市场化居家养老服务的需求意愿及其影响因素分析——基于江苏省的实证数据》,《兰州学刊》2020 年第 11 期。

发展阶段和社会结构下均有不同形式的互助养老,但市场化、个体化进程中的农村互助养老面临着体制机制不匹配、互助意识淡薄、服务层次不高以及参与渠道不稳定等多重现实困境;[1]或者说,如何通过政府必要介入和社会专业力量引导,完善和优化新时期农村互助养老的体制机制和实践模式,就成为"十四五"期间健全农村基本养老服务体系,发展普惠型养老服务和互助性养老,并支持家庭承担养老功能的现实挑战。《纲要》指出,要以邻里守望的农村养老幸福院建设为抓手,大力发展"时间银行"为典型的互助性养老模式。但是,从"时间银行"在各地推进过程的现实经验来看,存在信任度、认同感不高,服务时间的规范计量,以及"时间货币"在转让、继承、通存通兑等方面不确定性。[2]另外,也有学者指出当前如火如荼的"时间银行"互助养老运行机制在主体、客体、内容以及权利、义务等方面都存在法律漏洞,并在实际运行过程中会导致法律纠纷。[3]

日本社会的"老老看护"养老新模式对中国"时间银行"互助养老模式优化具有较好的借鉴和启示。"老老看护"是指老人在家中由同属老年人的家庭成员照顾,例如六七十岁老年人照顾八九十岁父母,这一模式不仅能够降低养老机构和护理人员数量,也能减少政府对养老设施的资金投入。[1]日本与中国同属儒家文化圈,传统家文化的影响根深蒂固,这就使得"在家中养老"不仅是一个物质性赡养及代际性反哺的经济问题,更是被赡养老年人情感归属和精神慰藉的社会心理需求,或者说,"在家中养老"不仅仅是地域空间和生活环境上的家庭式养老,"家"及其承载的情感依附和文化根柢是其他养老方式无法取代的。正如《纲要》中所指出的,弘扬优秀传统文化,支持家庭承担基本养老功能,发挥家庭养老的基础性作用。因此,如何发挥政府在农村养老"弱市场"供需结构下的支持和引导作用,让类似于"老老看护"养老模式能够真正发挥实质作用,是"十四五"期间"强政府—弱市场"供需结构下互助

① 文丰安:《农村互助养老:历史演变、实践困境和发展路径》,《西北农林科技大学学报(社会科学版)》2021年第1期。
② 陈际华:《"时间银行"互助养老模式发展难点及应对策略——基于积极老龄化的理论视角》,《江苏社会科学》2020年第1期。
③ 王笑寒、郑尚元:《"时间银行"公益互助养老服务机制之法律关系界定与构造》,《山东大学学报(哲学社会科学版)》2020年第6期。

式养老必须着重解决的问题。

（四）弱政府—强市场：商业化养老

正如《纲要》所指出的，"积极开发老龄人力资源，发展银发经济"，除自助式和互助式养老模式之外，在"银发经济"和"长寿红利"的战略部署下，如何进一步激活农村养老市场、培育养老新业态，让市场在城乡养老资源配置中发挥基础性作用，就成为"十四五"期间推进养老事业和养老产业协同发展的关键。或者说，如何发挥市场"无形之手"在农村养老资源配置及产业化发展中的基础性作用，是"弱政府—强市场"供需结构下商业化养老模式的核心议题。一方面，要以乡村振兴战略为契机，尤其是要抓住城乡融合发展进程中各类人才"下乡创业"和农民工"返乡创业"这一战略机遇，支持农村老年人积极参与社会经济活动，继续创造社会财富，特别要支持农村大龄劳动者和有志老年人就业创业，推动农村内需市场并健全农村老年人社会保障体系，让他们共享城乡社会经济发展和改革创新成果，这也是后疫情时代加快构建以国内大循环为主体、国内国际双循环相互促进的新发展格局战略部署的有机组成部分。[①]

另一方面，要深入实施"养老服务＋行业"行动，推动农村养老服务产业链延伸，紧跟农村老年人服务需求和消费结构的新趋势、新发展，深化农村养老产品市场供给侧结构性改革，鼓励高新技术和先进理念在农村养老服务体系建设中积极运用，尤其是要促进农村养老与家政服务、教育培训、健康养生、医疗护理、休闲旅游以及康复辅具等相关联产业深度融合发展。例如，有研究指出，以乡村旅游为载体的集旅游、健康、养老、养生等产业融合发展新型养老业态在长三角地区正蓬勃兴起，养老型乡村旅游社区在提升城乡养老服务品质的同时，也为乡村振兴带来了新动能、注入了新活力。[②] 当然，"弱政府—强市场"供需结构下商业化养老模式在强调"有效市场"在城乡养老资源配置中的基础性作用的同时，还要强化"有为政府"的积极引导和严格监管，尤其是要完善事前事中事后全方位监管体制机制，为城乡养老服务体系高质

---

① 林闽钢：《"十四五"时期社会保障发展的基本思路与战略研判》，《行政管理改革》2020 年第 12 期。
② 郎富平、于丹：《养老型乡村旅游社区可持续发展研究》，《云南民族大学学报（哲学社会科学版）》2021 年第 1 期。

量发展营造良好的消费环境和制度保障,从而实现积极应对人口老龄化政策措施经济效益与社会效应相统一。正如《纲要》所指出的,实施积极应对人口老龄化国家战略,必须健全城乡社区养老服务综合监管制度。[①]

七、 红利与风险并存: 结论与反思

以上四种类型划分从农村养老供需结构和治理机制两个维度出发,构建一个关于新时期农村养老行为嬗变和模式变迁的总体性理论分析框架,并通过对比性阐释提炼出农村养老不同供需结构的差异化治理机制和实现路径。然而,农村养老诉求的社会生成及其主体演化具有一定的动态性,从社会人口特征和乡土社会结构角度上看,随着我国人口结构性挑战的不断加剧,"农村社会哪些人需要养老服务",以及随着家庭结构不断小型化、养老功能弱化的现实制约带来的"农村家庭能否继续提供养老服务"等一系列现实问题及其不确定性因素,使得变迁中的农村养老实践远比笔者构建的上述四种理想类型要复杂得多。但是,无论作何考量,农村基本养老服务体系中"保基本"的政府兜底机制和"提效能"的市场助推作用,是落实《纲要》提出的"实施积极应对人口老龄化国家战略,推动养老事业和养老产业协同发展"的关键力量。或者说,建立健全农村基本养老服务体系必须积极构建"有为政府"和"有效市场"良性互动、融合共治的体制机制。

笔者提出农村养老不同供需结构的差异化治理机制,目的就是为了回应当前农村养老供需结构失衡导致的资源配置失效,以及不同养老主体因体制机制联结不畅导致的服务效能不高,从而规避农村养老变迁过程中的"政府失灵"和"市场失灵"。当然,需要特别指出的是,虽然笔者构建的是一个整体性理论框架及其静态结构性分析进路,但是,从嵌入性理论视野出发,该模型仍适用于农村养老的动态性分析。例如,从供需结构演化和治理机制转型上看,当自助式养老中的"小老人"进入"老老人"阶段时,他们也就成为"互助式养老"的服务对象或"老老看护"模式下的被看护者,除了需要来自家庭、集体

---

①　陈功、赵新阳、索浩宇:《"十四五"时期养老服务高质量发展的机遇和挑战》,《行政管理改革》2021年第1期。

的情感沟通和精神慰藉之外,他们更多的时候还是需要政府兜底机制构建的基础性养老服务体系,或者在具备一定支付意愿和支付能力的情况下,依托日趋完善的养老市场和不断丰富的养老产业转向协同式养老或商业化养老。

农村养老嵌入性特征及其多元化治理也要求我们必须正视农村养老结构转型、行为嬗变和模式变迁过程中,不同源头、不同表现形式和不同危害程度的社会风险。一方面,既定约束条件、制约因素及其作用机制下的农村养老秩序实践及治理重构会面临不同程度的嵌入困境和利益冲突,主要体现在效率导向的市场治理化机制和公平导向的行政化治理机制之间的内生张力,在家庭结构小型化、养老功能弱化以及集体经济空心化、养老服务效能不足的情况下,加上机构养老因传统文化影响导致的“水土不服”,这些都带来了变迁中农村养老外部环境的不确定性——尤其是市场的逐利性,并进一步制约着农村养老制度改革主体积极性和实践进程。另一方面,在农村养老的地域性、渐进性改革和社区化、协同化治理过程中,既要防止因行政监管体系不完善和社会监督路径不畅通导致的“重建设轻运营”“少数人受益”“市场俘获”等侵害老年人合法权益的问题;又必须警惕农村养老空间开放化转型、养老产业市场化治理过程中,“大市场”与“小家庭”、“大资本”与“小农户”之间因市场信息不对称、专业能力不匹配、定价机制不合理等导致的老年人经济受损以及普通农户权益侵害等一系列风险。或者说,农村养老嵌入性特征及差异化治理机制必须在坚持老年人主体地位和保障老年人合法权益的“硬约束”下,时刻警惕“政府失灵”“市场失灵”“集体失灵”及“家庭失灵”等叠加效应带来的农村养老风险。

因此,乡村振兴与新型城镇化双轮驱动战略进程中,农村养老秩序重建应当从供需两侧结构性改革入手,健全“政府＋市场”的协同治理机制,提升“养老＋产业”的专业服务效能,完善“运营＋监管”的制度规范体系,有效规避农村养老模式变迁中的社会风险,合理分担农村养老行为嬗变的社会成本,共享农村社会“银发经济”的“长寿红利”,并通过重塑农村养老治理主体及运营体系,切实保障“推动养老事业和养老产业协同发展,健全基本养老服务体系”战略目标的实现。

专业机构支撑下的农村老年照护服务[*]

——江苏省射阳县个案研究

唐　钧　郑　婕　王国强[**]

摘　要: 江苏省射阳县金色华年(上海)养老服务有限公司构建以"政府购买服务为依托,企业创业创新为主导,志愿服务为补充,基层组织和社会力量支持为辅助,居家、社区、机构相结合,医养、康养相融合,利用智慧平台促进养老产业发展"的七位一体的农村养老服务体系,实现"以中心城区养老机构、社区综合为老服务中心、乡镇敬老院、村级幸福小院、邻里互助、家庭养老床位"六级纵向网格化养老服务网络。这种农村养老服务经验接地气,易复制,可供中西部农村养老服务参考和借鉴。

关键词: 农村　老年　照护服务　射阳经验

关于中国人口老龄化的趋势,有三个分析应引起我们关注:其一,定性分析,中国人口老龄化的不良后果在未来会集中到农村,这项趋势性的预判正在逐渐地变成事实。其二,定量分析,从 2020 年第七次人口普查的数据看,以常住人口为基数,以"60 岁及以上"为标准计算,农村老龄化率(23.81%)已经远远超过城镇老龄化率(15.81%),并且已经达到中度老龄化程度。其三,政策评估,一直以来,养老服务政策的关注点始终聚焦于城市。至于农村,今后若干年中的主要对策是"互助养老"。

为了研究如何建立可以在农村基层落地的农村老年服务体系,复旦大学

---

　* 该文在会议后经过修改,发表于《中国社会工作》2022 年第 17 期。

** 唐钧,中国社会科学院社会学所研究员,研究方向为老年照护、健康老龄化;郑婕,金色华年(上海)养老服务有限公司董事长;王国强,金色华年(上海)养老服务有限公司总经理。

社会发展与公共政策学院和中国社会科学院社会政策研究中心联合组成了"中国长期照护服务机构运行机制研究"课题组(以下简称"联合课题组"),到江苏省射阳县,就此问题进行了专项调研。

一、 射阳县县情与调研简况

射阳县,隶属江苏省盐城市,位于苏北沿海中部,是中国南北分界线的东部起点,也是中国和江苏海岸线的中心点。全县总面积 7 730 平方公里,其中海域面积 5 130 平方公里,陆上面积 2 600 平方公里。射阳县是一个属地面积不断扩大的行政区域,每年会因泥沙淤积向大海长出 5 000 亩左右的土地。

射阳县已经连续四年入选全国县域经济百强县。2020 年全县实现地区生产总值 592.36 亿元,一般公共预算收入为 30.9 亿元,居民人均可支配收入 25 953 元。城乡基本养老保险、城乡基本医疗保险和失业保险的参保率分别达到 99.5%、98.5% 和 98%。

根据"七普"数据,射阳县常住人口 76 万人。目前 60 周岁及以上老年人口 24 万人,将近占全县常住人口的 32%,已属于重度老龄化。全县有空巢、困难、残疾、孤寡、五保等五类困难老人以及 80 岁及以上的老年人占比高达 12% 以上。[①]

2019 年,联合调查组到江苏省射阳县实地考察金色华年(上海)养老服务有限公司(以下简称"金色华年")在农村养老服务体系建设方面的实践和探索。此次调查研究形成的成果是论文——《县域老年照护体系:概念框架与方案设计》,发表在《江苏社会科学》上。[②]

射阳调查之时,"金色华年"创办刚一年,他们的经验也仅仅是初具雏形。近三年来,按照联合课题组调研成果中提出的理论架构、概念体系和实施方案,"金色华年"在农村养老服务体系的探索中又向前跨出了一大步。

二、 专业机构支撑下的农村老年服务

射阳经验是实践者"金色华年"一步一个脚印地干出来的:他们首先是将

① 以上数据资料由射阳县政府有关部门提供。
② 唐钧、覃可可:《县域老年照护体系:概念框架与方案设计》,《江苏社会科学》2020 年第 3 期。

国际共识、中国传统、当地经验熔为一炉,倾力打造"政府—国企—民营"通力合作的专业机构,并以机构为支撑、社区为依托、居家为基础形成一个新型农村养老服务体系;其次是以党建引领养老服务,倾力打造"怀一颗感恩的心,做一个温暖的人"的企业文化,并将"亲社会意识"和"亲社会行为"贯穿到日常的服务中。再次是积极为留守老人,尤其是有照护依赖的老人提供服务,同时也为农村留守妇女提供就业机会。最后是通过弘扬孝道文化、整合为老服务、提供居家养老、定期送教下乡、倡导社区互助等方式和路径,把党和政府的温暖送到了老年人群体中,让农村老年人有获得感、安全感、幸福感,能健康、快乐、有尊严地度过晚年生涯。

具体而言,射阳经验表现在以下六个方面。

1. 政府、国企、民企通力合作打造专业养老机构

2018年年初,"金色华年"受射阳县民政局委托,在射阳县开展农村居家养老服务。在将近三年的时间里,"金色华年"在农村养老服务方面取得了一定的成绩,这要归功于各方面的大力支持。在将近四年的服务实践中,首先是射阳县民政局与国有企业新华网江苏有限公司(以下简称"江苏新华网")就智慧居家养老服务签订合作协议,①射阳县人民政府投入提供居家服务所需的经费,江苏新华网投入智慧居家服务所需的设备和技术。然后,民营企业金色华年扮演的是"轻资产的养老服务经营商"的角色,向射阳县民政局和江苏新华网承包了居家服务业务,为有需要的农村老人提供上门服务。这样就形成了"政府—国企—民企"通力合作的农村养老服务模式。

通过复旦大学和中国社科院联合调查组的调研活动,金色华年接受了学术理论界专家学者有用的政策建议,并且运用到实践中,再次把合作的范围扩大,形成了"政府部门、国有企业、民营企业、大学、科研机构"五位一体的"科研—实践"体系,为射阳县农村养老体系建设融入了学术理论上的意义。

理论视点:在21世纪,每个国家都需要建立一个提供老年照护的社会系统,其目标是促进社会凝聚力。老年照护系统应该包括机构服务、居家服务、社区服务以及整合以上三种服务以达到"1+1+1>3"的整体性目标,以使需

---

① 《新华社派员来射调研产业项目及民生工程》,《射阳日报》,2019年1月19日,第1版。

要照护的老年人能够继续做他们珍视的事情并过上有尊严的生活。扮演"支撑"角色的"机构"应该是广义的,是囊括了各种处于不同层次、提供不同照护服务的"平台领导型"老年照护机构。

2. 将农村富余劳动力转变成养老服务生力军

金色华年应射阳县民政局和江苏新华网的邀请,在射阳县承接了 134 个自然村和居委会以及 3 个江苏农垦集团的农场、1 个省直管的盐场的居家老年服务。"十二五"以来,全国养老服务搞得轰轰烈烈,但大多集中在城市,尤其是特大城市和超大城市,农村老年服务显然是被忽视了。目前,农村养老面临困境:若提供机构服务,因为自 50 年代中实行"五保"制度以来,农村养老机构——敬老院就是专为孤寡老人所设,无儿无女的老人进敬老院养老,这种影响根深蒂固,所以农村老年人一般不太接受去敬老院。若提供居家服务,因为大多农村地区相对地广人稀,上门服务在路上的时间太多,成本上难以承受。

金色华年针对农村的实际情况,想出了一个"金点子",就是要把农村富余劳动力,尤其是中年妇女组织起来,成为养老服务的主力军。做法其实很简单,就是在每个村落实一二位农村妇女担任照护员,并成为金色华年的员工。

农村的中年妇女,外出打工在劳动力市场上竞争力不强,加上家里总还有些家务事需要打理,因此留守在家的并不少见。如果在家里就可以就业,工作的自由度又相对较大,安排好空余时间为同村老人做好服务(对于她们来说,就是多做一份家务事)就可以挣钱,何乐而不为? 从老年人及其家属的角度看,这些照护员都是平日里常有来往且知根知底的乡里乡亲,因此也更容易接受她们提供的服务。于是,金色华年在 134 个村居、4 个农场、盐场中,招聘了照护员 140 余人,上门居家服务基本上实现了全覆盖。

如何让农村妇女成为合格的照护员,金色华年花了不少心思。针对农村员工职业意识淡薄、集体观念不强、工作时间零散、工作流动性大等特点,在上岗前就要进行严格的培训。培训内容既包括职业道德,也包括职业技能。服务的方式是:在照护员的手机上安装江苏新华网专门设计的智慧养老应用程序(App)。老人有需要,服务订单就有金色华年的控制台通过 APP 即时发到她们的手机上。她们接到订单就放下手上的家事农事，上门为老人提供服务，包括生活照料、精神慰藉，还有独具农村特色的帮农服务。现在，每名照护员的月收入平均可达3 000元左右。

金色华年的服务流程是这样的：需要服务的老人经过民政系统评估，确定了老人的资格与具体需求，然后以政府购买服务的方式，由金色华年提供服务。刚开始老百姓并不认可这种服务方式，有非议，有责难。但经过综合培训的照护员，深入基层，走访、慰问2 000多位高龄、失独、失偶、失能、空巢、五保、困难的老人和弱势群体，耐心细致地逐户宣传党和政府的政策。在服务过程中，他们夏日顶着炎炎烈日，冬季冒着寒风雨雪，以周到、专业的服务，终于打开了射阳县居家养老服务的局面，得到了公众，尤其是老年人的广泛认可。纷纷称赞党的政策好，农村养老服务是为人民办实事。从2018年到2021年，金色华年累计提供居家养老服务达到50万人次。

理论视点：老年人选择在家中接受照护服务应该是常态。按国际经验，接受居家照护的老人可以达到95%以上。从政策理念上说，这叫"原址安老"，这个理念被包括在联合国老年人原则之中。在老年照护体系中，非正规照护者应该是主力。当有设计周到的照护方案可供选择时，非正式照护人员可圆满完成照护责任，非正式照护人员会在执行这些照护方案中发挥着关键的作用。

3. 以"以人为本"的理念打造养老服务企业文化

金色华年的管理是从员工思想意识着手的，始终把加强员工的思想建设放在第一位，倡导"不是亲人，关爱胜亲人"的服务理念。金色华年积极引导全体员工弘扬传统文化，其宗旨是"怀一颗感恩的心，做一个温暖的人"，定期不定期的举办团康活动、送教下乡、综合为老服务、技能大比武、线下线上读书会、养老护理技能培训等活动，通过"温度感、家庭感、亲情感、保障感、归属感、凝聚感、责任感、带头感、先进感、自豪感"的十感行为，使金色华年的照护员从农村妇女、家庭主妇华丽转身为职场新女性。他们自觉践行金色华年的宗旨，把自身的快乐融入服务过程中，用微笑和活力去感染他人、帮助他人，强调用智慧服务社会、用热诚抚慰生命，用行动传播爱心，在奉献中体味快乐、收获幸福，成为一支有爱心、有耐心、有责任心、有专业素养、有温度的照护团队。

在老年照护工作中,红色文化给"金色华年"奠定了"服务人民"的基色。射阳是抗日战争时新四军的根据地,红色传统和革命精神深入人心。在这样积极向上的氛围中,金色华年以党建为中心,成立了临时党支部以及妇女联合会、红十字会志愿服务队、爱心基金会等,并依靠当地各级党委、政府、人大、政协机关和群团组织以及企事业单位,在服务机构的中心站点设立了政协委员联络室、离退休人员活动中心、退役军人活动中心、侨联工作站、社区老年艺术团、"四点半课堂"等,既把群体组织的功能下沉到基层,又通过群体组织的社会效应,带动养老服务工作的开展。

理论视点:在马斯洛的需要层次论中,建立在亲社会的意识、人格和行为基础上的"帮助别人"的需要,被戴上了人类最高层次精神需要的桂冠。具有以上正能量的社会心理会最终体现在"以人为本"的服务理念中,进而促进服务机构在资金、管理和供给等方面进行改革,使所有老人都能获得安全、有效、及时、高效和质量合格的照护服务,并满足老人的需求,符合老人的偏好——"以人为本"的照护原则应该应用于老年机构服务中的每一次人际互动。

4. 利用智慧养老信息管理系统把握服务质量

在当今中国,养老服务的监督机制是一个敏感的话题,尤其在农村。金色华年的照护员分散在各村,并在接到服务订单后自行提供服务,这样的服务方式更容易引起质疑。为了解决这个老大难问题,金色华年的合作伙伴江苏新华网提供了他们设计的智能软件,在中心站点的控制室中,智能平台的大屏幕上显示着照护员每天的活动轨迹,我们也随时可以与照护员通过手机通话,并通过视频、音频从线上监督照护员的服务行为和倾听接受服务的老年人及其家属的意见。

在运用智慧养老软件的同时,金色华年仍然采用传统管理方法,很重视人的作用,建立了"县民政局＋镇民政办＋村民政专员＋村老年协会＋机构质量监督"五层监督管理网络。尤其是老年协会,都是本村的熟人,有他们"明察暗访",及时反馈真实的服务状况。这些反馈意见都详细记在服务台账上,然后每月根据服务频次、服务满意度(包括投诉)两个指标,对照护员进行考核和奖惩,即时兑现,促使他们比学赶超,努力提升服务质量。

数字技术和互联网的新思想、新思维,对政府落实政策和执行监管,对企业提供专业服务并接受监督提供了直接的、可视的、即时互动的管理监督方式。同时也为政府制定政策提供了大数据的支持。线上信息化的管理加上线下的人对人的服务和监督,把农村养老服务从随意性、碎片化转向专业性、系统化发展。

理论视点:智慧型老年服务是以健康老龄化的国际共识为基本理念,以智能化、机器人、网络化、物联网、大数据、云计算等前沿科技和信息技术为手段,面向居家老人和老年服务机构提供的快捷、高效的现代服务体系。但是,必须注意的是,照护工作的亲情慰藉性质限制了机器人和其他技术替代人类劳动力潜在的可能性。在大多数情况下,智慧型老年服务必须与人对人的服务紧密结合才能真正有所作为。

5. 定期送教下乡到一线培训准正式的照护员

建立农村养老服务体系,核心是专业化。因此,要将农村妇女培养成"准正式照护者",她们专业能力的提升并不是一次上岗培训就能一劳永逸的。经常性的集中培训在农村又受到环境和条件的限制,散落各村居的照护员给持续的再培训增添了困难。金色华年采取的对策是"送教下乡",即建立专门的培训团队,将老年照护、健康知识和相关的方法、技巧也来个"上门服务"。培训教师一个村接着一个村走,除了照护的知识、方法和技巧,还有急救知识、健康理念、维权意识等。"送教下乡"的受益者不光是机构的照护员,村里的老人及其家属也可以前来听讲,这样就达到了广泛普及的目的。截止到2021年9月,接受培训的受众已经达到2万多人次。近年来,为适应新冠疫情下的新形势,金色华年还把线下培训搬到了线上,让照护员和有需要的村民随时随地都可以使用智能终端设备,通过视频、音频参加学习。

理论视点:老年照护强调的是专业性,当老年人的日常生活离不开别人帮助时,如何帮助老人就成了专业技术。一般来说,大多数非正式照护者都需要接受教育和培训,内容通常是关于老年人的健康问题及相应后果和预期进展,以及帮助老年人在家中正常生活的方法。老年照护工作者还需要了解如何从以人为本的角度为老年人提供照护,以及如何在多学科的团队中工作。这些技术和知识层面的培训,应该以老年照护机构在社区层面实施。

6. 在乡村建设老年人日间照料中心——互助小院

在促进农村养老服务全覆盖的过程中,金色华年发现有一些有照护依赖但家中又无人照顾的老人,受到经济状况、传统观念的影响,不愿离家入住镇上或县里的养老机构。因此,金色华年就尝试在村里建立集中照护点,命名为"互助小院"。具体的做法是:有的照护员家里住房比较宽敞,自己空余时间也比较多,金色华年就与其签订协议使其成为建设互助小院的合伙人。金色华年投资将部分空置房间按统一的要求进行适老化改造和装修,然后将本村乃至邻村有刚性需求的老人集中到互助小院,由照护员提供日间照料,有需要的也可以留宿长住。互助小院的照护方式让老人虽然离家但不离开熟悉的地理和人文环境,很受欢迎。在服务实践中,互助小院又逐渐发展为村里的老年活动中心,村里的老人也常来此聚会,喝茶聊天,下棋打牌。这种方式既有专门的照护员提供服务,老人之间也可以相互照顾。专门的照护者可获得劳动报酬,参与照护互助的活力老人则通过时间银行存储劳动所得,以备不时之需。

金色华年计划将互助小院作为农村养老服务体系的一种主要方式,以规模化、标准化、品牌化的方式连锁发展,力争尽快铺开,让更多农村老人享受到专业照护服务。但是,互助小院的运作也遇到一些问题,譬如,因为农村的住房没有产权证,虽然装修达到消防标准,但办不了消防许可,这些问题也严重制约着"互助小院"的推广。

理论视点:广义的机构服务应该着重以社区平台来谋求发展,成为一种以基层社区为平台的"街坊生意"。同时按实事求是的原则而不是以其他的功利性动机来扩大老年照护的基础设施建设,关注基于社区和家庭的照护。因此,应创建众多社区层面的效率高、效果好的日间照护中心并连成网络,纳入社区志愿者共同工作,从而使社区服务和家庭照护体系得以扩展。

7. 开展基层综合为老服务提供"四送三普两防"

农村养老服务做的是"街坊生意",所以对一时没有照护刚需的老人,也要通过各种志愿活动,和老人搞好关系。农村老人居住分散,生活比较单调。金色华年就又担负起组织综合为老活动的义务,为农村老人提供"四送三普两防"(四送：送政策、送知识、送技能、送温暖；三普：普及消防安全知识、普及老人权益保障、普及自我保护意识；二防：防诈骗、防意外)。组织照护员开展教农村老人学习康复操，给老人做健康体检、理发、剪指甲等为老服务活动，截至2021年9月，累计达5 000场次。既在生活上方便农村老人，也使他们排除寂寞，生活有乐趣。

另外，农村老人习惯终身劳作，但收获的农产品没有销售渠道，以致在经济上对子女的依赖性较强。金色华年组织照护员献爱心，帮助老人将他们种的蔬菜、养的鸡鸭等农副产品拿到市场销售。老人通过力所能及的生产劳动有益身心健康，可以延缓身体机能的衰退；而劳动所得又减轻了子女负担，有利于家庭和睦和社会和谐。

理论视点：联合国提出的"老年友好"的理念落实到社区层面因为更接地气而显得更有活力和魅力。通过适当的政策、服务和结构，将包括物质环境和社会环境的各种因素结合起来，更多地支持社区参与，要让老年人和照护者了解如何使用社区资源，让社区和邻里更直接地参与支持性照护，特别是通过鼓励志愿工作，让年长的社区成员也能够做出贡献。

8. 以孝道为动力推进农村老人的非正式照护

金色华年在提供居家养老上门服务的过程中发现，一些农村老人因传统观念的影响，认为自己是有儿有女的，不能让别人来照顾。还有一些老人虽然健康状况和自理能力已经较差，但个性刚强且不服老，凡事还是愿意自己亲力亲为，不愿别人插手。

对于这些不接受上门服务的老人，金色华年首先是让护理员前去做思想工作；护理员做不通的，企业领导上门做工作，还邀请村居干部、老人亲属帮助说服。有些老人实在说服不了，就采取变通的办法，对老人的家庭成员进行上岗培训后，使其成为非正式照护者和金色华年的兼职员工，对老人提供照护服务。金色华年认为，既然政府购买了服务，就要负责到底。这样的变通，也可以说是创新，有利于实现养老服务全覆盖的目标。

理论视点：所有的长期照护——甚至是由家庭成员无偿提供的照护——都是有代价的，依靠无偿的非正式照护者而不给予额外支持已经不具有可持续性了。一些国家直接向照护者支付费用，既支持他们发挥照护作用也补偿了他们潜在的收入损失。用家庭成员照顾老人可能非常熟练且有经验,在一些国家,他们也可以获得政府的现金奖励或参加保险。

三、结语

射阳,是一个充满神话色彩的地方。建县于 1942 年的射阳,以"后羿射日"的命名,在抗日战争最困难的时候张扬着对胜利的企盼;"精卫填海"的神话据说也发生在此地,这可能与其持续不断地延伸,步步为营地逼退大海的海岸线相关。但是不管是"后羿射日",还是"精卫填海",都反映了一种迎难而上的奋斗精神。如今,在银发浪潮席卷全国乃至全球之际,射阳县迎难而上的精神又从被视为"最困难"的农村老年照护体系开始了新的探索。

四年来金色华年构建以"政府购买服务为依托,企业创业创新为主导,志愿服务为补充,基层组织和社会力量支持为辅助,居家、社区、机构相结合,医养、康养相融合,利用智慧平台促进养老产业发展"的七位一体的农村养老服务体系,实现以中心城区养老机构、社区综合为老服务中心、乡镇敬老院、村级幸福小院、邻里互助、家庭养老床位六级纵向网格化养老服务网络,以机构为核心,延伸到村居建立互助小院,再辐射到居家老人和家庭养老床位,实现了养老服务全覆盖。

射阳的农村养老服务体系看来很"土",而且有一些做法在以往的民政工作中还都能找到影子。在过往的农村民生保障工作中,也产生过很多地方性的经验,但大多热闹了一阵之后,就又重归沉寂。其原因除了行政体系好大喜功、喜新厌旧的坏习惯之外,经验本身是否能真正扎根也是值得深思的问题。射阳经验中,一个专业服务机构——"金色华年"挑起了大梁,并扬言要做百年老店。如果真正得到政府的认可和支持,这样的可持续性是有可能实现的。这也是射阳经验的精髓,说白了,就是农村老年照护也应该"以机构为支撑"。

射阳的农村养老服务经验接地气,可推广,易复制,中国其他地方的农村老年照护服务可以用作参考和借鉴。

农村居家养老服务解决方案的
福建经验及推广可行性*

甘满堂**

摘　要：城乡社区老年协会是基层老年事业发展的重要载体,是政府认可并大力推广的社区社会组织。近年来在政府支持发展农村幸福院的政策与空间影响下,福建乡村老年协会积极承办社区居家养老服务,借助社区互助养老机制,形成以老年协会活动中心、五保幸福园、老年食堂、敬老院为平台的四个社区照顾服务层次,其中第一个层次较为普及,能解决基本的居家养老需求。乡村老年协会承办社区居家养老服务,拥有独特的优势,应当鼓励,但加强乡村老年协会规范化建设是基础。

关键词：农村居家养老　老年协会　社区互助养老

一、 当前推进城乡居家养老服务的社会政策与实践

为应对日益严重的老龄化问题,国家"十四五"发展规划提出,实施积极应对人口老龄化国家战略,健全基本养老服务体系,大力发展普惠型养老服务,支持家庭承担养老功能,构建居家社区机构相协调、医养康养相结合的养老服务体系;完善社区居家养老服务网络,积极发展农村互助幸福院等互助性养老。[①] 据"七普"统计数据,农村人口老龄化问题比城市更为严重,未来农

---

*　本研究是国家社科基金重大招标项目"乡村振兴背景下我国农村文化资源传承创新方略研究"
（项目编号：18ZDA117）和教育部后期资助项目"乡村老年协会建设理论与实践"（项目编号：
17JHQ042）的阶段性成果。

**　甘满堂,福州大学社会学系教授,研究方向为农村社会学、劳工社会学和宗教社会学。

①　《中共中央关于制定国民经济和社会发展第十四个五年规划和二〇三五年远景目标的建议》,《人
民日报》,2020 年 11 月 4 日,第 1 版。

村养老问题更为突出。

社区居家养老，又称社区照顾，是指老年人选择居住在家庭中安度晚年生活的养老方式，它以社区为平台，整合社区内各种服务资源，为老人提供助餐、助洁、助浴、助医等服务。社区照顾模式可分为两类体系：一为社区居家照顾体系，二为社区养老机构照顾体系。前者是指通过血缘关系或道德维系的非规范性养老照料，如家庭成员、亲戚、朋友、邻居、慈善机构等，对有一定自我生活照顾能力的老年人提供的照顾服务；后者是指由专业人员在社区内的养老服务机构对生活基本不能自理的老人的正式照顾，如老人日间护理服务中心、老人福利院、老人护理院等提供的各种护理服务，享受养老服务的老人不离开其日常生活的社区。[①]

社区居家养老介于机构养老与家庭养老之间，具有较多的服务优势，因此也是当前政府与社区大力推广的养老模式。目前，城市社区居家养老服务由社区提供场所，政府购买专业养老机构服务的方式进行推广，政府购买的上门服务只针对特殊福利对象群体，且存在投入资金有限、服务质量不高等问题；居民家庭或老人主动购买服务的积极性弱，导致养老服务机构严重依赖政府购买服务。[②] 当前农村社区老年化问题也较严重，留守老人与空巢老人的比例一般高于城市，因此，农村社区居家养老服务需求也很大，但政府对于农村居家养老服务的投入相对较少。有些县市对于农村居家养老服务采取政府购买专业养老机构方式的推进，由于资金投入有限，其服务成效比城市社区更差。

目前城市居家养老机构提供的上门类服务，主要服务种类有：上门理发、家政服务、上门助浴、康复训练、陪医就诊、上门送餐、陪伴外出、空调清洗、家电维修、开锁、疏通管道、紧急呼救等。以上诸多服务，除应急呼救需要专门系统之外，其他也可以直接通过市场提供，并无技术含量。对于紧急呼救，只要老人经过培训，也可以知道紧急呼救，对于专门系统依赖性不高。政府购买的居家养老服务是针对特殊困难老人，以及 80 岁以上高龄老人，且每年的

① 钱宁：《以社区照顾为基础的中国老年人福利发展路径》，《探索》2013 年第 2 期。

② 李放、王云云：《社区居家养老服务利用现状及影响因素——基于南京市鼓楼区的调查》，《人口与社会》2016 年第 1 期。

经费额度有限,如每年每人360元(福州市鼓楼区政府购买价格),这对于特殊老人是远远不够的。城市健康老人希望更多的是陪伴与精神慰藉类的服务,这可以通过老人互助形式完成,不必通过外部企业机构来提供。现在提供上门服务的城市居家养老服务机构的经济收益主要依靠政府购买服务,市民还没有形成主动购买的习惯。运营社区照料中心的养老机构则依靠长期照护老人的住院服务收益,没有长居养老机构的老人一般不愿意去社区照料中心吃饭消费。① 因此,对于城市社区居家养老服务而言,老人更多地需要可以提供精神慰藉方面的免费公共活动空间,然后才是在此基础上的升级服务,如提供中晚餐。但这种免费公共活动空间,很多城市小区都没有,但在乡村社区则较普遍,这就是乡村老年活动中心,以及乡村老年协会。

根据民政部相关文件,农村幸福院是指由村民委员会进行管理,为农村老年人提供就餐、文化娱乐、住宿等照料服务的公益性互助养老服务设施,包括农村老年人日间照料中心、托老所、老年灶、老年人活动中心等。农村幸福院按照"有固定场地、有设施设备、有服务内容、有人员队伍、有管理制度、有筹资渠道"的"六有"内容,全面推进农村幸福院建设;按"村级主办、互助服务、群众参与、政府支持"为原则进行运营。从政策定位来看,农村幸福院主要为社区居家养老提供平台。"十三五"期间,在中央专项彩票公益金支持下,全国60%以上的农村社区都建有统一标准的幸福院,有文化活动室、健身康复室、休息室(卧室)与厨房、餐厅等。但很多幸福院只有文化活动室被开放利用,其他空间都闲置,甚至建成后的文化活动室也没有人利用,院门紧锁。花费巨资建成的幸福院闲置率却较高,造成不必要的资源浪费。福建农村幸福院总体利用率较高,但多数服务停留在老年活动中心层次上,幸福院内厨房、餐厅、休息室的闲置率近90%以上。空间闲置原因,并不是没有需求,而是普遍缺乏专业组织管理,服务供给不足。

2017年国务院《"十三五"国家老龄事业发展和养老体系建设规划》中提出,提高城乡社区基层老年协会覆盖率,在2020年达到90%,促进老年人通

---

① 本资料源于笔者主持的福州市榕树社会工作服务中心承接福州市鼓楼区居家养老(上门服务)年度评估与鼓楼区街道照料中心年度评估报告(2018—2020年度)。

过老年协会组织实现自我管理、自我教育、自我服务。[①] 依笔者在福建城乡社区的调查经验来看，政府统计数据认定城市社区老年协会建会率高于农村社区，但这类城市社区老年协会只是在社区居委会门前再挂一块牌子，本身并没有什么组织活动，大多"有名无实"，真正有活力是乡村老年协会。因农村社区有地缘与血缘关系网络资源，乡村老年协会比城市社区老年协会更有活力，它们在丰富农村老年人生活、维护老年人权益、增进老年人福利、参与乡村治理等方面做出重要成就，成为村委会的重要助手。受宗祠与村庙文化影响，福建乡村老年协会比较活跃，互助养老服务具有文化基础与历史传统。近年来在政府支持农村发展互助幸福院政策支持下，福建乡村老年协会积极承办社区居家养老服务，形成以老年协会活动中心、幸福园、老年食堂、敬老院为平台的四个社区照顾服务层次。这种内嵌式村办社区居家养老模式具有资源动员能力强、运行成本低、服务亲和力高等优势，各地乡村可以因地制宜，推行适合于本社区的居家养老服务模式，但加强乡村老年协会规范化建设是基础。[②] 本文建议地方政府鼓励与支持村级老年协会承办本村居家养老服务，地方政府在制定养老服务条例中，应当将这个原则写进养老服务条例中。

二、 农村居家养老服务解决方案的福建经验

福建农村社区推进居家养老服务已有较好的社会组织基础，这就是福建乡村老年协会普及高，很多乡村都有老年协会活动中心，老年互助活动开展比较频繁。随着经济发展水平的提升，在村委会与村乡贤支持下，由村老年协会承办的社区互助养老服务水平也在提升，部分乡村还因地制宜办起抱团养老幸福园、老年食堂、敬老院等，形成四个服务层次：（1）活动中心平台基本服务型；（2）幸福园平台服务型；（3）老年食堂平台服务型；（4）敬老院平台服务型。农村居民养老服务的场所与资金主要来自村民捐助与村委会资助，日

---

① 《国务院关于印发"十三五"国家老龄事业发展和养老体系建设规划的通知》，《中华人民共和国国务院公报》2017 年第 9 期。

② 甘满堂、王瑶：《福建乡村老年协会承办社区居家养老服务的模式》，《福州大学学报（哲学社会科学版）》2019 年第 5 期。

常服务主要由老年协会成员通过互助方式提供。这种模式具有运行成本低、服务效率较高、可持续性强、村民接受度高等特点。

（一）活动中心平台基本服务型

乡村老年协会符合规范化建设标准，就可以提供活动中心平台的基本居家养老服务。福建省老龄委在《关于加强基层老年协会规范化建设的意见》（2014年）中认为，所谓规范化建设就是做到"五有"：有组织、有制度、有场所、有经费、有活动。本文将能提供最基础的居家养老服务称之为"老年协会活动中心平台基本服务型"。福建省农村老年协会普及率达到90%，其中规范化建设老年协会达到50%左右，即约有一半老年协会可以提供基本的居家养老服务，主要是提供休闲娱乐场所、助老活动、村务参与等，这类活动大都属于基础性居家养老服务。[①]

乡村老年协会组织、活动场所与经费来源。福建乡村老年协会会长多是由有知识、有领导能力的老年人担任，他们大多是退休回乡干部，社会威望高，号召力强。老年协会也都有自己固定的活动场所，不过多数活动场所都附设在祠堂或村庙中，这使得祠堂与村庙有了新的用途。活动场所内备有电视、书报、杂志、棋牌、躺椅等，供老人平时休闲娱乐，非老年村民也可以参与活动。因此，村庄老年协会活动中心也是社区公共活动中心。老年协会经费来源渠道较多，主要有村委会拨款、会费收入、社会捐助收入与经营性收入等。依托较充裕的经费支持，老年协会开展的活动也较多。

文化活动组织或参与。协会活动中心每天都开放，村民读书看报，或看电视、打牌等；领导或参与村庙与祠堂日常事务管理等；社区有妇女为参加主体的广场舞活动；依托村庙组织演戏与庙会活动等。

助老活动开展，主要分集体性活动与个别救助活动。集体福利活动有，组织会员重阳节聚餐、春节过节聚会、外出旅游等。个体救助活动有：（1）经济补助，若会员出现养老困难问题，给予多种形式救助；（2）维权活动，若遇到会员子女不孝顺，老年协会能出面干涉；（3）探望活动，会员生病住院，能组织

---

① 甘满堂等：《互助养老理念的实践模式与推进机制》，《重庆工商大学学报（社会科学版）》2014年第5期。

人去探望;(4)慰老活动,会员去世,能协助家属料理丧事,并给予慰问金。

村集体事务参与:积极支持与配合村两委工作,为村集体发展献计献策;积极参加村民自治,包括选举、村务公开;主动对乡村不良社会风俗行为进行干预,如反赌博、反吸毒等;积极倡导美丽乡村建设,提升乡村环境卫生水平。

(二)五保幸福园平台服务型

五保幸福园平台服务型是由村委会与老年协会推动的村庄五保老人抱团养老的一种组织形式,其办法是在老人活动中心旁边建五保户安居房,让五保老人集中居住,但仍自己做饭,独立生活,不过彼此有照应,也方便村民看望这些五保老人,这就是幸福园模式。这种模式解决了五保老人住房质量差,居住分散,平时缺少人关照等问题。在福建省以漳州芗城区、福州连江县的幸福园为代表。

乡镇敬老院集中供养和家中分散供养一直是农村五保户和低保困难户的主要养老模式。目前政府提倡建设乡村敬老院来解决五保户与特殊困难老人养老问题,但福建省乡村敬老院存在的问题主要有普及率较低,已在建成运行的敬老院还普遍存在工作人员少、经费紧张、管理水平低、五保老人居住环境差等问题。新建敬老院对于乡镇政府来说,也是一笔很大的经济负担。从 2007 年起,漳州、宁德探索五保户与低保困难户养老问题时,借鉴先进经验,探索建立一种介于两种传统养老模式之间的互助式农村养老新模式。村庄为老人提供住房,有的村庄还充分考虑农村老人的生活习惯,腾出地方让他们种菜、养鸡等,虽然集中居住,但每位老人还是单独生火做饭,相邻而住,只是为彼此有照应。农村幸福园这种"离家不离村、集中供养、自我管理、互帮互助"的供养新模式,有效解决了农村孤寡老人无依无靠、各自独居的现状,也弥补了乡镇敬老院的先天不足。

笔者感到,山区农村因交通与生活不便等问题,人口外流现象突出,只有五保户等部分群众还无奈地留守在自己的家园。他们生病后难以及时就医,生活寂寞。因此,山村五保户亟须由以前的分散供养过渡到集中供养。[①] 在为农村特殊困难老人提供集中养老时,不一定要重新建房舍,利用农村闲置

---

① 甘满堂:《可将闲置学校改建为老人幸福园》,《福建日报》,2014 年 10 月 22 日,第 10 版。

校舍也是一条非常经济的解决问题之道。现在很多乡村都有闲置的小学校舍。教室改造为住宅,主要工程是铺设自来水与下水管道,因此建设费用较低。

(三) 食堂平台服务型

随着经济发展水平的提升,为本村老人提供更好的老年福利,经济较发达的村庄开办老年福利食堂,为老人提供一日中餐或一日三餐服务,也有提供每月两餐,初二与十六日的中午聚餐,因为这两天也是村庙"上香日",村民们到村庙烧香拜神,顺便组织大家聚餐。据不完全统计,福建全省村办老年食堂约50家,其中以泉州地区最多,泉州地区又以晋江市最多,南安、石狮、永春等县市都有分布。莆田、龙岩、漳州地区也有较多案例。乡村老年食堂由乡贤发起,免费为70岁以上老人提供就餐服务,资金多源于乡贤与村民家庭捐赠。作为一种乡村社区老年福利,其实质运作模式是老人免费吃饭,子女背后买单。这里介绍泉州南安金山村与石狮郑厝村两个典型案例。

典型案例1:南安市霞美镇金山村老年食堂,创办于2012年,为本村65岁空巢老人和孤寡老人提供一日三餐服务,依托老年食堂,还开展日常照料、医疗保健、精神慰藉等服务。2015年前70岁以下老人每人每月收100元,后改成全部免费,经常来就餐的老人在70余人。经费主要来自村乡贤捐助。老年食堂创办发起人是退休的小学校长吴金斗,到目前为止,一直正常有序运营。

典型案例2:石狮市宝盖镇郑厝村老年食堂,2014年元月创办,为全村70岁以上老人免费提供一日三餐,经费来自村民以及海外华侨捐助,经常来就餐的老人有70余人。老年食堂创办发起人村老年协会会长郑长清,他同时也是一位企业主。2017年10月,村老年协会还购置一辆电瓶车,免费接送老人往来食堂与家庭。到目前为止,郑厝村老年食堂一直正常有序运营。[①]

乡村老年食堂兴办,除为老人们解决吃饭问题,减轻子女们后顾之忧之外,还可以为老人们提供一个相互交流的平台。留守、空巢和独居的老人独自在家处在无人照料的状态,通过到老年食堂就餐,可以实现老人之间的相

---

① 许钹钹:《农村幸福院》,《东南早报》,2015年2月9日,第1版。

互联系,丰富了老人的晚年养老生活。另外,老年食堂有利于老年协会负责人掌握和了解老人们的身体健康情况。老年协会的工作人员可以根据老人每天是否来用餐、用餐量等的情况来判断老人的身体健康状况,以便通知子女及监护人及时应对。

（四）敬老院平台服务型

院舍照料是现代养老模式中最耗费财力物力的养老方式。对于大部分农村社区的老年人而言,享受机构养老仍是一个较为遥远的梦想。但是随着福建沿海经济的腾飞,农村社区的各项基础设施日趋完善,村庄老年人的福利水平也在不断提升。全省民营经济最为发达的泉州晋江市,不仅村办老年食堂最多,村办敬老院数量也是全省最多,目前已有50座,除极少数委托第三方运营外,大都由村老年协会负责运营,免费或低偿为本村老年人提供院舍照料服务,较有代表性的是晋江市萧下村和大浦村的村办敬老院。村办敬老院实现老年人养老可以离家不离村,深受村民们欢迎。

典型案例1:晋江市萧下村敬老院。晋江市东石镇萧下村是拥有7 000多人口的村庄,全体村民姓萧,是一个单姓村。村民多经营实业,主要从事伞具生产制造。该村从2011年开始由村老人协会出面兴办敬老院,院舍由废弃的幼儿园和小学改建而成,提供院舍照料与居家养老服务,入住50余位老人,老人每月交350元即可,敬老院食堂也向村民有偿开放,从而带动居家养老服务的开展。运营经费主要来自乡贤捐赠成立的基金会每年的投资收益。管理团队来自村老年协会,服务人员多由村民有偿兼任。[①]

典型案例2:晋江市大浦村敬老院。晋江市磁灶镇大浦村拥有户籍人口5 000多人,外来人口3 500多人。大浦村全体户籍居民多姓吴,属于单姓村。该村为生产销售陶瓷、石材为特色的新型工业乡村,村民家庭普遍较富裕。村庄集体经济主要依靠店面以及土地租金,村财政也很充裕。村两委会与村老年协会决定为民办实事,投资1 200万元建成敬老院大楼,2012年重阳节时投入使用。大浦村敬老院基础设施标准高,服务优良,现有近200名老年村民

---

① 甘满堂、冯璐、萧开通:《社区互助养老与村办敬老院可持续运营——以福建省晋江市萧下村敬老院为例》,《重庆工商大学学报(社会科学版)》2020年第1期。

免费入住村办敬老院。大埔村为解决养老院运行费用问题,特地通过募捐方式成立一家社区养老基金会,本金有 2 000 万元,全部来自村民捐献,每年的收益约有 200 万元,足以支持村办敬老院的运行费用。

三、 乡村老年协会承办居家养老服务的比较优势

党的十九大以来,中央提出要在社会主义新时代为人民群众创造更高品质的生活。政府购买居家养老服务,以增进老年人福祉,已成为常态。但受制于资金不足问题,目前政府只为城乡社区特殊困难老人及高龄老人购买居家养老服务。与外部养老企业机构相比较,村级老年协会承办居家养老服务,可以激发民间组织的社会活力,将个别救助式服务变成社区普惠式服务,且能明显减轻政府的财政负担,具有运行成本低、服务面广、精神慰藉服务好等优势。

(一) 提供普惠式无偿或低偿服务,村民接受度高

乡村老年协会作为社区社会组织,其组织目标与本村老年人利益一致,不以赢利为目标,能够为本村老人提供普惠式无偿或低偿服务,村民接受度高。政府购买的第三方机构提供的居家养老服务只是针对一些特殊福利对象,是一种补缺式的服务,能享受政府购买服务的老人非常有限,且承接政府购买服务的部分第三方机构还想从中赢利,不可避免造成服务质量低,或价格高等问题。另外,农村人口居住较分散,且交通不发达,道路崎岖,虽然外部居家养老服务机构采取就地招收养老服务人员,提供上门服务,但也存在服务准时率低、单位服务成本高等问题。乡村老年人收入低,主动购买上门养老服务的意愿更低。当前在城市社区推行的居家养老服务中,老年人除享受政府购买的服务之外,自己或子女主动掏钱购买上门服务的情况较少,农村地区更是极少,这使得养老服务机构想要通过村民主动购买服务来增加经济收益的可能性变小,只得依赖政府购买养老服务。

(二) 资源动员能力强,有效减轻政府财政负担

乡村老年协会也是村庄福利组织,资源动员能力强,可以征招本社区志愿服务人员,吸收社区内外捐款等,而这些外部养老企业机构则没有这种道义上的号召力。农村老年协会承办的居家养老服务经费中,80%都是依靠社

会捐助,来自上级政府部门的补助一般不会超过 5%,村委会的资助也在 5% 左右。此外,有的老年协会还有些经营性收入。由老年协会承办的居家养老服务,其资金多源于本村乡贤与村民家庭捐赠,无偿或低偿为老人提供服务,实质是由子女背后买单,也是一种代际互助养老形式。

（三）能提供外部机构无法提供的特殊服务

老年协会可以无偿提供老年人家庭维权、住院慰问、丧葬料理等服务,外部机构若提供这类服务,则存在高成本、难以进入等问题。如外部机构难以干预一般性家庭养老问题,但老年协会就可以名正言顺帮助老人维护权利,督促子女赡养老人。对于农村老年人而言,他们需要的是子女孝顺,老有所养,老有所乐,老有所为,老有所学,而这些需求,乡村老年协会都能协助提供,而外部养老企业机构难以提供协助。

四、 鼓励乡村老年协会承接农村居家养老服务的主要对策

福建乡村老年协会积极承办社区居家养老服务,借助社区互助养老机制,形成以老年协会活动中心、幸福园、老年食堂、敬老院为平台的四个社区照顾服务层次,其中第一个层次较为普及,能解决基本的居家养老需求,另外三个层次普及率相对较低,当前老年食堂应当是农村居家养老服务升级发展的方向。本文所列举的具有代表性的乡村老年食堂都得到地方媒体的广泛报道与社会人士的关注,各地前来参观学习的老龄事业领导干部与民间社团负责人陆续不断,但参观者都觉得推广复制实不易。一般参观者认为,本村缺少如南安市金山村退休校长吴金斗、石狮市郑厝村企业主郑长青等这样热心村庄老年福利事业的公益领头人;其次是缺乏热心于本村老年福利事业的公益土壤,即乡贤与一般居民都要对兴办老年食堂出钱出力;最后是缺乏经费支持,筹款渠道有限。笔者认为,当前推进农村居民养老服务高质量发展,政府应当加强政策引导工作,以上难题都可以克服。政府在重视幸福院建设之时,更应重视老年协会组织建设,硬件设施与软件管理要兼顾;农村居民养老服务应当交由老年协会承办,而不是外包给外部机构;加强老年协会规范化建设,由老年协会负责农村幸福院运营管理工作;移风易俗,引导村民捐助乡村社区公益事业,解决资金问题;充分发挥社区互助养老机制,动员社区社

会力量全面推进农村居家养老服务稳步开展。

（一）政府向村级老年协会购买居家养老服务

在当前地方财政紧张，农村老龄化、空巢化越来越严重的背景下，依托村级老年协会推进农村社区居家养老服务无疑是最佳的选择，与外部养老机构相比较，其有诸多优势。政府部门应当鼓励乡村老年协会承接本村居家养老服务，并给予经费支持，即向村级老年协会购买居家养老服务，而不是向外部养老服务机构购买。农村幸福院应当交由村老年协会管理。依托乡村老年协会，盘活幸福院，以幸福院为平台为居民提供居家养老服务。地方政府要鼓励城乡社区老年协会发展，加强老年协会规范化建设，以便做好互助养老服务工作；对于条件较好的老年协会可以采取依法登记管理的方式提升其组织能力，以支持与鼓励基层老年协会承办巡访关爱、文化娱乐、学习教育、陪伴聊天、心理咨询、代购代办等基础性居家养老服务。

（二）积极推动村级老年协会规范化建设与登记管理

村级老年协会规范建设就是要做到"五有"：有组织、有制度、有场所、有经费、有活动［全国老龄办、民政部《关于进一步加强城乡社区老年协会建设的通知》（全国老龄办发〔2015〕23号）］。民政部门可以通过场所支持、经济资助、培训与表彰先进等方式进行引导。基层政府与村委会要提供必要的场所支持与经费支持，场所支持也可以通过改造升级现有老年协会活动中心，使其服务设施更符合日间照料中心的基本标准。经费筹集可以通过政府资助、社区境内企业捐赠、村集体支持、村乡贤赞助、老年人会费等渠道来解决。对乡村老年协会会长进行培训，加强制度化建设，以推动互助养老服务的开展。表彰先进，地方政府要鼓励各地老年协会因地制宜，探索多样化的居家养老服务模式，并对那些开展居家养老服务较好的典型进行表彰奖励，以鼓动更多的乡村老年协会做好互助养老服务。

支持"五有"基础条件较好的村级老年协会依法登记为社团组织，便于更好地开展居家养老服务。村级老年协会依法登记为社会团体，可以拥有社团法人证书与对公账户，政府购买的经费可以直接打到老年协会账户，也可以开展其他形式的募捐活动，也便于有关部门对老年协会财务收支进行监督管理。"五有"基础条件不够完善的村居老年协会，可以到乡镇街道民政办公室备案,获得合法开展活动的资质。在市县区民政部门登记的村居老年协会社团组织,年检可以实行特殊的三年一次年检制度,以减轻老年协会年度工作负担。

（三）农村已建成的幸福院应当交由村老年协会管理

农村幸福院是指由村民委员会进行管理,为农村老年人提供就餐、文化娱乐、住宿等照料服务的公益性互助养老服务设施,包括农村老年人日间照料中心、托老所、老年灶、老年人活动中心等。农村已建成的幸福院应当交由村老年协会管理,村委会负责监督指导,并给予必要的经济支持。老年活动中心是幸福院必备的基础设施,应当做到每天都开放。幸福院若有居住功能,主要解决五保户集中居住,而非针对所有的老年居民。五保老人通过互助方式,解决生活照料与精神慰藉问题。支持有能力的乡村老年协会开办老年食堂,老年食堂是居家养老服务最主要的服务项目,但要求村庄集体经济实力较强,且村民居住相对集中。

在星级幸福院评比中,服务类权重分数应当占比 60%。从 2017 年起,全国很多省市区都在开展农村幸福院星级评定工作,以推动村委会重视幸福院运营管理,但已有的指标评价体系中基础设施权重较高,服务权重没有超过 50%,建议将服务权重增加 60% 以上,如有举办老年食堂、有五保户入住的幸福院应当可直接评定为三星级以上幸福院。五星级幸福院应当提供助餐服务,因为助餐服务是居家养老服务中最基础,也是最重要的服务项目。当然,助餐服务不一定是一日三餐,一日一餐也是可以的。

（四）移风易俗,引导村民捐助乡村老年福利事业

农村社会向来有婚丧喜庆活动大操大办的传统,不仅浪费钱财,还加重了村民家庭负担。泉州地区政府在倡导老年协会承办居家养老服务时,强调移风易俗,喜事新办,丧事简办,把节约下来的资金捐给社区公益慈善事业,并将这些条款写进村规民约,要求党员干部带头执行。如晋江市政府就要求党员干部在禁止"普渡"、杜绝"大操大办"等方面以身作则,带头提倡"婚事新办、丧事简办、神事少办",把节约的钱捐给老年协会,用于社区老年福利事业,取得非常良好的成效。晋江移风易俗开展以来,社区老年福利事业得到了最大的支持与发展,获益最多。

（五）因地制宜，选择相适应的居家养老服务模式和服务内容

乡村幸福院作为居家养老服务的平台，需要根据自身条件，因地制宜，选择相适应的幸福院设施配置与服务内容。目前农村幸福院建设存在贪大求全，老年活动中心、老年灶、午休房、长居房都是标配，但实际上能派上用场的却很少。设置午休房的幸福院，应当有老年食堂，如果没有老年食堂，午休房也只是摆设。长居房是用来安置五保户的，如果没有五保户愿意来住，也是不必要的设置。当前农村五保户非常需要集中居住养老，山区农村应将五保户幸福园建设放在首位，将乡村废弃或闲置校舍改造为幸福院或敬老院是一种较经济的办法。但各个乡村社区应当将老年活动中心作为幸福院的基础设施建立起来，并做到每天都开放，让村庄老年人娱乐休闲有场所保障。当前东南沿海地区的乡村社区拥有老年活动中心比例在80％以上，因此只要建立健全老年协会组织，多数乡村可以提供基础性的社区照顾服务，如娱乐休闲、慰问探视、维权帮扶等，在此基础上，再谋求发展更高层次的社区居家养老服务。

农村残疾老年人养老社会支持问题研究

——基于对生活满意度影响的分析[*]

刘亚娜　褚　琪^{**}

摘　要:完善农村残疾老年人养老服务、提升生活质量是应对特殊老年群体养老保障的重要课题,社会支持是影响老年人生活满意度的重要因素。本研究基于 CHARLS(2018)数据,利用二项 Logistic 回归分析测量正式社会支持和非正式社会支持两方面变量对农村残疾老年人生活满意度的影响,反思农村残疾老年人养老问题及对策。研究发现,44.8％的残疾老年人对居家养老生活感到满意,有 55.2％的农村残疾老年人感到不满意,性别、学历高低与婚姻状况等对农村残疾老年人居家生活满意度没有显著影响,低龄残疾老年人满意度更高。相较于养老保险,医疗保险的参保率高,但是村提供的医疗服务不足;超过半数居家残疾老年人能够得到子女的经济支持,但是与子女见面和联系频率不高,具有社交活动的残疾老年人不足一半。结果显示:医疗保险、与子女联系,以及有亲人或朋友长期照顾等能提高农村残疾老年人生活满意。研究建议:正式支持是基础性保障,医疗保险是关键,医养结合养老服务是发展的重点;非正式支持是重要支持,基于血缘和亲缘关系提供基础性支持,子女赡养、亲属照料是主要依赖的服务支撑,应有效发挥邻里互助帮扶功能,积极引入社会力量广泛多层次地参与到农村残疾老年人照料;推进正式支持与非正式支持二者的契合与协同,实现农村残疾老年人"政府

---

* 本研究是国家社科基金重大项目"基于大数据驱动的公共服务精准管理研究"(项目编号:20&ZD113)的阶段性成果。

** 刘亚娜,首都师范大学管理学院教授,研究方向为政府创新与公共服务、社会发展与公共政策分析、人口老龄化与养老保障;褚琪,中国农业大学人文与发展学院硕士研究生,研究方向为人口老龄化与养老保障。

兜底、家庭支持、互助帮扶、社会参与"的多元养老格局。

关键词：社会支持 残疾老年人 家庭扶持 互助养老 医养结合 生活满意度

伴随着我国人口老龄化的发展，残疾人口的老龄化愈加明显。残疾老年人兼具残障和年老双重弱势特征，是社会中的弱势群体，残障老年人的养老保障问题已成为我国人口老龄化应对的重要课题。2008 年《国务院关于促进残疾人事业发展的意见》提出鼓励发展残疾人居家服务，将开展老年残疾人居家养老服务作为工作重点，[①]有针对性的社会支持系统能够保障残疾老年人实现良好的居家养老。农村残疾老年人数量庞大，养老问题突出。应对农村养老问题的特殊性，有效解决农村残疾老年人养老现实困难、提高生活质量，成为亟待解决的重要课题。

一、 文献回顾与述评

一是残疾老年人的内涵及主要特点。老年残疾人既是老年人又是残疾人，是指 60 岁及以上且在心理、生理、人体结构上，某种组织、功能丧失或者不正常，全部或者部分丧失正常方式从事某种活动能力的人，[②]包括视力残疾、听力残疾、言语残疾、肢体残疾、智力残疾、精神残疾、多重残疾和其他残疾的人。农村老年残疾人，指的是居住和生活在农村地区中的全部或者部分丧失以正常方式从事某种活动能力的 60 岁以上的人。老年残疾人主要特点表现在：一是老年残疾人口规模大，增长速度快，且高龄老年残疾人占比高。第二次全国残疾人抽样调查结果显示，在全部残疾人中，60 岁及以上的老年残疾人约为 4 416 万人，占全部残疾人的 53.24%，老年残疾人占全国老年人口的 4.43%，老年残疾率是总人口残疾率的 3.85 倍。[③]农村老年残疾人数量庞大。2006 年 12 月国务院新闻办公室《中国老龄事业的发展》白皮书指出：中国 60

---

① 吕明晓：《养老服务与残疾人托养照料的衔接管理》，《中国残疾人》2012 年第 3 期。

② 张金峰：《中国老年残疾人口康复服务问题研究》，北京：中国劳动社会保障出版社 2014 年版。

③ 许琳、唐丽娜：《残障老年人居家养老服务需求影响因素的实证分析——基于西部六省区的调查分析》，《甘肃社会科学》2013 年第 1 期。

岁以上老年人口中近六成分布在农村。[①] 农村地区大约百分之五十以上的残疾人都是年龄超过 60 岁的老年群体。[②] 残疾老人中高龄残疾老人的比例随着人口寿命的不断延长也将不断上升,2030 年高龄残疾老人在整个残疾老人中仅占 23.2%,到 2040 年迅速上升到 30.7%,2050 年极速上升到 43.4%。[③] 二是由于致残原因与残疾程度不同,老年残疾人存在较强的异质性。[④] 大多数老年残疾人存在不同程度的生活活动能力方面的障碍,老年残疾人的家庭状况、婚姻状况、社会参与能力较差,加剧了老年残疾人生活的不便。三是老年残疾人口城乡和地区差异明显。从老年残疾人口的地区分布来看,老年残疾比例超过 60% 的省(区、市)有上海市、广西壮族自治区、北京市、浙江省、江苏省;50%—60% 之间的省(区、市)有山东省、海南省、福建省、广东省、天津市等 12 个;老年残疾比例低于 50% 的省(区、市)有青海省、湖南省、山西省等14 个。老年残疾人城乡差异明显,农村老年残疾人占比高,生存状况更为恶劣。第二次全国残疾人抽样调查结果显示,我国农村老年残疾人口占老年残疾人口总数的 70.42%,城镇老年残疾人口占老年残疾人口的比例是29.58%。

二是残疾老年人养老现状。老年残疾人养老需求具有个性化与多重性的特点,对于照护服务的需求具有长期性与持续性;对生活服务、贫困救助、医疗服务等需求因性别不同存在差异;[⑤]对辅助器具和康复训练等需求存在城乡差别。[⑥] 老年残疾人给家庭带来巨大负担,心理问题、养老服务问题凸显。[⑦] 目前我国农村残疾人养老是两种方式,一是传统的居家养老,二是基于农村地区五保制度,对残疾老人由集体进行统一的集中供养。应对残疾人养

① 韩振秋:《新时代农村老年残疾人养老面临的问题及对策》,《社会福利(理论版)》2021 年第 5 期。
② 徐盛凯、贾玉娇:《多元治理视角下的农村残疾人养老保障模式研究》,《经济视角》2016 年第 4 期。
③ 丁志宏:《我国老年残疾人口:现状与特征》,《人口研究》2008 年第 4 期。
④ 涂爱仙、周沛:《差异化养老:基于我国老年残疾人异质性特点分析》,《国家行政学院学报》2016 年第 4 期。
⑤ 张敏杰:《农村高龄残疾女性生存状态调查》,《中国残疾人》2010 年第 6 期。
⑥ 胡宏伟、李玉娇、张亚蓉:《健康状况、群体差异与居家养老服务保障需求——基于城乡老年人调查的实证分析》,《广西经济管理干部学院学报》2011 年第 2 期。
⑦ 王艳军、唐楠、高玉霞:《我国老年残疾人居家养老服务研究进展》,《中国老年学杂志》2015 年第 23 期。

老问题,学者提出增强全体社会成员,包括家庭尤其是各级政府部门对妥善解决残疾老年人问题的重视程度,构建以生活照料和护理服务为主的老年社区服务体系,加强残疾老年人社会工作队伍建设等。[①]

三是残疾老年人居家养老社会支持。就世界各国残疾人支持体系来看,以家庭支持为主的非正式支持体系仍然起到主导作用,家庭成员不仅提供经济支持和服务供给,还具有重要的情感慰藉作用。我国老年残疾人的需求和服务供给之间存在很大的差距。宏观层面,有如《中华人民共和国残疾人保障法》《残疾人教育条例》《中国残疾人事业发展纲要》等法律规范,但有关残疾人权利与救助的立法依然数量少、层次低、可操作性差;残疾人总体社会保险的参保率不高;社会救助资金有限,救助面狭小,救助效果欠佳。中观层面,企事业单位的支持十分有限,不能从根本上帮助解决残疾老年人面临的一系列问题;城市社区的单位支持覆盖面较小且刚起步,农村地区更是困难。微观层面,随着家庭规模缩小与家庭结构改变,家庭对于老年残疾人的照护能力逐渐削弱。当前,我国农村残疾老人养老仍然依靠家庭供养为主。主要依靠家庭、亲属、邻居朋友等非正式支持提供服务和支持,地方发放有老年人基础养老金及护理生活补贴等,但是针对残疾老年人的、无论是集中托养照顾还是居家上门提供的康复保健、精神慰藉等方面服务相对缺乏。社会力量整合参与提供养老助残服务严重不足。[②]

四是社会支持与老年人生活满意度方面。社会支持对于老年人的身心健康、生活满意度等方面能起到积极作用,可以提高老年人的生活质量。[③] 向运华等研究城乡老年人社会支持的差异以及对健康状况和生活满意度的影响,发现城镇老年人获得的社会支持多于农村老年人,正式社会支持对老年人的生活满意度有积极影响,子女的经济支持作用有限,精神支持对老年人的身体健康及生活满意度有很大的促进作用。[④] 家庭等非正式的社会支持对

---

① 丁志宏:《我国老年残疾人口:现状与特征》,《人口研究》2008 年第 4 期。
② 韩振秋:《新时代农村老年残疾人养老面临的问题及对策》,《社会福利(理论版)》2021 年第 5 期。
③ 贺寨平:《社会经济地位、社会支持网与农村老年人身心状况》,《中国社会科学》2002 年第 3 期;李建新:《老年人口生活质量与社会支持的关系研究》,《人口研究》2007 年第 3 期。
④ 向运华、姚虹:《城乡老年人社会支持的差异以及对健康状况和生活满意度的影响》,《华中农业大学学报(社会科学版)》2016 年第 6 期。

农村老年人影响较大。[①]

综上，从已有的文献来看，研究发现社会支持与老年人生活满意度存在较强的相关性。但是基于对社会支持的分类，测量其对残疾老年人生活满意度的实证研究，较少提出有建设性的政策建议。农村地区的情况更为严峻和复杂，清晰地梳理不同社会支持类型对老年人生活满意度的影响，可以有针对性地提出对策。本研究基于 CHARLS 数据进行分析解决以下问题：① 农村居家养老的残疾老年人生活满意度的总体状况如何？影响因素是什么？② 残疾老年人对于社会支持有怎样的现实需求？③ 不同类型的社会支持对居家养老残疾老年人生活满意度的影响怎样？

二、 研究设计

（一） 方法与数据

社会支持是指个体通过自己所处的社会网络得到工具性或情感性的帮助的过程，工具性支持指经济支持、生活照料支持，情感性支持指精神慰藉。从社会支持提供主体看，社会支持可以分为非正式社会支持和正式社会支持。前者主要指来自家庭、亲戚、邻里、朋友、同事等非正式社会关系资源提供的支持和帮助；后者指通过政府、企业、社区组织等正式组织和正式的制度安排为人们提供的保障和支持，如社会保障制度、员工福利制度、社区正式组织的帮助等。[②] 本文参照这种分类，利用 2018 年的中国健康与养老追踪调查（CHARLS）数据，研究社会支持对农村居家养老的残疾老年人生活满意度的影响。本文以 60 岁及以上的残疾老年人为研究对象，将缺失值较多的样本剔除后，保留 550 份样本。利用二项 Logistic 回归分析测量各自变量对农村残疾老年人生活满意度的影响。

---

① 胡宏伟、高敏、王剑雄：《老年人主观幸福感的影响因素与提升路径分析——基于对我国城乡老年人生活状况的调查》，《江苏大学学报（社会科学版）》2013 年第 4 期；邓蓉、John Poulin：《非正式社会支持与中国老人的心理健康》，《贵州社会科学》2016 年第 4 期；张友琴：《老年人社会支持网的城乡比较研究——厦门市个案研究》，《社会学研究》2001 年第 4 期；王萍、李树苗：《代际支持对农村老年人生活满意度影响的纵向分析》，《人口研究》2011 年第 1 期。
② 方黎明：《社会支持与农村老年人的主观幸福感》，《华中师范大学学报（人文社会科学版）》2016 年第 1 期。

（二）变量选择

1. 被解释变量

因变量是残疾老年人居家养老的满意度,是个体对自己生活状况的主观评价。根据对问卷的分析,选取有关生活满意度的三个变量作为老年人居家养老满意度的先期研究指标(见表1),先对初选变量进行指标归集与计分转换,进一步做因子分析,并计算被访者个体综合得分,以此作为残疾老年人居家养老的满意度的二分量评判标准。

表1　与生活满意度相关变量

指标	标准
对自己的生活是否感到满意	不满意＝1,不太满意＝2,比较满意＝3,非常满意＝4,极其满意＝5
对您的健康是否感到满意	
对您和您子女的关系是否感到满意	

变量之间具有一定的相关性才可进行因子分析,通过相关系数分析发现,上述指标显著性相关。通过 KMO 和 Bartlett 检验,KMO 检验值为0.725,大于 0.7,因子分析的主信息量提取指标都在 0.6 以上,符合因子分析的基本要求。

采用主成分抽取法,以最大方差法旋转,获取一个特征根大于 1 的公因子。利用因子分析的回归得分方程,完成被访者包括自己生活满意度、健康满意度和与子女关系满意度等在内的单项因子得分。采用旋转后各公因子对应的方差贡献率为权重,对上述一个公因子计算加权综合得分,作为农村残疾老年人居家养老满意度高低的评判依据。生活满意度综合得分的加权平均数公式如下:

$$F=0.69694F1$$

根据因子分析得到农村残疾老年人居家养老满意度的综合得分,设一个新变量命名为"生活满意度",以 0 为标准基,得分大于 0 分的农村残疾老年人对生活满意;小于等于 0 分的农村残疾老年人对生活不满意。

2. 解释变量

为了研究影响残疾老年人满意度的因素,本文设置了两类自变量:一是正式的社会支持,将养老保险、医疗保险、社区医疗服务作为衡量指标。① 养老保险,有关题设为"您现在领取以下一种或几种养老金吗?"本文的研究对象是 60 岁及以上的居家养老的残疾老年人,领取养老金的老年人视为参加了养老保险,没有领取的则视为没参加。将养老保险简化为二分类变量:"没有养老保险、有养老保险。"② 医疗保险,有关题设为"您本人目前是否参加了以下医疗保险?"简化为二分类变量:"没有医疗保险,有医疗保险。"③ 村医疗服务,有关题设为"是否有村医经常为您做糖尿病、高血压检查?"答案为二分类变量:"有,没有。"二是非正式的社会支持,将子女的经济支持、精神支持(包括见面频率及与不常见子女的联系频率)、生活照顾情况和社交活动等作为衡量指标。① 子女的经济支持,有关题设为"过去一年,您或您的配偶从您的孩子那里收到过经济支持吗?"答案为二分类变量:"没有,有。"② 子女的精神支持:子女见面的频率,题设为"您和孩子不在一起住的时候,您多长时间见到孩子?"变量转换成二分类变量:"不常见面,常见面。"子女的联系频率,题设为"您和孩子不在一起住的时候,您多长时间跟孩子通过电话、短信、信件或者电子邮件联系?"变量转换成二分类变量:"不常联系,常联系。"③ 生活照顾情况,题设为"如果以后您在日常生活方面需要照顾,比如吃饭,穿衣,有亲人(除了配偶以外)或朋友能长期照顾您吗?"答案为二分类变量:"没有,有。"④ 社交活动,有关题设为"您过去一个月是否进行了串门、健身、跳舞等社交活动?"答案为二分类变量:"没有,有。"

此外,还将个体特征与条件:性别、年龄、文化程度、婚姻状况、健康自评情况等因素考虑其中,作为控制变量。(见表 2)

表 2　变量定义及基本描述

	变量名称	变量定义
控制变量	个人特征	
	性别	男性＝1,女性＝0
	年龄	60—69＝1,70—79＝2,80 及以上＝3
	学历	小学及以下＝1,初中＝2,高中及以上＝3
	婚姻状况	有配偶＝1,无配偶＝0

续　表

	变量名称	变量定义
自变量	正式社会支持	
	养老保险	有＝1,没有＝0
	医疗保险	有＝1,没有＝0
	村医疗服务	有＝1,没有＝0
	非正式社会支持	
	子女的经济支持	有＝1,没有＝0
	子女的见面频率	常见＝1,不常见＝0
	子女的联系频率	常联系＝1,不常联系＝0
	生活照顾情况	有＝1,没有＝0
	社交活动	有＝1,没有＝0
因变量	生活满意度	满意＝1,不满意＝0

（三）样本特征

样本中男性老年人占 48.9％,女性老年人占 51.1％,占比较为均衡。年龄方面,60—69 岁老年人占 53.1％,70—79 岁老年人占 33.3％,80 及以上老年人占 13.6％,低龄残疾老年人占比较大。婚姻状况方面,将分居(不再与配偶共同生活)、离异、丧偶、从未结婚这几个选项归类为"没有配偶";将已婚与配偶一同居住,已婚但因为工作等暂时没有跟配偶在一起居住,同居这几个选项归类为"有配偶"。无配偶占 31.5％,有配偶占 68.5％。农村残疾老年人学历较低,小学及以下占 79.5％,初中占 13.1％,高中及以上仅占 7.5％。

表 3　样本特征

	特征	类型 1	样本占比	类型 2	样本占比	类型 3	样本占比
个人特征	性别	男	48.9％	女	51.1％		
	年龄	60—69 岁	53.1％	70—79 岁	33.3％	80 岁及以上	13.6％
	学历	小学及以下	79.5％	初中	13.1％	高中及以上	7.5％
	婚姻状况	有配偶	68.5％	没有配偶	31.5％		

	特征	类型1	样本占比	类型2	样本占比	类型3	样本占比
正式社会支持	养老保险	有	84.9%	没有	15.1%		
	医疗保险	有	95.6%	没有	4.4%		
	社区医疗服务	有	44.7%	没有	55.3%		
非正式社会支持	子女经济供养	有	68.9%	没有	36.2%		
	与子女见面频率	经常见到	48.9%	不常见到	51.1%		
	与子女联系频率	经常联系	48.4%	不常联系	51.6%		
	生活照顾情况	有	63.8%	没有	36.2%		
	社交活动	有	43.6%	没有	56.4%		
社区居家养老满意度	生活满意度	满意	44.8%	不满意	55.2%		

（四）模型与假设

由于因变量为二分类变量，本文利用二项 Logistic 模型分析在控制其他变量的情况下各个变量对因变量的影响作用。二项 Logistic 回归基本方程为：

$$LogitP = \beta_0 + \sum_{i=1} \beta_i x_i$$

其中因变量为对自己的生活是否感到满意（不满意＝0，满意＝1），P 表示对生活满意的概率，自变量 x_i 用以表示影响残疾老年人居家生活满意度的各个因素，β_i 是各自变量的回归系数，β_0 表示常数项。β_i 若为正数，就说明相应的因素对生活满意度有积极的促进作用；反之，则说明相应的因素对生活满意度有消极影响。此模型还可以估计生活满意的概率与生活不满意的概率之间的比值，并分析某一自变量变化导致的比值变化，从另外一个侧面显示了该变量对因变量是否有显著的影响。

本文针对上述自变量对于农村残疾老年人居家养老生活满意度的影响提出几个假说：

假设1：正式社会支持中，养老保险和医疗保险均能促进农村残疾老年人居家养老生活满意度的提高。

假设2：正式社会支持中，村医疗服务能促进农村残疾老年人居家养老生活满意度的提高。

假设3：非正式社会支持中，子女的精神支持和经济支持均对农村残疾老年人居家养老生活满意度有影响。

假设4：非正式社会支持中，社交活动能促进农村残疾老年人居家养老生活满意度的提高。

假设5：非正式社会支持中，有亲人（除了配偶以外）或朋友能长期照顾能促进农村残疾老年人居家养老生活满意度的提高。

三、 社会支持与农村居家养老残疾老年人生活满意度的关系探究

农村残疾老年人的居家养老满意度受诸多因素影响，本文主要分析农村残疾老年人正式的社会支持及非正式的社会支持这两方面因素对生活满意度的影响。有的影响因素之间可能存在相关性，导致出现多重共线性。为此在进行回归分析之前，先对上述变量进行多重共线性检测。一般情况下，如果容差≤0.1或方差膨胀因子VIF≥10，则说明自变量间存在严重共线性。由表4可知，各影响因素之间的相关性很小，不存在多重共线性的情况。

表4　多重共线性检测结果

变量	容差	VIF	变量	容差	VIF
性别	0.887	1.128	年龄	0.798	1.253
婚姻状况	0.774	1.292	学历	0.791	1.264
医疗保险	0.926	1.080	养老保险	0.783	1.277
村医疗服务	0.981	1.020	与子女联系频率	0.744	1.344
与子女见面频率	0.776	1.288	子女给予的经济支持	0.888	1.126
生活照顾情况	0.959	1.043	社交活动	0.942	1.062

（一）居家养老残疾老年人生活满意度

根据样本特征（表3）及分析结果（表5）可以发现，有44.8％的残疾老年人对居家养老生活感到满意，有55.2％的农村残疾老年人感到不满意。根据相关回归结果可知：性别、学历高低、婚姻状况与农村残疾老年人居家生活满意度之间没有显著关系。年龄方面，低龄残疾老年人满意度更高，具有显著性（p＝0.071＜0.1）。分析结果显示：随年龄的升高，农村残疾老年人的居家养老满意度降低。

表5　社区居家养老的残疾老年人生活满意度的二项 Logistic 回归结果

	生活满意度				生活满意度（加入控制变量）			
	B	S.E.	显著性	Exp(B)	B	S.E.	显著性	Exp(B)
非正式社会支持								
子女的经济支持	0.040	0.197	0.840	.961	0.101	0.201	0.616	0.904
子女见面频率	0.051	0.196	0.294	1.053	0.059	0.198	0.267	1.061
子女联系频率	0.345	0.179	0.054*	1.412	0.367	0.182	**0.043****	1.444
生活照顾情况	0.467	0.186	0.012**	1.595	0.450	0.187	**0.016****	1.568
社交活动	0.180	0.198	0.364	0.836	0.131	0.203	0.518	0.877
正式社会支持								
养老保险	0.405	0.256	0.113	0.667	0.424	0.279	0.129	0.655
医疗保险	0.413	0.428	0.035**	1.661	0.375	0.444	**0.038****	1.687
社区（村）医疗服务	0.693	0.440	0.115	0.500	0.656	0.443	0.139	0.519
个体特征								
性别					0.176	0.186	0.345	0.839
年龄					－0.225	0.137	**0.071***	1.253
婚姻状况					0.047	0.167	0.777	0.954
学历					－0.150	0.215	0.487	1.161
常量	0.086	0.462	0.852	0.918	0.424	0.577	0.462	0.654

注：使用 SPSS 计算得出。其中，* 表示 p＜0.1，** 表示 p＜0.05，*** 表示 p＜0.01。

（二）正式支持和非正式支持

正式支持方面。根据样本统计（表 3），84.9％的农村残疾老年人有养老保险，仅有 15.1％的农村残疾老年人没有养老保险；95.6％的残疾老年人参与医疗保险，没有参与的仅占 4.4％，医疗保险的参与度较高；村医疗服务方面，有提供定期量血压等服务占 44.7％，没有占 55.3％。

非正式支持方面。子女提供的精神支持方面，与子女的见面频率，不常见的占 51.1％，常见的占 48.9％；与子女的联系频率，不常联系的占 51.6％，常联系的占 48.4％。子女给予的经济支持方面，没有经济支持的占 36.2％，有经济支持的占 68.9％；在生活照顾方面，没有亲人（除了配偶以外）或朋友能长期照顾的占 36.2％，有亲人或朋友长期照顾的占 63.8％；跳舞、健身等社交活动情况，没有社交活动的占 56.4％，有社交活动的占 43.6％。

（三）社会支持对居家养老的残疾老年人生活满意度的影响

加入控制变量后，模型霍斯默-莱梅肖检验显著性为 0.754，大于 0.05，说明模型可以接受，建立的模型和真实数据拟合度良好。

从正式支持对居家养老的残疾老年人生活满意度的影响来看。① 养老保险方面，结果显示，养老保险（p＝0.129＞0.1）与残疾老年人居家生活满意度之间没有显著关系；② 医疗保险方面，有医疗保险的农村残疾老年人对生活满意的概率是没有医疗保险老年人的 1.687 倍，具有显著性（p＝0.038＜0.05），假设 1 得到部分验证，即医疗保险能促进老年人居家养老生活满意度的提高，养老保险不能促进满意度的提高。③ 村医疗服务方面，相关结果显示村医疗服务（p＝0.139＞0.1）对残疾老年人居家养老生活的满意度没有显著的影响，假设 2 不成立，凸显了当前村医疗供给的不足。

从非正式支持对社区居家养老的残疾老年人生活满意度的影响来看。① 子女经济支持（p＝0.616＞0.1）对农村残疾老年人社区居家养老生活满意度没有显著的影响。② 子女精神支持方面，与子女见面（p＝0.267＞0.1）对残疾老年人居家养老生活满意度没有显著的影响；与子女联系（p＝0.043＜0.05）对残疾老年人居家养老生活满意度有显著的影响。假设 3 得到部分论证。③ 社交活动方面（p＝0.518＞0.1），说明社交活动对农村残疾老年人居家养老生活满意度没有显著的影响。假设 4 不成立。④ 在生活照顾方面，有亲人(除了配偶以外)或朋友能长期照顾的残疾老年人对生活满意的概率是没有亲人(除了配偶以外)或朋友能长期照顾的残疾老年人 1.568 倍,且呈现很强的显著性(p=0.016<0.05)差异,假设 5 得到验证。

四、结论与建议

"十四五"规划中明确提出:"健全老年人、残疾人关爱服务体系和设施,完善帮扶残疾人、孤儿等社会福利制度。"习近平总书记指出:"残疾人是一个特殊困难的群体,需要格外关心、格外关注。"[①]要推进农村残疾老年人居家养老正式支持与非正式支持二者的契合与协同,基于整合、精准、协同的思维,政府主导协调农村居家养老服务资源,充分发展医疗服务,实现"政府兜底、家庭支持、互助帮扶、社会参与"的多元格局。

一是正式支持是实现老年人积极健康养老的基础性保障。健全残疾老年人医疗保险是关键,医养结合养老服务的长足发展是重点。由于农村残疾人的经济状况导致相对能力的缺乏参加养老保险的人数少,总体表现为覆盖率低,多为依靠特惠政策、重度残疾人补贴以及集中供养等方式,保障水平有限,稳定性较差,抗风险能力弱。[②]政府应主导并承担养老责任,健全养老保险和医疗保险制度,明晰各层级部门的职能,切实保障残疾老年人日常医疗照护、保健康复等需求,提高其生活质量。多措并举提升农村社区医疗、康养等综合养老服务体系是需要破解的难点和重点问题。

二是非正式支持是实现农村残疾老年人积极健康养老的重要支持。一方面,基于血缘和亲缘关系所提供的支持是农村残疾人养老的基础性支持力量,子女赡养、亲属照料是农村残疾老年人主要依赖的服务支撑。统计显示,对于农村残疾老年人,经济支持方面,主要不是依靠养老保险,而是子女提供的经济支持;家庭在提供亲情支持方面,具有不可替代性,残疾老年人精神慰藉需求的满足也主要依靠家庭,特别是子女;生活照料方面,亲友提供了重要的支持来源。另一方面,亲友、邻里给予的生活照料能有效地提升生活满意

---

① 韩振秋:《新时代农村老年残疾人养老面临的问题及对策》,《社会福利(理论版)》2021 年第 5 期。
② 徐盛凯、贾玉娇:《多元治理视角下的农村残疾人养老保障模式研究》,《经济视角》2016 年第 4 期。

度。应在农村互助养老理念指导下,基于互助的框架和模式,有效发挥邻里帮扶的辅助功能,提供居家养老后援支持。此外,乡村振兴背景下,应积极引入社会力量广泛多层次地参与到农村残疾老年人的照料中来,无论是开办照料场所,还是专业机构提供上门服务等,应发挥社会组织人力资源的相对优势,利用专业化技能解决残疾人特殊的照料需求。

农村互助养老

互助养老：概念、问题与前景*

陈友华　苗　国**

摘　要：互助养老是社会养老保障制度与家庭照顾以外，由地缘关系结合的、基于交换和互惠、以自我管理和互助服务为核心的邻里养老支持活动。公共组织与自愿耦合的互助养老在促进养老互助方面发挥了一定的作用。但互助养老适用范围受限，特别对失能半失能老人更是如此。互助养老缺乏价格机制来调节供给与需求，供需双方的耦合是一种非常脆弱的紧平衡与非闭环平衡，只能作为家庭养老、市场服务与社会保障制度之外的一种有益补充，不应对其前景有过高预期。

关键词：互助养老　社会转型　社会保障

一、引言

尊敬和照顾老人是人类社会共同的价值取向，随着经济发展水平的提高与预期寿命的延长，越来越多的国家相继步入老龄化社会。人口老龄化已成为全球性的发展趋势，亦成为世界性的人口难题。严重的少子化叠加快速老龄化，使得中国的养老压力逐渐凸显，并已成为关系国计民生的重大问题。随着市场经济的发展，老年群体内部的分化也日益明显，家庭经济条件不同，年老后收入来源分异，加之利益主体多元化、利益取向多极化、利益差别显性化，特别是城乡低收入老年群体如何安度晚年，成为非常棘手的问题。随着

＊　本研究是国家社科基金重大项目"实现积极老龄化的公共政策及其机制研究"（项目编号：17ZDA120)的阶段性成果。原载《社会建设》2021年第5期，本书收录时略有改动。

＊＊　陈友华，南京大学社会学院教授，研究方向为人口社会学；苗国，江苏省社会科学院区域现代化研究院副研究员，研究方向为老年社会学。

经济发展与社会观念转变,有越来越多的来自城市家庭的高龄或身体健康状况较差的老年人选择在养老机构颐养天年。无论是机构养老还是居家养老,不少国家都在探索互助养老模式。比如,德国的"多代居""公寓合租"互助养老,日本的"银龄互助",美国的"国会山村"等。近年来,伴随着经济社会发展,受社会保障制度的限制与人口形势变化的影响,我国城乡涌现出诸如"幸福互助院"等多种互助养老形式,老人自己和社区精英通过自力更生,自下而上摸索出的互助养老,成为现有的"国家—社会—家庭"养老服务体系的一种有益补充,也成为村(居)民自治、自我管理与自我服务的有益探索。

二、 文献综述

无论东方还是西方,互助养老的产生都有其深刻的社会经济基础。人口老龄化、家庭小型化与城市化,空巢家庭数量日益增多,越来越多的老年人面临生活危机,以家庭为主的养老服务方式在中国越来越难以为继。[①] 从德国、日本等发达国家的经验来看,伴随着老龄化程度的不断加深,机构养老会出现社会护理保险花费太多而无法支撑的情况,国家和个人的负担都很沉重。[②] 由于迥异的家庭形态与养老文化传统,西方发达国家选择了以社会福利制度为基础的社会化养老服务体系道路,而中国则以家庭养老为主要方式,但面临日益严峻的高龄化、空巢化、原子化趋势,两种模式都或将面临巨大的挑战。

研究显示,家庭一直是国内外老年人生病或者生活需要照顾时的第一选择。[③] 特别是在农村,互助型社会养老是对农村传统非正式互助养老的正式化、组织化与规范化,是对农村家庭养老的有益补充,同时也是农村社会养老服务发展的务实选择。[④] 但出于文化和个人需求考虑,中国传统文化崇尚家庭养老,把老年人送到养老机构本身面临观念、文化与经济上的冲突。相关

---

① 丁杰、郑晓瑛:《第一代城市独生子女家庭及其养老问题研究综述》,《人口与发展》2010 年第 5 期;穆光宗:《当前家庭养老面临的困境及应对》,《人民日报》,2014 年 6 月 16 日。
② 高春兰、班娟:《日本和韩国老年长期护理保险制度比较研究》,《人口与经济》2013 年第 3 期。
③ 刘庚长:《我国农村家庭养老存在的基础与转变的条件》,《人口研究》1999 年第 3 期;贺聪志、叶敬忠:《农村劳动力外出务工对留守老人生活照料的影响研究》,《农业经济问题》2010 年第 3 期。
④ 刘妮娜:《中国农村互助型社会养老的类型与运行机制探析》,《人口研究》2019 年第 2 期。

调查资料显示,绝大部分老年人希望在自己家中养老。[1] 同时,机构养老满意度偏低,老年人囿于强烈的储蓄意识和减轻家庭财务负担的目的,主流养老模式回归到就地归家养老。[2] 目前,我国农村社区互助养老多采用"居住在中心＋供养在家庭＋生活在社区＋照顾在彼此"的部分社会化的家庭养老方式。[3] 与传统养老模式相比,集体互助养老具有整合养老服务资源、提高养老服务效率和满足老年人多层次养老服务需求等优势。[4] 我国部分地区已经自发地探索出了多种类型的互助养老模式。然而,当前学界对于互助型社会养老实践及经验的理论总结、提升、探讨尚不够深入。

随着社会转型,现代城乡社区与私人领域出现了新型社会化养老关系——互助养老,究竟该如何去理解与定义,它究竟能在中国的养老服务中扮演怎样的角色、发挥多大的作用,我们须从其现实产生的客观环境与主观条件等方面展开讨论。

三、 互助养老：概念、条件与环境

（一）概念与产生过程

互助养老指国家制度化养老保障制度与家庭养老照顾以外,由地缘关系结合的、基于交换和互惠的、以自我管理和互助服务为核心的邻里养老支持活动,是一种介于社会化养老和居家养老之间的养老模式,既有养老院等社会化养老的特征,又符合传统家庭养老习俗,更强调居民间相互帮扶与慰藉。[5] 刘欣将互助养老分为政府主导型互助养老、社会自组织主导型互助养老、家庭主导型互助养老三种类型。[6] 向运华、李雯铮依据资金来源和组织性

---

① 纪竞垚：《我国家庭养老观念的现状及变化趋势》,《老龄科学研究》2016 年第 1 期；叶锦涛、王建平：《特大城市老年人家庭结构,老龄化程度与养老需求研究——以上海市为例》,《老龄科学研究》2020 年第 7 期。

② 蔡吉梅、马佳、张忆雄等：《不同养老模式下老年人生活质量现状及影响因素》,《中国老年学杂志》2014 年第 21 期。

③ 金华宝：《农村社区互助养老的发展瓶颈与完善路径》,《探索》2014 年第 6 期。

④ 向运华、李雯铮：《集体互助养老：中国农村可持续养老模式的理性选择》,《江淮论坛》2020 年第 3 期。

⑤ 金华宝：《农村社区互助养老的发展瓶颈与完善路径》,《探索》2014 年第 6 期。

⑥ 刘欣：《我国互助养老的实践现状及其反思》,《现代管理科学》2017 年第 1 期。

质的不同,将集体互助养老划分为纯福利型、纯公益型、"公益＋福利"型和"市场＋"型四种类型。[①] 张志雄、孙建娥将互助养老划分为志愿型、储蓄型、市场型三种类型。[②] 同样是家庭保障的补充,现阶段村级自治组织、老年协会等本土社会组织与外来社会组织亦为非正式互助的正式化、组织化、规范化提供重要的组织基础。[③]

　　本文将互助养老划分为分散与集中两种类型,前者多属于自发的互助养老,后者是组织化的互助养老,如图1所示。前者是纯粹由个体自发与自愿结成互助对象,是对原生家庭养老需求满足的一种有益补充,纯粹为私人领域。后者是脱离原生家庭,将符合条件的老年人集中到一起互帮互助,由政府、养老机构组织结对耦合。这类互助养老行为主要发生在城市社区的养老机构、村庄的互助幸福院等,采取集中互助形式,具有一定的规范性与(准)公共产品性质,因这种类型的互助养老已渗入更多的机构养老元素,因而也可以视作准机构养老。

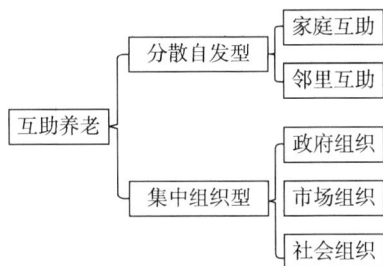

```
                              ┌─ 家庭互助
                ┌─ 分散自发型 ─┤
                │             └─ 邻里互助
   互助养老 ────┤
                │             ┌─ 政府组织
                └─ 集中组织型 ─┼─ 市场组织
                              └─ 社会组织
```

图 1　互助养老服务的类型

　　国内互助养老的发展历程可以概括为:需求生思路,创制自民间;成效引关注,政府来介入。各种互助养老模式创新首先来自民间,源自老人的现实需求。摸索后取得一定成效或者刚开始探索时,就被"创新"与"政绩"驱动的政府盯上,同时也引起善于抓热点、吸眼球的媒体的关注,政府再介入进行

① 向运华、李雯铮:《集体互助养老:中国农村可持续养老模式的理性选择》,《江淮论坛》2020 年第 3 期。
② 张志雄、孙建娥:《多元化养老格局下的互助养老》,《老龄科学研究》2015 年第 5 期。
③ 高辰辰:《互助养老模式的经济社会条件及效果分析——以河北肥乡为例》,《河北学刊》2015 年第 3 期。

政策引导。① 从互助养老的概念与产生历程来看，它不属于一种正式制度（formal institution），而属于一种松散的非正式约束（informal constrains）的社会行为。

所谓"制度是一个社会的博弈规则，或者更规范地说，他们是一些人为设计的、形塑人们互动关系的约束。制度构造了人们在政治、社会或者经济领域里的交换激励"②。具体如现代企业制度，配合专业的财务、法务以及人力资源管理约束，"合同交易、权责平等"为特征的企业法人治理结构构成典型的交换激励。家庭不同于企业，拥有许多社会功能，并受到文化惯习与各种约定俗成的规则的影响，但现代家庭制度的主体架构仍被国家民事法律以及严肃的社会行为规范所制约，家庭制度保障父辈养育子女的投入回报拥有一定的确定性。③ 可以说，制度事关交换激励的远期保障，家庭制度类似于企业制度，规范且正式，而互助养老作为一种非正式约束，则由某些行事准则（codes of conduct）、行为规范（norms of behavior）以及惯例（conventions）构成。多数情况下，互助行为并不构成严格的交换激励。这使得当下互助养老的基层实践缺乏及时清晰的理论指导，规范化的激励设计更是缺位，只能"摸着石头过河"。为应对上级政府的检查与考核，某些政府部门对农村互助养老设施建设采取敷衍的做法，④造成已建互助养老设施闲置，并造成较大的浪费。⑤

从制度兴起的渊源来看，互助养老并非新鲜事，自古以来在中华文明史中占有一席之地，如"老吾老以及人之老""出入相友，守望相助，疾病相扶"等即为互助养老传统的经典概括。⑥ 在国家保障缺位的传统乡土社会，家族、邻

---

① 王伟进：《互助养老的模式类型与现实困境》，《行政管理改革》2015 年第 10 期。
② 格拉斯·C.诺思：《制度、制度变迁与经济绩效》，上海：上海人民出版社 2014 年版，第 3 页。
③ 任何社会行为的产生都需要激励与约束框架，即马克思所谓"生产力决定生产关系"。家庭制度的交换与激励主要基于夫妻关系（婚姻关系）和亲子关系（血缘关系）的双结合，按照家庭制度的规则行事，足以在一个生命周期完成代际交换与代际继承，是一种交换均衡的自发秩序（spontaneous order）。因此，尽管东西方家庭制度差异明显，在不同时代家庭形态与组织形式会发生嬗变，但家庭养老仍属于一种自然结合（natural bond）的闭环激励反馈，家庭代际抚养模式因此具有持久的制度生命力。
④ 赵志强：《农村互助养老模式的发展困境与策略》，《河北大学学报（哲学社会科学版）》2015 年第 1 期。
⑤ 刘妮娜：《欠发达地区农村互助型社会养老服务的发展》，《人口与经济》2017 年第 1 期。
⑥ 高和荣、张爱敏：《中国传统民间互助养老形式及其时代价值——基于闽南地区的调查》，《山东社会科学》2014 年第 4 期。

里等非正式的互助网络和互助保障是最重要的保障形式。传统社会的互助养老建立在乡土互助文化基础之上,面对现代家庭结构小型化、子女流动化带来的家庭照料减少甚至缺位,组织非正式互助资源提供低成本、广覆盖、可持续、多样化的互助服务,来补充家庭照料之不足,成为中国社会养老服务发展的必然选择。

(二) 互助养老所需条件

任何规制的产生都不是空穴来风,非正式制度的产生依然有其底层逻辑。家庭制度设计本身主要面向的是有子女家庭,无子女家庭养老问题如何解决?中国文化传统为应对无子女家庭老人赡养难题,经济理性与体恤需要产生了宗族型、过继型、姻亲型、邻里型、社区型等多种互助养老形式,包括过继、孝子会、招赘、邻里互助、社区基金会资助等,通过血缘、姻亲与地缘而编织成一个互助养老的关系网络。[①] 从社会功能角度审视,互助养老是一种人类理性建构的准制度行为,只是进入现代社会,伴随着经济发展、人口迁移流动与城市化以及老龄化,养老问题才变得更为复杂:家庭结构原子化、核心化与离散化,民众物质与精神生活需求提升,城市社会再难采取传统农业社会义庄式的互助养老,即便在农村,族内"过继"姻亲"入赘"等形式的养老机制也日渐式微。如同家庭制度在历史长河中不断变迁一样,互助养老作为一种非正式制度在新时代也被注入新的内涵,并作为中华民族传统福利制度与赡养文化的重要组成部分,正通过新的形式发挥着一定的社会功能。

现代社会的互助养老与家庭养老一样,也需要满足一定的发生条件:一是双方都存在家庭养老服务不足,都有互助养老的愿望。二是相互间物理距离较近,距离过远对老人相互照料是一个巨大的障碍。三是人际关系亲近。多数情况下,互助养老必须基于自愿原则,互助双方不仅彼此间比较熟悉,而且私人关系较好,甚至比较投缘。反之,价值观、生活习惯相差很大,关系疏远的人之间很难发生互助养老行为。四是双方都必须有一颗公益心,并有余力关心他人与社会,邻里互助行为才可能发生。即便如此,互助也多属于紧

---

① 高和荣、张爱敏:《中国传统民间互助养老形式及其时代价值——基于闽南地区的调查》,《山东社会科学》2014 年第 4 期。

急情况下"搭把手"的临时性民间救助性质,仍需要以"自助"为基础。目前农村互助养老可采取建立基于地缘、血缘或姻缘的"互助幸福院",城市社区多探索"时间储蓄"为载体的"低龄互助"。

当下的养老保障制度多侧重于物质供养,相对忽视了对老年人的生活照顾和精神慰藉等方面的内容,很多地方特别是农村尚未建立起完整的养老服务体系,这就为民间养老互助功能的发挥预留了一定的空间。王伟进总结了中国大致有四类活跃的互助养老模式:[①]在农村,主要是肥乡互助幸福院及其翻版。在城市,形式更为多样,根据组织和管理方式大致可分为结对组圈式、据点活动式和时间银行式三种,但三种互助养老模式不是难以推广就是难以持续,这一方面是由于城市养老服务体系更为多元发达,另一方面是因为城市"陌生人社会"互助和自组织的难度更大。尽管互助养老在缓解养老资源不足、丰富老人精神生活、弘扬互助美德、增强社会参与等方面发挥了一定的作用,但受制于生产力发展水平、家庭结构嬗变、市场机制与文化结构,当下热议的互助养老一直面临着复杂的现实环境的挑战。

(三) 互助养老面临社会嬗变的冲击

1. 文化传统嬗变

互助本质上是一种资源交换。在传统社会,个人或者家庭遇到困难时,除依靠家庭成员以外,多还依靠邻里互助。主要有两方面原因:一是邻里互助可以有效解决一家一户的小农经济在抢收抢种等农忙季节农业生产中的劳动力不足问题;二是可以在遇到疾病、天灾人祸时相互帮助。传统的农业社会是以家庭为单位聚村而居的乡土社会,熟悉的邻里长期居住生活在一起,不仅为互助创造了条件,而且"生于此、长于此与老于此",人口流动性小等特点,使得邻里互助可以基于长期主义原则,因而互助不仅出现在同龄人与同代人之间,更出现在异龄人与不同代人之间,甚至同代人之间的互助,由于一方失去互助能力而使得互助变成了"单助"时,被助者因此欠下的"人情债"借由"父债子还"得以偿付,因而具备了持续的基础。与此同时,农业社会生产力低,农业生产剩余少,政府没有能力建立起像今天这样的现代社会保

---

① 王伟进:《互助养老的模式类型与现实困境》,《行政管理改革》2015 年第 10 期。

障制度,更谈不上提供制度化的养老服务。因而当人们遇到问题或困难时,首先依靠家庭内部与亲属之间的帮助,其次才是邻里互助。

在传统社会,互助是带有儒家伦理底色、自然而然发生的社会行为。而在现代社会,伴随着个体主义思潮的入侵,社会结构逐渐趋于原子化,过去传统而紧密的社会关系趋于疏离,个体的困难主要靠自身及家庭努力克服,超出自身与家庭能力范围之外的基本问题靠国家制度或社会帮助加以解决。对于老年人而言,或依靠自己年轻时的财富积累或子女接济,通过购买市场服务解决家庭养老服务不足问题。除家庭成员赡养外,还出现了由政府主导建立的社会养老保障制度。如果前两者均无法实现,那只能依靠社会救助、公益慈善与社会互助解决基本的养老问题。

2. 人口与居住环境变化

传统社会是近似封闭的熟人社会,而现代社会则是开放的陌生人社会。生育率转变、死亡率下降与平均预期寿命延长、人口迁移流动与城市化使得当今城乡人口环境发生了巨大的变化。

首先,社会变迁与现代性入侵使人际关系出现疏离,特别是部分农村居住方式变化,传统的体恤近亲空间被人为破坏,形成类似于城市楼宇模式的人际关系格局,农村集中居住社区越来越接近城市社区"老死不相往来"的陌生人际空间格局。

其次,乡村由于人口外流导致青壮年人口越来越少,彼此间相距也越来越远,出现了规模庞大的留守老人、留守妇女和留守儿童。近些年来家庭式人口迁移流动趋势更加明显,留守农村的妇女和儿童也开始减少,互助能力较差的老年人与准老年人逐渐成为乡村主要的人口群体。这部分老人与准老人多自顾不暇,即便有心有时也很难开展互助服务。特别是随着社会流动性的增加,市场经济的交换原则浸润到农民日常的社会关系和文化生活之中,由内至外瓦解着农民的出入相友、守望相助、疾病相扶的传统生活方式。[①]对基层组织能力较强、集体经济实力较雄厚、老年人口较多且居住较为集中的规模较大的行政村或社区而言,互助养老才具备开展的可能性,对于那些

---

① 吴理财:《乡村文化"公共性消解"加剧》,《人民论坛》2012 年第 10 期。

交通不便、老年人居住分散的自然村以及集体经济薄弱的行政村,养老服务基础设施覆盖率低,互助养老依托的组织架构多难以搭建。

四、 互助养老面临的现实困境与矛盾

（一）现实困境

互助是在互惠基础上以关系为纽带形成的一种社会交换行为,中国自古就有邻里互助的传统。[①] 但随着市场经济的快速发展与剧烈的社会变迁,传统的代际养老模式遭遇前所未有的挑战,"幸福互助院""银龄互助""抱团养老"等民间探索层出不穷,但多属于政府、公益组织、乡村有情怀的能人等大力扶助下人为构建起来的"盆景",由点及面的推广从未出现,其可持续性存疑。这其中,群众参与积极性不高、互助互动稳定性差只是表象,影响其推广的原因主要有三:一是人体衰老的客观规律限制,二是资源供需调节的价格机制不完善,三是其他养老模式的替代效应。

首先,不同于家庭养老的"权利—责任"制,作为"平等"的互助伙伴,互助养老的"供方"不仅需要身体状况较好,而且要有较多的空余时间与热心肠。很难想象互助双方中,一方身体状况较好,对某个非家庭成员无怨无悔地付出,而对方身体欠佳、付出极少,却一直享受别人的关照。老年期作为个人生命历程的最后阶段,衰老和功能衰退是一个缓慢而渐进的过程,一时奉献爱心是可以理解的也是可能发生的,但长期不对等的交换显然不符合经济理性,是难以持续的。俗话说"久病床前无孝子",更何况是没有血缘、姻缘或亲缘关系的外人。显然,如果互助双方身体健康状况都不错,互助行为的平衡性就能得到一定程度的保障,如果一方存在或者突然进入身体不佳状态,互助平衡就会被打破,甚至可能演变成单向的帮助者与被帮助者,这意味着互助养老的群体适用性比较狭窄,并具有显著的阶段性特征。

其次,互助养老更多是一种"熟人社会"的资源交换模式,而非一种契约化、去个人化的市场资源配置行为,即便如时间银行这类制度化的互助形式,

---

① 景军、赵芮:《互助养老:来自"爱心时间银行"的启示》,《思想战线》2015 年第 4 期;高和荣、张爱敏:《中国传统民间互助养老形式及其时代价值——基于闽南地区的调查》,《山东社会科学》2014 年第 4 期。

其可持续性也是令人生疑的。[①] 从制度经济学角度审视,互助养老缺乏明确的价格机制调节供给和需求,同时,供需双方的耦合是一种非常脆弱的紧平衡、非闭环平衡,容易因外部因素的影响而中断交易。因此,对互助养老的种种乐观预期,其结果往往是令人沮丧的:农村老人大多是活到老干到老,面临照料孙辈、农业生产与料理家务等任务,将大量时间和精力献身互助组织、参与互助活动是一种不切实际的奢望,即便有点闲暇,也多热衷于"打牌下棋"等娱乐活动。而身体健康的城市老人多要将大量的时间、精力甚至财力用于帮助子女料理家务、特别是抚养照顾孙辈,或用来享受生活,较少将大量时间献身公益事业。在农村社区,随着农村集体经济的整体性衰败,乡村基层组织建设与服务能力远不如城市,对于需要长期照料的老人来说,子女照料都未必可行,指望邻里之间的关心照顾以及农村集体福利创办的"互助幸福院"等可谓"异想天开"。实际情况是农村树立起来的互助养老典型也多限于健康至少生活能自理的老年人之间,对于失能半失能老年人,养老互助组织还是动员其回归家庭照顾,而对失能半失能老年人的照料才是家庭与老人最为根本的需要,而现有的农村互助养老服务机构根本就解决不了这类问题。

再次,互助养老虽然成本低,[②]但质量也没有保证。经济理性总会让人担心"互助服务有存无取",无法形成激励闭环,互助养老远不如花钱购买确定性较高的市场化服务方便,由此产生明显的替代效应。

由此可见,质量无保障、可遇不可求的私人间的互助养老根本不足以弥补城乡老人长期照料需求的巨大缺口。互助养老只能是社会养老服务体系中的一种有益补充,不可能是一种稳定和长期的养老模式。持续低生育率下的中国多子女家庭时代早已一去不复返,同时伴随着社会流动性的增加,子

---

① 陈友华:《时间银行的性质与运营问题》,《探索与争鸣》2019 年第 8 期。时间银行不是慈善组织,而是为不同类型群体搭建的一个服务平台,在服务供给与服务需求之间发挥穿针引线的作用,提供的是有偿服务。服务提供者接到时间银行指令,为其指定客户提供所需服务,同时将服务时间存入时间银行,获得时间货币,待自己需要时,用时间货币从时间银行换取所需服务。可见,时间银行所提供的是延期的"以服务易服务"。既然如此,我们必须用市场的逻辑而不是用公益的逻辑去运营时间银行。但令人遗憾的是,中国在开始引入时间银行时就出现了严重的偏差,变成了"志愿服务+有偿服务"的混合体,并诱发出一系列问题。

② 时间银行的管理极其复杂,运营成本极高,因此,笼统地说"互助养老成本低"实际上也是不准确的。

女与父母空间疏离的可能性大大增加,家庭照顾的能力和传统受到严重的冲击,尽管家庭照顾责任无法彻底转移,但一些责任替代不可避免地还是发生了。可以说,政界与学界对乡村互助养老的关注与强调,既与互助养老成本低有关,也与农村实难找到更可行的低成本社会养老服务进行替代有关,还与对互助养老的认知偏差紧密相连,面对老年人抚养比增大、代际隔阂不断扩大的冲击,家庭、家族、邻里及村落成员之间的互助养老成为一种"无奈"的希冀,农村老人"老无所依,生活无盼头,主动自杀触目惊心"。[①]

(二)深层次矛盾

互助养老还面临如下深层次的矛盾:一是个体化趋势叠加少子老龄化的宏观冲击。在传统社会,生产力发展水平低,国家力量羸弱,因而当遭遇天灾人祸或者生活困难时,多依靠家庭、家族与宗族内部的互助得以克服,因而传统的农业社会更多表现为小群体意义上的集体主义。而现代社会,由于国家力量的增强,现代社会保障制度的建立与完善,当人们遭遇天灾人祸或生活困难时,主要依靠社会保障制度加以克服,进而对家庭、家族与宗族等组织的功能形成替代,小群体意义上的集体主义逐渐解体,大群体或国家层面上的集体主义逐渐形成,因而个体层面的原子化便成为普遍现象,个人主义就在现代社会保障制度的庇护之下得以产生与蔓延。邻里互助是传统社会的"小家"文化传统,在现代社会"小家"被"大国"解构与替代,个人遇到困难时寻找国家"帮助"便成为一种"自然选择"。只是,国家机器搭建的社会保障制度在高生育率或适度生育率前提下是可行的,一旦进入低生育率时代,社会保障制度将难以为继。但无论怎样,国家层面提供的保障只是基础层面的,一旦个人或家庭遇到问题或困难时,仍然首选家人,其次才是依靠国家、市场和社会去解决,并且中国的小家传统与社区熟人圈层社会也遭遇一定程度的破坏,邻里间关系疏离、社会交往大大减少,也缺少利益与情感等方面的联结,无论城乡,邻里互助大大减少,互助养老的根基不断萎缩。如果生育率长期

---

① 杨华:《"结构—价值"变动的错位互构:理解南方农村自杀潮的一个框架》,《开放时代》2013 年第 6 期;李善峰、张璐:《中国北方农村自杀行为的特点、类型和影响因素——基于一个农业县的田野调查》,《山东社会科学》2015 年第 11 期;贺雪峰:《老无所依在中国——农村老人自杀调查报告》,《文化纵横》2020 年第 6 期。

维持在更替水平之下,人类都会趋于消亡,业已建立起来的社会保障制度也难以维系,互助养老更将是"水中花镜中月"。

二是养老实践的长期性与互助养老的临时性之间的张力。结对互助是一种脆弱的平衡,人类衰老之后面临的病痛、照料与家庭问题异常复杂,解决成本很高,正常家庭都面临"久病床前无孝子"的窘境,市场化的养老服务发展困难重重,也与老人晚年照顾难度高有关,缺乏强制约束力的互助养老更是不可期望过高。

三是农村人口互助能力弱。人口外流叠加高龄化趋势,留守农村的多是老人、妇女和儿童,这些人的互助能力弱。随着年龄的增长,年龄渐长的老年人的身体状况每况愈下,互助能力也因此而快速下降。

四是中国志愿服务基础薄弱。互助养老需要稳定的社区构成、较低的社会流动性、较近的物理距离与人际亲近的社会整合,除具备以上客观条件外,还需要参与者有坚定的志愿服务精神,而中国缺少志愿服务的传统,日渐个体化、原子化的社会文化土壤不利于互助养老的推行。中国人志愿服务精神不彰的主要原因有四:首先,西方国家多拥有基督教的宗教背景,具有志愿服务的社区传统。中国多缺少志愿服务的宗教基础。其次,中国缺少志愿服务的制度基础。例如,西方男性到一定年龄后必须服兵役或参加社会服务,而中国缺少类似的制度安排。再次,西方国家部分女性婚后回归家庭,等子女成年离开家庭后多又会重新回归社会,成为志愿服务的重要力量。而中国鼓励女性外出就业,并将此视为女性独立与性别平等的重要标志。最后,西方人退休后,受宗教等因素影响,多乐于参与志愿服务。而中国人退休后,主要帮助子女料理家务、照料孙辈或弥补以往人生的缺憾追寻新的人生目标,或者干脆享受生活,而很少参加社会志愿服务。

如下图2所示,伴随着社会转型,社会正由小家传统、小集体主义迈向大集体主义时代,个体化趋势愈加明显,个人主义思潮急剧蔓延。少子老龄化、人口迁移流动以及文化传统嬗变使得人际关系疏远,邻里间感情基础薄弱,志愿服务精神缺失造成互助养老"参与积极性不高"。身体衰老的客观规律限制、资源供需调节的价格机制不完善使得"互助互动稳定性差",存在明显的结对互助张力。与此同时,市场化养老服务比互助养老服务更具可操作性和稳定性，同时其服务水平和质量也更有保证。由于其他养老模式替代效应的存在，互助养老和机构养老之间的界限模糊，使其推广不易。因此，在邻里关系疏离、居住格局变化的情形下，互助养老只可能是短期的临时救急式服务，很难持续。农村受限于人口密度低、购买意愿弱与购买能力差等因素，发展社会化养老服务成本高回报低，无法通过规模效应降低成本，因而农村的市场化养老服务之路多走不通，在此情况下还可以保留一些互助养老的情况，实属市场化养老服务模式走不通、政府农村养老服务成本难以承担情形下的社会自救的"无奈之举"。

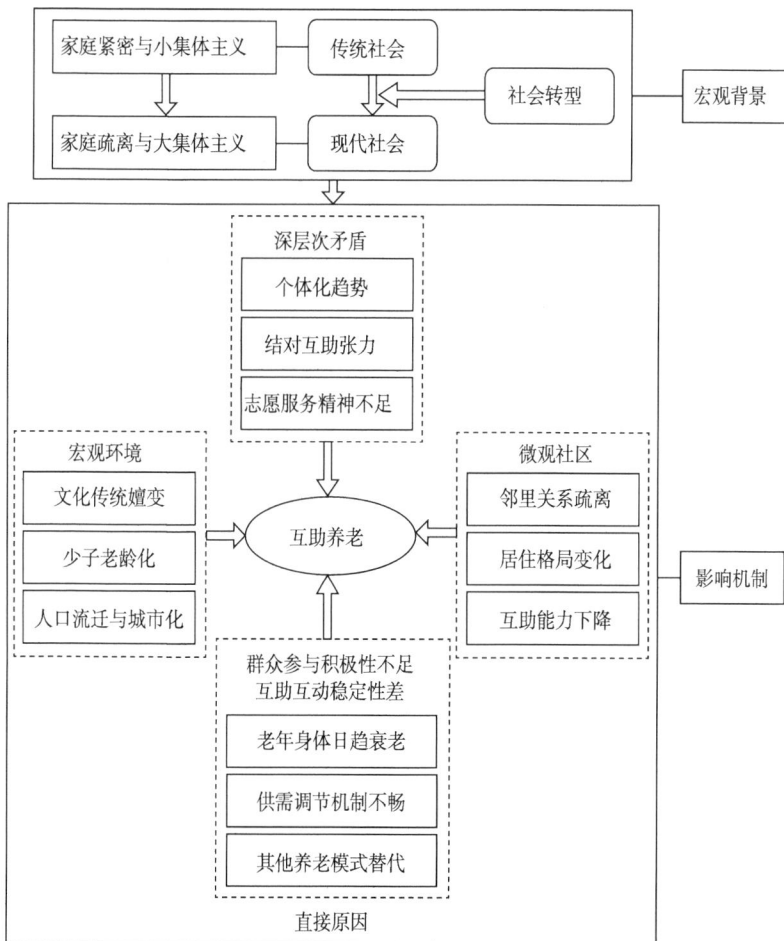

图2　社会转型与互助养老面临的现实困境

五、 结论与思考

（一）结论

以"孝"为核心思想的家庭养老曾经是中国社会赡养关系的主流形态。时至今日，"孝"仍然是华人社会中非常重要的价值观与德行。子女孝顺是老人之福，低龄、健康、夫妻双方都健在的老人多会首选家庭养老、子女尽孝。在传统乡土社会，生产力低下与预期寿命短，互助养老选择族内"过继"、姻亲"入赘"等准制度形式，符合资源交换的平衡律，也因此具有稳固且旺盛的制度生命力，但即便如此，能够享受到这项福利的老人也是少数。现代社会的互助养老虽产生于生产力极大发展的新时代，但由于经济理性成分较少，面临许多现实环境的挑战，以上讨论的文化传统嬗变、人口与居住环境变化、社会关系疏离、人体衰老客观规律等不利因素都影响互助养老的实施。

国家搭建的养老保障多只能提供资金而非服务，多只能提供物质而非精神支持，在少子老龄化时代，后者会变得越来越昂贵且重要。互助养老在精神慰藉、应急帮助等方面有着自身的优势，但随着社会变迁，邻里关系疏离，邻里互动与互助频率均大幅度减少。因此，虽然互助养老在部分农村地区有其可能性，但在城市互助养老大规模铺开的可能性较小。即便是农村，互助养老也仅仅是农村养老的某种补充，很难成为稳定与可依靠的基本形式。如图3所示，在养老服务体系中，应以"自我服务为基础，家庭服务为依托，社会服务为补充，政府服务为兜底"。在补充性质的社会养老服务中，他助为主，互助为辅，无论是邻里互助还是组织互助，都不能与市场机制驱动的他助服务相提并论，且互助养老多不是基于物质需求与长期照料，而是精神依靠。

自力更生、家庭照顾与市场服务是少子老龄化时代的三大养老服务基石。家庭养老的社会化是时代的大趋势，但我们始终要强调，儿女担负的道义责任与赡养责任无论何时都应该坚守。生活上互相照顾、感情上互相慰藉的"老助老"模式适用于健康自理老人，对于失能半失能老人并不合适。因为互助养老缺乏价格机制调节供给与需求，供需双方的耦合是一种非常脆弱的紧平衡，容易因外部因素的影响而中断交易。只有在农村，因为低成本与现实的迫切需求，成为当下农村"微薄"制度化养老保障体系的补充，在未来城

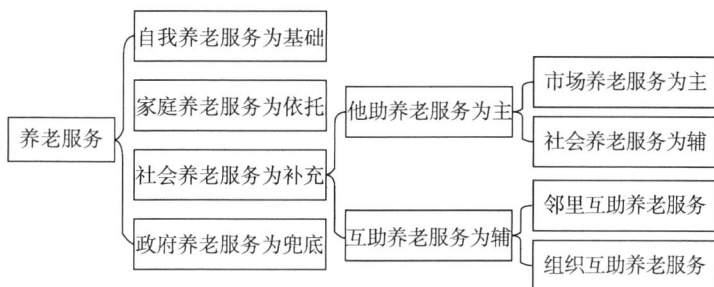

图3　互助养老服务在整个养老服务中的定位与作用

市社区推广,还有许多路需要探索。

（二）思考

1. 互助养老的性质与生发环境

首先,互助不同于志愿服务。志愿服务是不求回报的单方面付出,虽然互助养老不以等价交换为原则,但一定是"有来有往"的。其次,长期养老服务只可能发生在权利与责任对等,资源交换形成一种平衡闭环的情形之下。再次,互助养老更应该是互换而不是接力。互助不应是"有去无回"的接力,互助一方身体健康状况变差后就变成了单向服务,这种服务难以持续。最后,互助养老是一种紧急情况下的临时救助行动。家庭责任以外,互助养老被推崇,很可能会延缓养老制度建设进程。因此,互助服务的底线不能模糊。

2. 养老服务的出路与互助养老的功效

中国现有的互助养老典型多是人为建构的"盆景",不具备推广价值。这些盆景虽建立时间长短不一,但多处在"一花独放"状态,难有跟进者。"老有所养"是一种合乎伦理价值的社会意识形态,至于采用什么样的方式与手段,最终效果如何,目前还很难定论。养老问题公有化是因国家力量的介入,寄希望于自己老去时还有国家养老金颐养天年,这样的制度安排曾经给老人带来安稳的晚年生活,但少子老龄化的趋势很可能打破这一预期,因而使得无论是庞氏游戏式的现收现付接力式养老保险制度,还是完全积累或部分积累式养老保险制度都难以持续,发生在西方国家20世纪70年代的社会福利危机与21世纪的主权债务危机一再给世人敲响了警钟,诞生于西方的现代社会保障制度已经不堪重负,正面临越来越严峻的挑战。

　　互助养老发展必须顺应养老服务需求与经济社会发展客观条件,核心问题是养老责任的激励闭环如何建构:老有所养究竟是谁的责任? 当然,第一责任人应该是自己,年轻时努力工作进行财富积累,含辛茹苦养育子女,晚年时才能过得安心有保障;第二责任人应该是国家,公民依法纳税并缴纳社会保险金,理应得到一定的养老金、基本公共服务与社会福利,在市场机制难以企及的领域帮公民一把;第三责任人是家庭与子女,为养老人提供力所能及的经济支持、生活照料与精神慰藉;第四责任人是市场,为有需求并愿意付费的人提供养老服务;第五责任人应该是社会,为老年人提供低偿或者无偿的养老服务。

　　总结起来,互助养老应是互惠互利的"有偿"服务而不是"雷锋式"的无私奉献,这种服务可不以追求等价交换为目标,也可视作养老服务体系的某种有益补充,但很难作为主要政策方向。

互助养老：中国农村养老的出路*

贺雪峰**

摘　要：未富先老的农村老龄化是一个重大挑战。当前农村家庭养老和机构养老都很难应对农村老龄化，中国农村养老的出路在于发展农村互助养老。从当前发展互助养老的实践来看，有三种重要的互助养老技术受到重视，分别是志愿服务、低偿服务、"时间银行"。遗憾的是，虽然国家一直在推广农村互助养老，但效果并不好，其中的重要原因是实践中相对忽视环境建设，没有将互助养老技术置于村庄社会信任条件下。缺少村庄社会资本，互助养老技术难以良性运转。农村互助养老需要与之匹配的村庄建设尤其是村庄文化建设。以村庄熟人社会和家庭养老为基础的互助养老，为中国提供了低成本、高质量的养老模式，为中国应对老龄化提供了战略选择。

关键词：老龄化　互助养老　"时间银行"　社会资本

中国提前进入老龄社会，农村老龄化程度甚于城市。在快速城市化的背景下，当前中国农村出现了普遍的农民家庭城乡分离，年轻人进城而老年人留守在村。因为家庭分离，之前主要依靠家庭的农村养老变得困难。在可以预期的未来，国家很难承担起主要的农村养老责任。中国农村养老将成为大问题。一般来讲，在农村，农民都有住房和土地，即使没有非农收入，年龄超过 60 岁的农村老年人也会继续从事农业生产，他们从土地中获得的收入足以维持他们一般的生活水平。农村养老的主要问题是当老年人丧失生产能力，

　＊　原载《南京农业大学学报（社会科学版）》2020 年第 5 期。

＊＊　贺雪峰，武汉大学社会学院教授，研究方向为农村社会学。

甚至丧失生活自理能力之后,如何解决他们的生活照料等问题。

农村养老主要有两条途径:一是家庭养老,二是机构养老。机构养老中最典型的是为农村孤寡老年人提供的乡镇幸福院养老。最近几年市场化的养老机构发展迅速,为少数农村老年人提供了养老去处。不过,从目前情况来看,农村机构养老占比很低,且即使孤寡老人也大多不愿意到幸福院集中养老。家庭养老中,老年人身体健康、生活能自理时当然没有问题,而在子女进城、年老父母生活很难自理的情况下,农村家庭养老问题就较多。

除家庭养老和机构养老外,近年来国家倡导互助养老,尤以河北肥乡"互助幸福院"实践引发广泛关注。互助养老可以被视为家庭养老和机构养老以外的第三种农村养老方式,但并非对前两者的替代,而是补充的甚至是以家庭养老为基础的养老方式。笔者以为,中国农村养老的出路在于发展互助养老。

一、 当前农村养老的根本问题

当前中国中西部广大农村地区普遍形成了"以代际分工为基础的半工半耕"家计模式,即农户家庭青壮年劳动力进城务工经商、中老年人留村务农的代际分工模式。城市就业机会多,青壮年劳动力进城在二、三产业就业获利,而丧失了在城市就业优势、越来越难以获得城市就业机会的中老年人返乡务农。进城农民工年龄大了会返乡务农,或农村老年人一般不愿进城,有两个重要原因:一是城市生活成本比农村高很多,在缺少城市就业机会的情况下,回到农村生活,不仅生活成本低,而且可以从农业中获利;二是农村生活是熟人社会的生活,农村老年人可以与土地结合起来,容易产生意义和归宿感。

农民进城有两个不同阶段。第一个阶段是自 20 世纪 90 年代开始,农村剩余劳动力进城务工经商,从城市获取收入用于农村家庭消费。农民进城了,农村却更加繁荣。进入 21 世纪后,越来越多的农民进城务工经商的目的已不再是获利返乡,而是在城市体面安居。不过,对绝大多数进城农民来讲,仅靠有限的务工经商收入很难实现体面的城市安居,也无力将年老父母接到城市共同生活。实际上,进城农民要在城市安居,往往不仅难以承担对老年父母的赡养责任,还需要农村父母用务农收入来支持进城子女艰难的城市生活。这样一来,进入 21 世纪后,农民进城务工经商就不再是向农村输入资源,而是继续从农村汲取资源用于城市消费,农村因此加速了老龄化且更加衰败。[1] 从农村老年人的角度看,如果在城市二、三产业缺少就业获利机会,他们也一定不愿意待在城市,即使子女已在城市买房安居,他们也不愿意在子女家中生活,而愿意回到农村。原因有二:第一,在子女家生活老年人只是消费者,回到村庄却可以与土地结合起来成为生产者;第二,在子女家生活不自由,尤其是在子女家庭经济条件本来就不好的情况下,与子女整天生活在一个屋檐下,简直是受罪。回到村庄就是回到自由自在的熟人社会。不自由毋宁死,回到村庄就自由了。

当前农民进城已经进入第二个阶段,即年轻人开始在城市安居,导致农村资源进一步流向城市,同时,老年人仍然生活在农村。生活在农村的老年人的状况包括养老问题就成为一个重要的社会关切。留守在农村的老年人状况如何? 我们可以对留守老年人依据生产生活情况将其划分为三种类型:一是仍然具有生产能力的老年人,这样的老年人一般都是低龄老年人,身体健康。这样的低龄老年人,通常子女已经成家,父母已经去世,农业生产劳动强度不高,闲暇时间多,就是农村"负担不重的人"。他们收入不高,消费也不高,不太缺钱花,休闲时间多,因此他们进入人生中从来没有过的轻松闲暇时期,真正开启了人生"第二春"。二是不再从事农业生产但生活能自理的老年人。因为不再从事农业生产,收入来源较少,他们成为社会中的消费者,心理上变得相对弱势。又因为生活能自理,依靠自己积蓄、子女经济支持、国家基本养老保险以及自给自足经济收入,他们维持温饱没有问题。三是生活不能自理的失能半失能老年人。他们生活不能自理,需要有人照料,若有子女在村,得到子女照料,生活问题就可以解决;若子女进城了,他们生活就可能变得困难。即使有子女在村,在长期生活不能自理的情况下,"久病床前无孝子",老年人生活质量就不可能高,心理上更加劣势。生活不能自理的老年人一般都是高龄老年人或患病老年人,这样的老年人数量不多,状况不好,他们尤其担心长期生活不能自理的卧床引发"不能好死",所以往往盼望自己死就

---

[1]　贺雪峰:《农民工返乡创业的逻辑与风险》,《求索》2020 年第 2 期。

快点死,不要拖。甚至有些地区农村出现了为不增加子女负担,生活不能自理的老年人自杀的情况。[①]

当前农村养老存在的问题首先就是生活不能自理的老年人的照料问题。生活不能自理的老年人晚年处境会引发道德灾难,并对其他人产生恶劣预期。农村养老必须要解决生活不能自理老年人的照料问题,让他们仍然能感受到体面和生命的价值。具有劳动能力和生活能够自理的老年人,生活当然没有问题,不过,老年人不仅要解决温饱问题,而且要活得有意义。养老不是"等死",而是真正有生产意义与价值的活动,是生产性的而不只是消费性的。留守老年人不仅要得到物质的基本满足,而且需要精神生活,需要生产、生活的意义,需要真正变成可以发挥余热的社会建设者。

当前中国农村养老实践中,最主要的方式仍然是家庭养老,其次是机构养老。从实践来看,无论是家庭养老还是机构养老都存在难以克服的弊病。

如前已述,从家庭养老来看,留守农村老年人因为子女进城而生活无人照料时,往往处境艰难,甚至有些留守老人连基本生活都无法维持。反过来,当老年父母生活不能自理时,进城子女也无法在城市安心务工经商。在当前城市化背景下,农村家庭已产生城乡分离,仅仅依靠家庭养老,对家庭的拖累可能很大,老年人也会感到歉疚,农民家庭因此就会产生强烈的托老需求。在一些地区比如江西宜丰县,笔者调研发现,近年来新成立的几十家托老所,接收因子女外出务工经商而无法得到赡养的老年父母,而这些老人一般都生活不能自理。只要生活能自理,老年人就仍然生活在村庄,但难防意外,且往往生活不是很便利。

从我们调研宜丰县托老所的情况来看,托老所都是民办非企业,接收的一般都是生活不能自理的老年人,收费一般为 2 000 元/月,托老所仅提供基本生活照料,几乎没有精神上的慰藉。老年人精神状态普遍很差,多是"等死"的心态。与民办非企业的托老所有所不同,乡镇幸福院基本上接收的都是孤寡老人,不过,总体来讲,只要有条件,孤寡老人(五保户)一般都不愿意进幸

---

① 刘燕舞:《农民自杀研究》,北京:社会科学文献出版社 2014 年版。

福院养老,因为幸福院割断了老年人的社会联系而成为孤岛,[1]也因此,虽然民政部曾要求全国各地提高五保集中供养水平,但集中供养效果并不好。2017 年暑假笔者在湖北团风县调研,当地民政干部告诉我们,只要生活能自理,几乎所有五保户都愿意生活在村庄而不愿集中到乡镇幸福院养老,其主要原因就在于村庄生活仍然保持了社会联系,同时也自由。

几乎所有调查都显示,农村老年人不愿到机构养老,其中一个重要原因就是进了机构往往也就失去了自由。养老机构之所以会限制老人的自由,是因为养老机构要降低风险,防止老年人出现意外,比如老年人外出意外死亡,养老机构的责任就非常大。为了不出现风险,养老机构一般都会限制老年人外出。同样,为了防止老年人在养老机构出现意外,国家也会对养老机构进行达标检查,尤其消防达标是强制性的。相对较高的安全标准增加了养老机构的投入,也自然会使养老机构的收费标准提高。一些生活不能自理的老年人就可能因为收费太高而难以进入机构养老,而老人在家中养老风险其实更大。不同之处仅在于,在家中出意外,风险自担,而在养老机构出意外,机构要担责。因为在机构养老既无自由,又缺少精神生活,农村老年人除非生活不能自理,否则是不愿进机构养老的,甚至孤寡老人也往往只有在失去生活自理能力时,才不得不进乡镇幸福院养老。

正是在家庭养老遇到困境,机构养老难担大任的情况下,农村互助养老才成为值得期待的重要养老方式。

二、 农村互助养老及其存在的风险

河北省肥乡县(现为邯郸市肥乡区)前屯村首推的"互助幸福院"是比较早、比较典型、影响也比较大的农村互助养老案例。2008 年前屯村利用村集体闲置场地和部分资金资源建造"互助幸福院",幸福院聚集了生活能自理的60 岁以上独居老人的力量及其养老资源,在生活和管理方面实行自助和互助,是一种"村集体办得起,老人住得起,政府支持得起"的互助养老方式。幸

---

① 刘林、豆书龙:《"公共的但不文明"的空间:乡镇敬老院"规训"的在场——基于山东省 H 镇敬老院的个案研究》,《中央民族大学学报(哲学社会科学版)》2016 年第 5 期。

福院的资金以子女提供和村集体提供为主,精神慰藉和生活照料主要靠老年人之间互助提供。① 前屯村"互助幸福院"的做法很快在全县、全省乃至全国推广,如山东省邹城市黄广村"互助养老合作社"安排60岁以上农村"空巢"老人集中居住,村委会将居住地建在有入住需求的老人相对集中的村子,合作社中的低龄老人帮助高龄老人,身体好的照顾身体弱的,自愿结合,相互帮助。

肥乡互助幸福院养老模式得到民政部的充分肯定,并在全国范围内积极推广。不过,从相关调研来看,互助幸福院在全国很多地区"运营效果不理想,甚至部分幸福院已经空置下来"。其中原因是"目前政府在资金、法律法规、服务供给等方面都存在严重的缺位""村集体供给能力不足",以及"社会帮扶供给滞后"。②

我们来分析一下互助养老的优势及其存在的问题。从理论上讲,农村互助养老是相对理想的模式。村庄里都是熟人,国家和村集体建幸福院,提供场地和部分资金,村庄老年人相互照顾。低龄老年人照顾高龄老年人,身体好的老年人照顾身体弱的老年人。老年人已经退出生产领域,有大量闲暇时间,到幸福院一起娱乐,相互照顾,既打发了时间,提高了生活质量,又可以帮助需要帮助的老年人,做了好事,积了德。换句话说,当前农村低龄、身体健康的老年人有大量闲暇时间,利用闲暇时间照顾身体弱、年龄大的老年人,花费时间和精力不多,能互惠并获得好评。既然村庄中有大量低龄的身体健康的老年人无事可做,将他们组织起来互助,照顾身体弱的高龄老年人,等到低龄老年人年龄大了,再由村庄更低龄老年人来照料,互帮互爱,互助养老,岂不很好?

不过,互助养老的实现,需要解决互帮互助的价值衡量问题,即低龄老年人照顾高龄老年人,这个照顾能否得到回报。如果互助幸福院只是村庄老年人娱乐活动的场所,娱乐活动本身就是回报,所有来参加活动的老年人都能从相互交往中获得回报。他们让自己的闲暇变得有趣,觉得时间过得快了。老年精英也可能很愿意组织各种活动,因为组织活动让他们受到尊重,成为

---

① 刘晓梅、乌晓琳:《农村互助养老的实践经验与政策指向》,《江汉论坛》2018年第1期。

② 袁书华:《供需视角下农村幸福院可持续发展对策探究——以山东省LY县幸福院调研为例》,《山东师范大学学报(人文社会科学版)》2019年第1期。

老年人中的领袖,他们会有荣誉感、使命感,即使没有酬劳他们也愿意付出劳动。但在互助养老院,低龄老年人照料高龄老年人,偶尔一次是没有问题的,如要长期坚持则低龄老人必须有高度的使命感、荣誉感以及和村庄团结如一家的共同体意识。不过,在久病床前尚无孝子的语境下,指望低龄老年人长期为高龄老年人提供服务是不太现实的。

因此,现实中就存在互助养老的计酬问题。有两种计酬办法:一种是即时支付,另一种是"时间银行"。即时支付相当于由互助幸福院给照顾高龄老年人的低龄老年人付费,低龄老年人或其他助老服务人员通过提供服务来获得收入。由谁来支付费用?有三个主体:一是国家补助,二是集体支持,三是高龄老年人缴费。这样一来,互助幸福院就接近一个民办非企业的托老所,而与互助养老有了显著差异。

"时间银行"就是由低龄老年人为高龄老年人提供服务,服务时间记录下来换取时间券,作为自己年老时接受服务的凭据。"时间银行"起源于20世纪80年代以来开展的社区互助养老实践,中国最早的"时间银行"出现在20世纪90年代末的上海市。进入21世纪,"时间银行"实践遍布全国。不过,"时间银行"实践困难较多,全国真正成功的案例几乎没有,其主要原因是:劳动成果代际接力的延期支付方式不易得到信任和认同,"时间货币"缺乏统一、规范、科学的计量标准,"时间银行"运行过程中难以做到有效的风险管理,人口流动背景下难以实现"时间银行"的转让、继承及通存通兑。[①] 简单地说,"时间银行"最大的问题是难以准确计量,无法成为标准化的通用的"时间券"或"劳动券"。

因此,互助养老其实也有三种略有差异的形式或模式:第一种,主要依靠自愿服务的模式,低龄老年人自愿照顾高龄老年人,低龄老年人是志愿者,他们从自愿服务中获得友谊、荣誉和意义。等到低龄老年人年龄大了,再指望更低龄老年人来为他们提供自愿服务。第二种,主要依靠即时付费,即有偿服务的模式。低龄老年人提供服务可以获得较低水平的经济补偿(低偿服

---

① 陈际华:《"时间银行"互助养老模式发展难点及应对策略——基于积极老龄化的理论视角》,《江苏社会科学》2020年第1期。

务），从而形成基于利益和责任的对高龄老年人进行的照料。对低龄老年人的补偿水平比较低，因为这些低龄老年人往往有大量闲暇时间，且照料相互熟悉的高龄老年人能获得意义感。互助幸福院也可以付费，但付费远低于市场，这样就可以形成较低成本的养老。第三种是"时间银行"模式。通过严格的劳动时间记录，及复杂劳动与简单劳动的核算，采取劳动成果代际接力的方式开展互助养老服务。现在的问题是不仅存在劳动时间标准化通用化的困难，而且很难形成对时间券的预期，即很难预期现在的服务付出在将来能换回同等服务的回报。

单独来看，这三种模式都存在问题：第一种靠志愿的模式要求志愿者必须有很高的道德水平、信任水平，在村庄社会中几乎不可能长久持续；第二种模式接近机构养老，互助程度比较低；第三种模式与第一种模式存在同样的对环境信任的高要求，因为时间券本质上是靠信任来兑现的。无论是志愿服务、低偿服务还是"时间银行"，都需要有持续运转下去的村庄内部的信任和预期。从当前全国推动的互助养老模式来看，成功的并不多，互助养老远没有成为当前养老的重要补充，更没有成为主要渠道。其中一个关键原因是仅从养老角度来解决养老问题，而没有将互助养老放置在中国农村的语境中，以及没有将农村互助养老放置在村庄社会建设的大背景之下。换句话说，当前中国农村发展互助养老的核心不在于技术，而在于必须要有村庄的信任、认同、预期和价值感、归宿感，或者说关键在于培养村庄社会资本。

三、村庄文化建设是互助养老的关键

志愿服务、低偿服务和"时间银行"三种互助养老模式，某种意义上代表了三种互助技术，离开环境条件，这三种互助技术都很难使互助养老运转下去。或者说，这三种互助技术的运转严重依赖于环境条件，核心是村庄社会资本。一个具有丰富资本的村庄，即使互助技术比较粗糙，充裕的社会资本也可以减少互助过程中产生的各种摩擦，并使互助养老仍然可以良性运转；而如果没有丰富的社会资本作为润滑剂，粗糙的互助技术运转起来摩擦力将会越来越大，最终将会运转不下去。

我们先清理一下思路。在快速城市化背景下，农村互助养老的基本情况为:(1)以前主要依靠家庭的养老变得越来越困难。(2)代替家庭养老的机构养老成本太高且服务太糟,在未来很长一段时期农村养老都不可能主要依靠机构。(3)农村有大量缺少城市就业机会的老年人返回村庄居住,其中绝大多数低龄老年人从事农业生产,农忙时间有限,闲暇时间很多,低龄老年人的机会成本几乎为零,村庄失能半失能老年人数量不多,处境也不好。(4)如果能将村庄低龄老年人的积极性调动起来,为高龄老年人服务,高龄老年人养老问题就可以得到低成本解决。低龄老年人为高龄老年人服务形成"劳动券",等到他们年老失能就可以由更年轻的老年人来接力服务,这样的接力服务不仅低成本解决了养老问题,而且还处处闪耀着人性的光辉。(5)互助技术很关键。不是通过市场和货币而是通过劳动力代际接力来完成村庄内低成本、高质量的互助养老。当前比较常用的互助技术包括志愿服务、低偿服务和"时间银行"三种模式。(6)从目前实践来看,当前三种养老互助技术的摩擦力都比较大,因此都难以持续。降低摩擦力的办法是提供润滑剂,这个润滑剂就是增加村庄社会资本。(7)互助养老的根本不在于技术而在于社会资本,在于村庄建设。仅仅从技术上解决互助养老问题,甚至将"时间银行"规范得与货币一样精确,互助养老也不可能延续下去。互助养老相较于以机构养老为代表的市场养老的优势就在于其不精确,相对模糊,从而为大量未进入市场的劳动力提供了交换机会。"时间银行"相较于货币的优势也在于其不精确和低成本,这大大降低了交易成本,促成了未进入市场的劳动力交换。

在当前中国村庄发展互助养老有很多优势:第一,当前中国村庄有很多有大量闲暇时间的低龄老年人,他们身体健康。这些低龄老年人可以用很低成本动员组织起来照顾高龄老年人。第二,中国村庄都是历史形成的,村庄中不是远亲就是近邻,都是熟人,他们祖祖辈辈生活在村庄,而且村庄仍然是他们的归宿。农村老年人对农村社区的依附感强,[①]从这个意义上讲,村庄熟人社会互助与城市陌生人社区互助基调肯定是不同的。第三,村庄的农户都

---

① 张志元、郑吉友:《我国农村失能老人居家养老服务多元供给思考》,《河北经贸大学学报》2018 年第 5 期。

有宅基地和自己的住房,都有庭院经济,也都有承包地。在当前农业生产力条件下,农村有劳动力的老年人种自家承包地只需要很少时间(农忙时间少于两个月),不仅收获足以解决温饱问题,往往还有余力支援在城市生活的子女。就是说,农村低龄老年人不仅长期生活在村庄,可以轻松地与土地结合起来,而且有大量闲暇时间。让闲暇时间过得有意义,是农村低龄老年人的内在需要。第四,村庄具有良好的自然环境,与自然亲密接触可以怡养天性。无论是庭院经济,还是捞鱼摸虾,既为老年人增加了收入,又证明他们自己仍然有用。

在以上村庄所具备的互助养老优势下,通过志愿服务、低偿服务、"时间银行"等互助技术,就可能将优势变成可以持续的村庄互助养老实践。如何变成实践?第一步,由国家或村集体或社会赞助建设互助幸福院,形成基本的设施条件,甚至可以以民办公助项目的形式给予幸福院一定的运转补助。第二步,组建可以提高村庄老年人生活质量的老年人协会开展各种文化活动。因为文化活动是娱乐性的,可以提高闲暇生活质量,所以村庄老年人就有参加的积极性,老年精英也就有无偿组织老年人文化活动的动力。这些村庄精英觉得自己在发挥余热,做有意义的事情。老年人协会和文艺活动组织起来相对容易,责任也不大。① 第三步,互助幸福院和老年人协会为村庄全体老年人提供了更多的社会交往机会,增加了文化娱乐活动的吸引力,提高了老年人的生活质量。第四步,可以在互助幸福院设立托老床位,接受少量缴费的村庄高龄老年人入住,同时低偿聘请村庄低龄老年人为这些托老高龄老年人提供生活照料。老年人协会同时组织动员村庄低龄老年人为高龄老年人提供志愿服务,或可以记账的"时间银行"服务。第五步,互助幸福院可以为其他老年人提供适当的服务,如送餐服务,也可以收取一定费用。第六步,可以在老年人协会提供托老床,为全村高龄老年人提供日托或全托服务,适当收取费用,国家给予必要补助。第七步,动员全村社会力量形成自愿社会资助体系,依靠本村在外工作的"乡贤"改善互助养老的设施和运转条件。第八步,将村庄低龄老年人组织起来,充分动员低龄老年人为高龄老年人服务,

① 甘颖:《农村养老与养老自组织发展》,《南京农业大学学报(社会科学版)》2020 年第 2 期。

将服务时间纳入类似"时间银行"的记录，并通过村集体收入为服务时间提供一定兑现保证。第九步，形成地方政府的政策指导体系，对区域内互助养老服务提供运营指导。

以上九步中，最为重要的有四点：一是将互助养老置于村庄环境与氛围中，尤其是置于老年人文化娱乐需求基础上，置于老年人协会和老年人活动中心基础上；二是综合运用志愿服务、低偿服务和"时间银行"三种技术手段；三是提供多样化、多层次却并不复杂的互助养老服务；四是强有力的国家资助和指导。

在村庄中，将互助养老作为村庄建设的有机组成部分，依靠村庄自身的组织动员和国家自上而下的强有力指导、支持，农村互助养老就可能运转起来，实现低成本的养老。需要强调的是，互助养老实践的成功主要不是靠技术，而是靠村庄建设所形成的社会资本为养老技术运转提供的润滑作用。离开村庄建设谈农村互助养老等于缘木求鱼。

四、 关于农村互助养老的几个问题

（一）机构养老与互助养老的差异

随着家庭养老功能的弱化，机构养老正在快速发展。大多调查表明，机构养老的服务质量较差，收费较高，机构养老生活缺少关怀与意义，机构养老几乎变成等死。且相对于当前中国农民收入，机构养老收费也过于高昂。

机构养老就是将老年人送到养老机构，由养老机构对老年人进行生活照料的养老方式。养老机构通过聘请护理人员为老年人提供服务，其中最重要的服务是生活照料。到机构养老的老年人一般都是生活不能自理的失能半失能老年人，这些失能半失能老年人聚在养老机构，常会形成一种十分悲观的氛围。养老机构收费不可能太高，为老年人提供的服务不可能太好，且为了防止意外，对老年人行为多有限制，尤其是严格限制老年人外出，因为一旦外出产生意外，对养老机构来说就是重大事故。同时，养老机构必须有各种防止意外的设施，比如消防设施、呼救系统等，养老机构建设投入、聘请护理人员投入、护理人员培训投入以及养老机构管理成本，这几项成本加起来远高于一般农民家庭的支付能力。随着国家对养老机构建设标准的提升，机构养老成本必然居高不下。也就是说,稍微好一点的机构养老服务,其成本和收费就会远高于农户能支付得起的养老支出。看起来在机构养老出现意外的概率越来越小(一个养老机构出现意外事故常会引发对全国养老机构的整改),而造成的后果却是养老成本越来越高,有越来越多的农村老年人无法获得养老服务。实际上老年人留在家中养老出现意外的可能性要远大于在养老机构。

也就是说,随着农村家庭养老功能的衰退,农村产生强大的机构养老需求。国家为了减少机构养老的意外事故、提高机构养老的服务质量,对养老机构提出了规范管理和标准化建设的要求,这些要求提高了机构养老的成本,当然也就提高了养老服务收费,这个收费远超出一般农户的养老支付能力。机构养老质量提高了,而农村老年人却更加承担不起机构养老费用,从而无法到机构养老。

(二) 互助养老与家庭养老

与机构养老不同,家庭养老和互助养老的安全风险都是自担的。在机构养老收费太高且服务质量总体不高的情况下,补充家庭养老的最可靠力量就是互助养老。互助养老的原理和操作实践不再复述。互助养老与家庭养老的关系是:互助养老是以家庭养老为基础的,就是说,村庄绝大多数老年人都住在自己家中,且有生产能力的老年人仍然与土地结合起来从事农业生产,生活能自理老年人仍然生活在家中,只有那些生活不能自理的少数老年人需要互助幸福院的全托服务,当然互助幸福院也可以为失能半失能老年人提供居家服务,比如送餐服务等。

在村庄中,正是依托家庭养老,才可能让村庄低龄老年人有足够方便的途径和时间为高龄老年人提供服务。比如可以低偿聘请低龄老年人做全托护理员或炊事员,可以由村庄家庭负担不重的老年精英("五老"群众)承担老年人互助的组织工作,这个组织工作可以与老年人协会的文化活动结合起来。依托村庄、依托家庭、依托文化建设,以及依托村庄各种社会力量和社会资本,重点为少数生活不能自理的老年人提供生活照料,可以极大地缓解当前农村家庭养老的困境。若志愿服务、低偿服务、"时间银行"等互助养老技术都充分运转起来,村庄对高龄老年人养老服务的质量甚至可以达到较高水平,因为这里既有村庄熟人的社会感情,也有自己人的关心。这些人情、感情和关心,让低龄老年人在照料高龄老年人中获得了自我肯定。他们不仅积累了今后被照顾的"时间券",而且在相互照顾中获得了认同、意义和价值,闲暇生活也就有了质量。

（三）村庄养老

在村庄互助养老中,村庄是一个很关键的要素。具体表现在四个方面:第一,村庄是熟人社会,老年人受到的关怀是温暖的、真诚的。有人情、不冷漠对老年人很重要。第二,村庄容易形成价值生产能力。村庄不仅是每个人的出发点,而且是最后的归宿,生于斯死于斯。第三,村庄与大自然亲近,随时可以通过接触大自然来焕发生命能量。第四,在村庄中可以实现互助养老与家庭养老的互补。

五、 结语

在城市化背景下,农村人财物流向城市,传统家庭养老难以为继。在可以预见的未来相当长一段时期,机构养老不仅存在收费昂贵、农村家庭付不起的问题,而且因为机构养老割断了农村老年人与村庄熟人社会在经济、社会、心理、精神各方面的联系,从而降低了其养老质量。因此,未来中国农村养老的出路为建立在家庭养老基础上的互助养老。互助养老具有理论上的合理性和可能性,其健康运行需要通过具体技术设计来维持。志愿服务、低偿服务和"时间银行"是三种可能的互助养老技术,这三种互助养老技术的持续有效运行,需要有可以为其提供润滑的社会资本。仅仅在技术层面开展工作,互助养老就很难持续。只有将互助养老置于村庄和村庄社会之中,通过村庄环境建设与村庄社会建设,才能建设良性、可持续、高质量的互助养老。

互助养老是农村养老的出路,通过互助养老充分调动农村低龄老年人自愿为高龄老年人服务,低龄老年人通过服务获得了尊重、友好情感、有用感,甚至一定的经济回报,以及对未来的预期,而高龄老年人则一直可以保持与村庄和老年人群体的血肉联系。村庄空气清新,老年人与土地结合、与自然亲密接触,享受蓝天白云、鸟语花香,舒缓的生活节奏和宁静的乡村夜晚,都特别适合老年人生活。在村庄熟人社会中,这种互助养老就不是无奈的选择,而是最优的养老选择。

中国乡村振兴战略为村庄互助养老提供了良好的基础设施条件,也可以提供充分的资源支持。村庄建设使互助养老技术得到润滑,以村庄熟人社会为基础和以家庭养老为基础的互助养老为中国提供了低成本、高质量的养老模式,为中国应对老龄化提供了战略性选择,甚至为中国未来养老乃至全世界的养老提供了重要方案。

自主治理：农村互助养老发展的模式选择*

杨 康 李 放**

摘 要：从"村庄本位"角度提出农村互助养老发展关键在于自主治理。美国"村庄"互助养老的本质特征就是"老年群体本位"自主治理，通过"在地化养老"目标统领、自主组织引领、适应性规则供给、以老年人为基础的资源供给、全过程监督等保证互助养老福利的合作生产与有效供给。深化中国农村互助养老自主治理，需要树立人本主义与合作生产理念，建构以自治基础的合作治理体制，培育自主组织引领的参与式治理方式，完善资源保障、制度供给与多元互助的长效治理机制，从而形成内外协同、上下互动的"发展术"，保障农村互助养老发展的持续性与有效性。

关键词：人口老龄化 自主治理 农村互助养老 社会保障 村庄本位

根据全国第七次人口普查结果，2000 年至 2020 年我国 60 周岁及以上老年人口数从 12 997 万增加到 26 402 万，老年人口占总人口比例从 10.4％上升到 18.7％。① 受劳动人口外流的影响，预计 2030 年农村的老年抚养比将达到79.9％，2050 年将达到 94.7％，农村的养老压力将格外沉重。② 另外，农村养

---

* 本研究是国家社科基金重大项目"农民获得更多土地财产权益的体制机制创新研究"（项目编号：17ZDA076），国家自然科学基金项目"子女抚育与城镇夫妻劳动配置研究：福利挤压的视角"（项目编号：71974099）和江苏省社会科学基金重点项目"江苏增强养老服务多层次多样化供给能力研究"（项目编号：20ZLA011）的阶段性成果。后经修改，发表于《华南农业大学学报（社会科学版）》2021 年第 6 期。

** 杨康，南京农业大学公共管理学院博士研究生，研究方向为农村养老服务；李放，南京农业大学公共管理学院教授，研究方向为农村养老保障。

① 全国第七次人口普查数据是从 2020 年 11 月至 2020 年 12 月进行入户登记的结果。
② 葛延风、王列军、冯文猛等：《我国健康老龄化的挑战与策略选择》，《管理世界》2020 年第 4 期。

老还面临着家庭养老功能弱化、社会养老发展不足等困境。在此背景下，在农村倡导与发展互助养老作为应对人口老龄化与缓解养老压力的重要举措受到国家与社会的广泛关注。然而，不少学者的调研，包括笔者的调研发现，农村互助养老存在着绩效水平不高、运营不佳、资源闲置等问题。[①] 因此，对农村互助养老发展议题的研究是极具现实意义的理论课题。[②]

对农村互助养老而言，自主治理对推动其高质量发展具有重要作用。我国地域辽阔，不同村庄在经济、文化、资源、地理等诸多方面存在着异质性，这就决定农村互助养老需要结合村庄情况采取因地制宜的创新发展策略，"幸福院""睦邻四堂间""处处安""幸福老人村"等众多互助养老模式也印证了这一点。一般来说，农村互助养老主要依托的载体是村庄内部自治力量，即村民自治组织（村委会）、老年自主组织（如老年人协会），即使是外来的社会组织参与其中，也需要依托村庄内部力量支持发挥作用。但是，农村互助养老在推进过程中趋于行政化而忽视村庄内部力量，[③]使得农村互助养老出现了社会参与不足、行政权与自治权冲突、[④]社会力量作用分散[⑤]等问题，从而影响到农村互助养老发展的持续性和有效性。美国的"村庄"不同于中国行政意义的村庄，它是在一定场域内复合了包括老年人、志愿者、市场组织、自主组织等主体在内的具有一定社会关联的"社区"，类似于"幸福院""互助养老中心""日间照料中心"等农村互助养老载体。其通过老年人自组织化推进互助养老的自主治理，在满足老年人在地养老服务需求的同时，激活老年人的主观能动性与"村庄"社会资本，促进互助养老的有效发展。基于此，通过探讨美国"村庄"互助养老的自主治理实践与机理，对深化中国农村互助养老的自主治理实践，解决参与意识薄弱、社会参与不足、社会资源分散、治理结构固化、发展不佳等农村互助养老问题有着重要的意义与价值。

---

① 袁书华：《供需视角下农村幸福院可持续发展对策探究——以山东省 LY 县幸福院调研为例》，《山东师范大学学报（人文社会科学版）》2019 年第 1 期。

② 刘妮娜：《中国农村互助型社会养老的类型与运行机制探析》，《人口研究》2019 年第 2 期。

③ 杜鹏、安瑞霞：《政府治理与村民自治下的中国农村互助养老》，《中国农业大学学报（社会科学版）》2019 年第 3 期。

④ 朱火云、丁煜：《农村互助养老的合作生产困境与路径优化——以 X 市幸福院为例》，《南京农业大学学报（社会科学版）》2021 年第 2 期。

⑤ 刘妮娜：《欠发达地区农村互助型社会养老服务的发展》，《人口与经济》2017 年第 1 期。

一、 自主治理理论：阐释农村互助养老的分析框架

自主治理理论是由诺贝尔经济学奖的获得者奥斯特罗姆（Ostrom E.）在其《公共事务的治理之道：集体行动制度的演进》一书中提出。在此书中，她对既往的公共事务治理途径进行了反思，提出政府与市场的治理各自具有内在缺陷：以政府为中心的治理是建立在信息准确、监督能力强、制裁可靠有效及行政费用成本为零等假设基础之上；私有化无法解决负外部性、市场失灵及垄断等问题。① 根据理论推演及其对美国、菲律宾、日本、瑞士等多个国家的实践考察，创新性地提出自主治理是独立于政府与市场之外的第三种治理模式，并且这种自下而上的治理模式在满足不同主体的合作需求与服务之外，有效克服了政府模式的低效率和市场模式的不公平问题。②

当前，自主治理理论被广泛应用于利益相关、规模较小的公共池塘资源问题的探讨。本文所研究的对象是农村互助养老，内部规模相对较小，主要是由具有熟人关系的老年人组成，他们具有共同的养老诉求，且容易形成相互信任的和谐氛围，也能够通过自身的积极互助与共同生产来供给养老服务，使得内部贴现率较低。同时，农村互助养老内的服务资源（如人力资源）类似公共池塘资源，是一种可以共同使用但又分别享用的资源单位，互助养老倡导形成以老年人为主要行动者或者说以老年人为行动中心的合作治理体制，这与公共池塘资源所指向的自主治理实践具有内在的契合性。另外，农村具有相对宽松的自治环境与互助养老自主治理事实基础，许多农村的互助养老主要是依托内生于村庄内部的自主组织（如老年人协会、村民小组）具体负责互助养老机构的事务管理与服务递送；还有的地方直接依托经由老年人自组织发起的养老组织（如阆中互助养老中心的文娱部/卫生部/生活部）具体负责互助养老的福利生产。因此，应用自主治理理论分析互助养老实践，解构互助养老的自主治理逻辑与机理，对推进农村互助养老的高质量发

---

① ［美］埃莉诺·奥斯特罗姆著，余逊达等译：《公共事物的治理之道：集体行动制度的演进》，上海：上海译文出版社 2012 年版。

② Ostrom，E. "A Behavioral Approach to the Rational Choice Theory of Collective Action: Presidential Address, American Political Science Association, 1997" *American Political Science Review*, Vol. 92, No.1 (1998).

展具有理论与现实指导意义。

与精致的理性人假设不同,自主治理理论从广义理性主义出发,探讨在面对搭便车、机会主义、规避责任等不利情况下,一群相互依赖的委托人如何才能组织起来进行自主治理,取得持久的共同收益。①针对这个问题,奥斯特罗姆做出以下回答:第一,个体行动具有高度情境依赖,并受到内部规范、贴现率、预期收益与预期成本等内部变量影响;第二,从国家理论与企业理论中汲取养分,提出集体行动的关键是委托人如何解决新制度供给、可信承诺及相互监督等问题,而这些问题可归结为集体行动的制度供给;第三,通过对行动情境与行动者的"行动舞台"分析发现长期存续的自主治理原则:清晰界定边界、与当地条件相一致的占用与供应规则、集体选择的安排、监督、分级制裁、冲突解决机制、对组织权的最低限度的认可、嵌套式企业,④具体指向是资源供给、公共参与及其监督机制,是自主治理得以实现的保障机制。

基于良善的自主治理理论,农村互助养老的有效治理与发展需要五个条件:行为动机、制度供给、资源供给、公共参与、监督机制,它们也将成为农村互助养老自主治理的运作机理所在,或者说农村互助养老有效发展关键所在,即动机是否相容、制度是否有效、资源是否丰富、参与是否有效、监督是否适宜。

二、 美国"村庄"互助养老模式的实践考察

(一) 美国"村庄"互助养老模式发展概况

对绝大多数美国老年人来说,他们都希望在家中或者熟悉的社区养老。①如何解决"在地养老(Ageingin place)"所需的养老服务成为其中的关键问题。2001年美国波士顿的一群老年人自发成立了"比肯山村庄"(BeaconHillVillage,BHV),老年人通过缴费成为会员,并负责组织与提供系列无偿/低偿的互助养老服务,有效改善了老年人的在地养老服务状况。随后,"村庄"互助养老模式被广泛复制,在多个州兴起"村庄运动",这些"村庄"分布在城市、城

---

① Feldman, Penny H., et al., *A tale of two older Americas: Community opportunities and challenges* (New York: Center for Home Care Policy and Research, 2004). p.18.

郊及农村地区，为数以万计的老年人提供服务。[①] 2010 年，BHV 与一家非营利性社区发展金融机构 Capital Impact Partners 合作成立全国性村际平台——VtV 网络（Village to Village Network），越来越多以促进在地养老为宗旨的邻里互助组织（如以互助共济为教义，与医院及社区志愿者组织合作提供老年服务的志愿组织 ECHHO）开始加入其中，[②]"村庄"影响力进一步扩大，甚至还扩散至澳大利亚、加拿大、荷兰等国家。

更重要的是，对"村庄"的调查研究表明，"村庄"互助养老对老年人产生积极影响，尤其是对那些参与"村庄"活动与服务供给的健康老人，具体包括降低社会孤独、增加社会支持网络、扩大服务获取、增加养老福祉与老年人的在地化养老信心。[②] 随着"村庄"互助养老活动的开展，还能够在社区范围内凝聚起更强的社区参与意识及参与行动，推动老年友好社区建设与社区服务发展。[③] 当然，如果老年人在其入住"村庄"之前保持了良好健康与社会联系，"村庄"更多的是作为尚未机构化风险的老年人预防模型，旨在降低机构化的风险和其他将来可能出现的有害结果。[④] 值得注意的是，"村庄"互助养老所需资源主要来自成员投入，这使得其生存面临着包括更大的财务储备、人力资源、成员数量、正式的政策和程序以及正式的协作协议等挑战。[⑤]

（二）美国"村庄"互助养老的运作过程

"村庄"互助养老以复杂组织系统为基础开展互助内容与互助福利，因此对"村庄"互助养老模式的实际运作机制考察将从组织视角出发，按照职能内容划分为"目标—管理—服务—评估—支持"5 类系统进行介绍。

---

① 张彩华：《美国农村社区互助养老"村庄"模式的发展与启示》，《探索》2015 年第 6 期。

② Graham CL, Scharlach AE, Price Wolf J. "The Impact of the 'Village' Model on Health, Well-Being, Service Access, and Social Engagement of Older Adults." *Health Education & Behavior*, Vol.41, No. 1s (2014).

③ Greenfield E A, Scharlach A, Lehning A J, et al., "A conceptual framework for examining the promise of the NORC program and Village models to promote aging in place." *Journal of Aging Studies*, Vol. 26, No.3 (2012).

④ Graham, Carrie, Andrew E. Scharlach & Elaine Kurtovich. "Do villages promote aging in place? Results of a longitudinal study." *Journal of Applied Gerontology*, Vol.37, No.3 (2018).

⑤ Scharlach, A. E., Lehning, A. J., Davitt, J. K., Greenfield, E. A., & Graham, C. L.. "Organizational characteristics associated with the predicted sustainability of villages." *Journal of Applied Gerontology*, Vol.38, No.5 (2019).

1. 组织目标

组织理论认为,组织目标体现了组织的价值追求与组织使命,也可以反映组织在社会系统中的角色定位和社会影响,是组织行动、决策、协调和考核的基本依据。在"村庄"互助养老中,"村庄"是老年人自我形成的从事非营利性为老服务的公益组织,以延长老年人的在地化养老时间为目标,即使后来由村际网络进行孵化,"村庄"仍是以老年人为服务目标,旨在通过互助服务供给提升老年人的在地化养老能力,从而尽可能延长在地化养老时间。

2. 管理子系统

一般来说,"村庄"内部设有理事会和委员会。理事会具体负责监督"村庄"(包括委员会)的日常活动及其运行;委员会多是根据活动的需要而设置,具体负责相应活动与事务的开展,如活动策划委员会、志愿者委员会等。在岗位上,通常会设置执行理事、协调员,其他岗位根据实际需求做相应调整。其中,执行理事负责处理"村庄"行政事务;协调员负责协调"村庄"的会员与志愿者所面临的问题。并且,为了降低"村庄"的运营成本,在雇员的使用上会优先考虑会员,在办公地点及方式上采取灵活途径,如网络办公、教堂办公等。

3. 服务子系统

从服务角度来看,具体的服务包括志愿者提供的互助服务,涉及交通服务(志愿者担任司机满足便捷外出需要)、生活照料、精神慰藉、文化娱乐、机构管理(负责理事会/委员会事宜)等;外部服务商提供的专业性互助服务则可补充志愿服务不足,涉及健康护理、康复保健、家庭/汽车维修、房屋评估与改造、理财/法律咨询、远距离交通等等。其中,志愿服务是由理事会/委员会成员从组织层面展开,也有的是志愿者直接面向会员提供;专业服务则是由经过"村庄"审核与备案的服务商提供,服务商可按照合作协议提供服务,甚至可以协议价提供优惠服务,或是无偿提供服务。上述"村庄"养老服务创新性地采取以消费者参与为基础的志愿互助与专业互助相结合的供给方式有效满足成员的在地养老需求。首先,委员会通过社会调查、会员自发的诉求表达等方式掌握会员的养老服务需求。其次,委员会根据会员需求衡量"村庄"所能提供的服务规模与内容,并在"村庄"所在社区及其周边遴选外部服务商建立合作关系,补充满足会员的养老需求。可以说,这是一种以会员需求为基础的"无偿＋有偿""志愿服务＋专业服务"相组合的服务递送策略。

4. 评估子系统

"村庄"采取的是内部评估方式,评估主体是"村庄"组织和"村庄"会员,评估内容包括"村庄"的日常运行与"村庄"的养老服务供给。一方面,由会员选举成立的"村庄"理事会作为独立组织具体负责监督"村庄"日常活动的运行状况。另一方面,"村庄"会员作为"村庄"的中心行动者,贯穿于"村庄"各个运行环节,使得他们能够积极发挥自身的监督与评估作用,如他们可以通过行使投票权的方式间接对"村庄"进行评估与监督,也可以直接参与理事会、委员会、"村庄"的建设过程,还可以作为服务对象对"村庄"活动与服务进行评估与反馈。

5. 支持子系统

支持子系统主要包括"村庄"平台发展所需的资金、人力、服务等资源。首先,"村庄"的资金主要来源是会员缴费与社会捐赠,少部分"村庄"可以从政府与村际网络获取资助。会员缴费水平因"村庄"和会员类型的不同而存在差异。具体的会员类型包括准会员、社会会员、个人会员、家庭会员(不多于两人的家庭户)、年费会员与终身会员等六类。相关的数据调查指出,个人会员的年费为35—900美元,家庭会员的年费为75—1 200美元,终身会员的年费为100—3 000美元。[3]部分存在特殊情况(如经济困难)的会员也可以享受到费用减免。社会捐赠包括活动筹资、个人/非营利组织的资金、实物、股票基金等。其次,"村庄"人力资源主要源于老年会员,他们扮演管理者、组织者、志愿者、服务者等多重角色。"村庄"也会根据活动与发展需要进行外部招聘,邀请执行理事具体负责"村庄"的日常行政事务。最后,外部服务资源主要包括村际网络与服务商,他们可以通过专业服务、"村庄"营造、物质支持等增强"村庄"发展能力与水平。对全国86%的"村庄"调查表明,"村庄"平均与2.3个其他社区组织有正式的合作协议,包括家庭保健机构、医院、社会服务机构和高级住房供应商,[1]还有部分超市与商场也会将生活用品低价出售

---

① Scharlach, Andrew, Carrie Graham & Amanda Lehning. "The 'Village' model: A consumer-driven approach for aging in place." *The gerontologist*, Vol.52, No.3 (2012).

给"村庄",村际网络会组织年会与联系外部基金会/服务商促进"村庄"交流和提高"村庄"发展能力。

三、"村庄"互助养老的运作机理："村庄"自主治理

美国"村庄"互助养老实质上是发挥老年人服务提供与治理功能的自主治理模式,且这种自主治理的本质特征是"老年群体本位",涉及老年会员的"自我形成、自我发展、自我治理",其有效发展关键是从行为动机、制度支持、资源供给、公共参与、有效监督等出发,建构主体联动,资源协同的集体行动局面,在促进互助养老福利生产的同时也保证了互助养老服务绩效。

（一）行为动机："在地化养老"目标统领

行为动机是"村庄"互助养老主体对成本与收益判断而做出的行动决定。"村庄"互助养老包括外部服务商、志愿者、老年人等主体,他们具有不同的行为动机。其中,外部服务商的行为动机主要是市场利益导向,志愿者的行为动机主要是道德层面的公共服务精神,老年人的行为动机主要是获得更好的养老体验。尽管他们的动机不一,但具有共容性,服务商通过服务供给而获利,老年人通过服务获取实现在地养老。更重要的是,在"村庄"场域中,不同行为动机内在统摄于"村庄"目标,即通过邻里与专业的互助服务延长会员的在地化养老时间。或者说,只有那些认可"村庄"价值与目标的老年人、服务商才能够进入到其中。实质上,"村庄"经老年人自发成立到村际网络孵化,其存在的意义在于满足参与老年人的养老需求,延长在地化养老时间。可见,"村庄"的自主治理是以共同在地化养老需要为利益基础的构建机制,是其开展"村庄"互助内容、服务老年会员的行动指向,这有助于解决多元主体间价值冲突与利益相融问题,建构公共价值与群体认同感,进而保障互助养老活动的有效开展。

（二）公共参与：自主组织引领

公共参与是指利益相关者共同参与到公共决策、资源配置、治理运作等公共事务治理的过程。[①] 自主治理强调资源占用者的自主性与治理功能。对

---

① 金一虹:《嵌入村庄政治的性别——农村社会转型中妇女公共参与个案研究》,《妇女研究论丛》2019 年第 4 期。

互助养老来说,老年人既是资源占用者,也是重要的资源供给者,因此需要将老年人有效组织起来,形成规模化养老需求与服务主体,在此基础上与多样化、规模化、专业化的互助服务规模供给主体对接,在满足养老服务对象需求的同时保证"村庄"持续有效发展。因此,"村庄"互助养老在其公共参与中的核心问题是切实地将老年群体组织起来参与到互助养老的福利生产。一方面,"村庄"积极通过会员选举、自组织等组织化机制培育自主组织(即理事会/委员会),赋予自主组织相应"村庄"组织管理权力与任务,而那些经过自组织机制成立起来的自主组织因为贴近老年人本身而能够组织更多的力量参与到"村庄"中,适应"村庄"互助养老需要。另一方面,自主组织在"村庄"事务管理、互助养老服务递送、过程监督等治理环节建构社会参与路径,使得老年人能够发挥自身的主观能动性,成为"村庄"决策、运行与服务中的行动中心。

(三)制度支持: 适应性规则供给

著名的经济学家诺斯指出,制度是社会场域中的博弈规则,通过对场域内部系统及主体间互动的构成作用来降低社会场域的不确定性因素,形成稳定性社会结构,推动社会的良性发展。[①] 根据诺斯的观点,制度可以看作是一种结构化运行规则,是降低互助养老风险因素的重要手段。制度的意义还在于对资源配置、结构运行等影响而成为互助养老福利生产的关键性因素。可以说,"村庄"互助养老的有效发展需要以相应的制度规范为前提条件。具体的实践中,"村庄"建构起一系列组织管理与服务递送制度以保证"村庄"发展与服务的有效性,如"村庄"通过会员选举、志愿者无偿兼职、灵活办公、委员会自组织等降低"村庄"组织化运作成本和提高行动效率;建构服务需求调查、志愿服务供给、专业服务供给等制度确保养老服务多样化与精准化。这些制度体现出"与当地条件相一致的占用与供应规则"及"集体选择的安排"的治理原则。通过这些适应性规则供给,极大地促进"村庄"互助养老福利生产与再生产,保证老年人切实地享受到在地化养老服务。

(四)资源供给: 以老年人为基础

"村庄"互助养老的持续有效发展需要相应的资源支撑。一方面,"村庄"

[①]　[美]诺斯著,杭行译:《制度、制度变迁与经济绩效》,上海:格致出版社2014版。

发展所需的资金主要来自老年会员缴费,同时老年人还充当着"村庄"治理者、服务者、志愿者等角色,既参与及负责"村庄"事务管理与活动组织,也力所能及地提供"村庄"互助服务。当然,"村庄"也会通过社会捐赠、村际网络平台、签订合作协议等途径寻求外部资源来补充老年力量的限制,增强"村庄"资源储备丰富性与专业性。另一方面,为了保证资源利用效率与互助养老福利供给,"村庄"会在老年会员需求调查与话语表达的基础上,将老年会员的自主选择与"村庄"动态管理相结合进行资源供给,使得服务资源与服务需求间建立有效联系。可见,"村庄"互助养老的资源供给是以老年人为基础,将"老年资源与外部资源"与"老年人需要的养老内容"连接起来,促进资源的最大化利用和提高产出绩效。但也需要说明的是,正因为"村庄"互助养老是以老年人为资源基础,所以老年会员数量及其服务能力成为制约"村庄"发展的重大挑战,甚至在全球经济衰退环境下呈现衰退趋势。

（五）有效监督：全过程监督机制

有效监督是解决"搭便车""机会主义"等集体行动困境的重要措施,也是"村庄"互助养老的行动主体和各项资源共同生产以实现公共利益最大化的保障机制。"村庄"互助养老的监督机制主要包括:(1)"村庄"内部的自我监督,主要体现在"村庄"互助养老各项规范制度、运行机制的执行实践之中;(2)"村庄"组织的外部监督,理事会对"村庄"日常活动与运行及其委员会的工作内容进行审计与监督,保障"村庄"互助养老的有序进行;(3)全体老年会员的监督,老年会员是"村庄"的管理者、组织者、服务者、服务对象,在"村庄"的各个环节中发挥着重要作用,因此老年会员能够从整个环节对"村庄"工作进行监督。可以说,"村庄"体现出"老年群体本位"治理特征,即依托老年群体来建设"村庄"互助养老,积极发挥老年群体在"村庄"治理与互助服务中的作用,进而实现了对"村庄"的全过程监督。

四、中国农村互助养老的"自主治理"路径指向

通过对美国"村庄"互助养老分析发现,"村庄"互助养老发展框架是基于"老年群体本位"的自主治理模式,这种治理模式包括三个层面:一是自主组织的培育;二是组织引领"村庄"互助共同体生成;三是以老年人为基础的"村

庄"多元主体与多方资源的协同供给服务。实质上，"村庄"互助养老代表"建构'村庄'场域基础上的内外协同"发展技术，这种实践模式更加注重挖掘"村庄"本身及其所在场域内资源，激活"村庄"内生动力，寻求外部力量弥合"村庄"内生力量限制，进而促进互助养老发展与治理的有效性。从自主治理来看，在秉承"内生性"理论精髓基础上，将"'村庄'内部互助共同体"与"外部支持力量"连接起来，通过"内外协同"来促进"村庄"的可持续发展，保证互助养老服务的福利输出。

　　与美国"'村庄'内外协同"的自主治理发展模式相比，中国农村的互助养老带有"自上而下"的发展特征，主要体现在通过"压力型体制"推进基层互助养老建设、"中心—边缘"的政府治理结构广泛存在、自治/社会力量尚未得到有效挖掘。这种"自上而下"发展模式使得农村互助养老过度依赖政府治理，而广大农村的村情村貌决定了互助养老的发展根本在于乡村本身而非行政或者说政治力量，具体表现在：一是从村庄本身出发考虑互助养老，如果忽视内在村庄情境而去建设互助养老，极有可能出现发展动力不足，导致资源浪费；①二是将互助养老寓于乡村善治之中，②通过村庄、村民建构互助养老平台，解决村庄内老年人的养老问题。而乡村本身可能存在能力桎梏，因此需要借助外部力量，尤其是政府与社会组织的力量，实现农村互助养老的有效发展。但在"跨越体制内外"治理情境下，如何解决内生力量与外部支持的互动与协同，尤其是平衡政府治理与乡村善治的协同联动，是推进中国农村互助养老发展需要回应的现实问题。因此，借鉴以"老年群体本位""内外协同"为特征的美国"村庄"自主治理模式，对反思中国"自上而下"的农村互助养老实践，促进内外协同、上下互动的自主治理格局具有理论与现实意义。

（一）治理理念：人本主义、合作生产

　　中国的农村互助养老涉及政府、村委会、市场/社会组织、家庭、村民等多元主体，这些主体的行为动机不尽相同，既包括政府绩效导向的行为动机，也包括经济利益导向的行为动机，还包括老年需要导向、公共服务精神导向的

---

① 万颖杰：《村庄本位视角下农村互助养老的发展困境与应对策略》，《中州学刊》2021年第6期。
② 刘妮娜：《中国农村互助型社会养老的定位、模式与进路》，《云南民族大学学报（哲学社会科学版）》2020年第3期。

行为动机,使得不同主体在具体行动中表现出不同价值诉求与行动逻辑。如此,要想保障农村互助养老的持续收益,就必须规避价值冲突与矛盾,内在整合不同行为动机形成公共价值。美国"村庄"在承认多元主体行为动机差异基础上,以老年群体的内在养老需要整合不同主体的价值取向,倡导多元主体的合作生产来保证互助养老的福利输出。因此,中国应逐步摒弃"行政主导"与"政府依赖"理念,需要政府、村委会、市场/社会组织、自主组织等多元主体树立人本主义理念,坚持"老年人"中心地位,善于用各种互助养老福利生产方式,挖掘老年人内在需要,输出更符合村庄老年情境的公共决策,并针对老年人提供个性化互助内容,使老年人能够切实地享受到互助福利。与此同时,需要建立合作生产理念,倡导老年人积极参与互助养老福利生产,并在其积极作用过程中,与其他主体建构信任与合作关系,利用彼此资源与力量,实现主体与资源的最优配置或最大化服务结果输出。简言之,农村互助养老的有效发展或者说自主治理,需要不同主体形成基本认识,即确定老年人主体性地位,形成以老年人为行动中心或者说以老年人为主要行动者的合作生产互助养老福利行动。

（二）治理体制:"自治基础"上的合作治理

农村互助养老的有效发展离不开多元主体作用,更需要多元主体形成良性合作关系。现实中,农村互助养老多元主体间各自为政,尚未形成有效合力,影响发展质量与服务绩效。为此,需要社会发展多元主体的能动性与创造性,在多元主体间建构起合作治理体制,主要是在政府治理、乡村治理、市场/社群治理间形成嵌入性关系,实现农村互助养老发展及其福利供给的有效性。具体的合作治理体制建构,美国"村庄"的实践经验是以自治为主,发挥"村庄"内部组织力量整合不同参与主体的力量,以促进"村庄"的建设与发展。事实上,农村互助养老在实践中多是以村庄为载体,依靠的是村庄内部的自治力量,而这些自治力量可以对村庄社会产生较大影响力,动员更多的力量参与到互助养老建设与发展。更重要的是,老年人是最了解自身需求的人,激发老年人的积极投入与自治功能,也能够为其他主体的作用提供润滑剂,保证互助养老绩效生产。可以说,以"自治"为核心的农村互助养老是其发展的精髓,而这也恰恰是当前农村互助养老缺失的关键性内容。因此,农村互助养老需要转变政府治理体制，建构"自治基础上的合作治理体制"，积极发挥农村自治组织的组织与协调作用，尤其是通过老年人自主组织来整合农村互助养老中的资源与力量，使得农村互助养老构筑起功能协作、资源协同的互助共同体，从而将资源与力量切实地转化为互助养老的持续经营与服务递送，输出符合农村老年人需要的福利内容。

（三）治理方式：自主组织引领的参与式治理

自主治理并不限定是自主组织的治理，同样存在着其他治理力量的参与及作用，比如，政府可以通过促进型制度环境与资源支持激励社群成员与自主组织行为而对自主治理的有效运作产生积极影响。[①] 美国的"村庄"互助养老经验表明，"村庄"自主治理涉及"村庄"内生力量，也涉及"村庄"外部力量，而如何将外部力量转化成为互助养老的内生动力以及能力是其中的关键，这亦是当前中国农村互助养老面临的重要难题。在具体的实践中，美国"村庄"互助养老通过积极培育"村庄"自主组织，赋予自主组织相应治理权责，发挥自主组织整合资源、引领协同的优势，在保障互助养老有效性的同时激发起老年人的认同感与归属感。

在未来，我们需要培育以老年人为主体的自主组织，使其成为农村互助养老的中坚力量，打破政府治理、市场治理、社群治理的旧格局，并在多元组织间形成参与式治理方式。首先，构建认同机制，提高互助养老的参与意识。通过在组织管理、服务递送、监督评估等环节建构社会参与机制，使得不同的力量能够参与到互助养老发展与治理过程，提高互助养老归属感与认同感，为不同力量的能动作用注入动力源泉。其次，注重赋权增能，提升参与能力。实现参与式治理，关键是对老年主体与养老自主组织赋权。通过需求调查、成立老年自主组织、监督管理等机制赋予老年主体相应话语与治理影响力，使得他们的声音与话语能够切实地被政府、村委会、社会/自主组织等主体所听见，增强互助内容与治理决策的有效性；通过积极发挥政府、村委会、专业社会组织的作用积极孵化互助养老自主组织，并注意以政策空间创造、资源

---

① 谢康、刘意、肖静华等：《政府支持型自组织构建——基于深圳食品安全社会共治的案例研究》，《管理世界》2017 年第 8 期。

支持、能力培育等措施增强自主组织的合法性与组织能力,同时通过治权下沉积极发挥自主组织促进资源与主体间协同联动的使动作用。最后,搭建协商与信息交流平台(比如理事会/委员会/时间银行),为基层政府、乡村干部、社会组织、社会力量、市场力量、老年人创造出对话空间,提高集体行动效率与效能,在保障老年人的服务需求的同时促进农村互助养老高质量发展。

(四)治理机制:资源保障、制度供给、多元互助

农村互助养老要想使资源占用者持续受益,就需要建立和完善长效治理机制,巩固农村互助养老成果,产生良好社会效益,实现个人、家庭、政府和社会四个层面的多赢效应。[①] 从美国"村庄"互助养老实践来看,"村庄"的成功之处在于:立足于"村庄"已有社会网络,因地制宜建构起一套行之有效的互助养老福利生产机制。目前,中国农村互助养老总体上面临着养老服务资源匮乏,但农村社会不同程度上保留着礼俗秩序、熟人关系、互助传统等互助养老生产要素基础,政府补贴、政府项目、村集体支持、社会捐赠、老年人缴费等提供了更多资源渠道。未来需要关注的重点是:如何在已有条件上因地制宜地探索互助养老内容与治理机制,以"在地化"设计来实现"低成本—高效率"的互助养老。

具体来看,农村互助养老需要立足中国国情解决三个重要问题:一是资源保障,即政府、村集体、村委会、市场/社会组织、自主组织、家庭、老年人等诸多主体形成多支柱资源供给体系,确保农村互助养老的长效运转所需要资金、人力、服务等资源。即使没有政府投入,美国"村庄"通过探索会员缴费、社会动员、外部合作等方式来解决内在发展需要,这表明政府并非总是互助养老资源的绝对供给者,其可以通过助推机制培育与激活农村互助力量。同时,也需要深入挖掘农村互助养老场域内的教育、医疗、物质、组织、人力等社会资源解决互助养老的组织管理与服务递送问题。二是制定适合农村实际情况的互助养老制度。具体在制度设计过程中,需要积极吸纳不同利益相关者参与,尤其是发挥老年人的能动性,建构起老年人本位的机构运转与服务递送制度体系,健全人人参与、全过程全时段的监督机制,并根据互助养老机

---

① 杨静慧:《互助养老模式:特质、价值与建构路径》,《中州学刊》2016 第 3 期。

构发展与老年人需求变化不断调整制度内容,保障制度的科学性与有效执行。三是确立适应老年人养老服务需要的多元互助内容。多元互助的核心是服务,既包括经济保障层面的互助内容,也包括服务保障层面的互助服务。具体在多元互助内容上,需要调查互助养老服务对象所需的服务内容与服务消费能力,设计志愿/专业服务、无偿/低偿服务相结合的互助养老技术,提高多元互助服务水平与质量。

合作社养老的实践形态与发展路向[*]

李　俏　孙泽南[**]

摘　要:合作社不仅是一个互助经济组织,更是一个社会服务组织,当前已通过土地置换、文化创新、资金互助和劳动自养等方式融入农村养老供给的具体实践,并在提高经济收益、推动农村社区营造和增进老人福祉方面发挥了积极效应。土地改革的推进、城乡居民医疗保险的推广以及互助养老运营补助的激励,为合作社养老的运行提供了制度条件,而合作社养老所具有的自主吸纳和灵活适应特点也助推其成为接地气的互助养老形式。然而,合作社养老在实践中还存在受益覆盖面较窄、服务水平不高、可持续动力不强等瓶颈问题,在未来的发展过程中应抓住乡村振兴的发展机遇,在城乡融合、产业融合、服务融合、市场融合四个方面进行突围。

关键词:乡村振兴　合作社养老　社会保障　互助养老

一、 合作社养老的研究现状

乡村振兴战略的顺利实施,不仅需要外生力量的支持,更需要激发农村社区的内源动力。从本质上讲,乡村振兴就是要通过乡村自组织的深度参与,配合政府适度调控,同时发挥社会组织作用,促进乡村产业的升级和社会

* 本研究是国家社科基金一般项目"乡村振兴背景下城乡互益性养老的实现路径研究"(项目编号:21BSH163)的阶段性成果,后经修改,发表于《华南农业大学学报(社会科学版)》2022年第3期。

** 李俏,江南大学法学院社会学系教授,研究方向为农村养老与代际关系;孙泽南,江苏大学管理学院博士研究生,研究方向为农村公共服务供给。

的发展。[①] 而合作社作为一种扎根于农村社区、兼具经济和社会双重属性的互助性经济组织，是农村内生力量和村民自组织的重要表现形式，在实践中除了发挥其经济效能以外，还广泛地参与包括农村养老服务在内的农村公共服务供给，从而为农村社区治理和公共服务创新提供了新思路。在此背景下，深入探讨合作社养老的实践机制，厘清其发育条件与功能定位，并进一步指出发展路向就成为一个兼具理论价值和现实意义的重要问题，这不仅有助于拓展合作社研究的理论框架与视野，为深化农村养老研究提供新切入点和新思路，还可为探索合作社发展方向提供现实参照，为助力乡村振兴战略实施提供经验参考。

合作社养老作为一种新兴养老模式，属于农业经济学、社会学、人口学的交叉研究领域，目前国外学术界明确有关这一主题的研究成果并不多，这主要是因为国外的农村养老问题还没有像中国这样严峻，对合作社发挥社会功能要求并不迫切。[②] 在国内，虽有少量研究触及合作社养老，但多停留于个案描述，[③]缺乏理论层面上的思考，因此相关论述主要散见于合作社功能和农村养老模式的研究成果中。对于合作社功能，学术界多侧重从经济学、管理学的角度展开分析，主要关注到如下一些问题：一是合作社对农业生产的作用，即合作社的生产功能。如：流转农户土地，实现生产规模化；[④]应用先进技术，实现生产现代化；[⑤]购置大型农机，实现生产机械化；[⑥]促进产业融合，实现生产综合化；[⑦]等等。二是合作社对农民增收的作用，即合作社的增收功能。

① 渠鲲飞、左停：《乡村振兴的内源式建设路径研究——基于村社理性的视角》，《西南大学学报（社会科学版）》2019 年第 1 期。
② 刘同山：《应重视农民合作社的社会功能》，《中国农民合作社》2017 年第 4 期。
③ 肖飞：《农村互助合作组织是推动农村发展的重要力量——对河南信阳市平桥区夕阳红养老资金互助合作社的调查》，《中国农民合作社》2013 年第 7 期；汲朋飞、王健、张彦立：《借力农民专业合作社打造新型农村养老模式》，《中国集体经济》2015 年第 13 期；陈云霞：《江苏省宜兴丰汇水芹专业合作社互促互帮以产业实现养老》，《中国合作经济》2017 年第 4 期。
④ 梁红卫：《基于农民专业合作社的农地规模经营模式探讨》，《经济纵横》2010 年第 4 期。
⑤ 韩国明、安杨芳：《贫困地区农民专业合作社参与农业技术推广分析——基于农业技术扩散理论的视角》，《开发研究》2010 年第 2 期。
⑥ 穆娜娜、孔祥智：《合作社农业社会化服务功能的演变逻辑——基于仁发合作社的案例分析》，《财贸研究》2019 年第 8 期。
⑦ 李明贤、刘宸璠：《农村一二三产业融合利益联结机制带动农民增收研究——以农民专业合作社带动型产业融合为例》，《湖南社会科学》2019 年第 3 期。

如：统购统销，提高农户市场地位；深入加工，提高产品附加值；[①]创建品牌，提高产品知名度；[②]等等。三是合作社对农村社会的影响，即合作社的社会功能。如：推进乡村社会治理、[③]重塑村级组织、维护农民权益、[④]提升农户社会资本等。[⑤] 总的来看，学术界对于合作社功能的讨论空间是在不断拓展的，从经济功能逐渐扩展到社会功能，关注到合作社在适应农业生产、农民增收和农村制度安排方面的变化，但对于农村人口老龄化问题关注较少。

对于农村养老模式，学术界从不同层面提出了创新的思路与方法，如：发展城乡融合的养老服务新模式，通过开发农村健康养老产业来带动农村养老服务水平的提高；[⑥]建立农村"整合式—网格化"的养老服务模式，通过资源整合和"网格化"管理来实现资源效用最大化；[⑦]探索村社内部的互助养老模式等。[⑧] 其中，农村互助养老是将"自助—互助"（守望相助）理念寓于社会养老之中，把老年人力资源组织动员起来作为主要服务力量，为老年人提供互助型社会养老服务的新型社会养老模式。[⑨] 在具体实践中，农村互助养老一般包括生活互助、文化互助、经济互助等。严格意义上来说，合作社养老本身就属于一种农村互助养老模式，但与互助幸福院等偏重于生活互助的实践形式不同，合作社因与社员具有稳定的利益联结机制，更注重在经济互助的基础上开展生活互助。相关研究发现，互助幸福院在具体实践与推广中的效果并

---

① 郭晓鸣、廖祖君、付娆：《龙头企业带动型、中介组织联动型和合作社一体化三种农业产业化模式的比较——基于制度经济学视角的分析》，《中国农村经济》2007 年第 4 期。

② 李大垒、仲伟周：《农民合作社、农产品区域品牌与乡村振兴》，《深圳大学学报（人文社会科学版）》2019 年第 6 期。

③ 胡平波、罗良清：《农民多维分化背景下的合作社建设与乡村振兴》，《农业经济问题》2020 年第 6 期。

④ 王艳、杨文健、彭婧：《妇女佣工自组织：农民专业合作社的微观基础——基于宁夏青铜峡市 D 村的调查》，《北方民族大学学报（哲学社会科学版）》2017 年第 1 期。

⑤ 张连刚、陈卓：《农民专业合作社提升了农户社会资本吗？——基于云南省 506 份农户调查数据的实证分析》，《中国农村观察》2021 年第 1 期。

⑥ 杜鹏、王永梅：《乡村振兴战略背景下农村养老服务体系建设的机遇、挑战及应对》，《河北学刊》2019 年第 4 期。

⑦ 原新、周平梅：《农村"整合式—网格化"养老模式探索研究》，《河北学刊》2019 年第 4 期。

⑧ 贺雪峰：《如何应对农村老龄化——关于建立农村互助养老的设想》，《中国农业大学学报（社会科学版）》2019 年第 3 期。

⑨ 刘妮娜：《互助与合作：中国农村互助型社会养老模式研究》，《人口研究》2017 年第 4 期。

不十分理想,不仅自上而下的压力型体制在一定程度上影响到互助养老的良性发展,引发各地不断刷新建设数字飙升的短期行为甚至作假的行为,[①]且受运行成本限制,其覆盖范围较为有限。[②] 因此,加强对于合作社养老这一实践形态的分析,可为深化农村互助养老研究提供新切入点和新思路。

基于此,文章尝试在学科交叉的基础上,将合作社功能拓展与农村养老模式创新纳入同一视域进行分析,深化对于乡村振兴背景下合作社养老现象的解读,并加强对合作社养老实践形态与制度条件的阐释。考虑到当前相关研究对于合作社养老的复杂性揭示不足,文章通过文献整理与网络搜索,采用多案例分析的方法,选取了五个涉及供给养老服务的合作社,并于 2018 年7—8 月和 2019 年 4—5 月展开了实地调研,获得了第一手资料。这五个合作社分别为:江苏宜兴丰汇水芹专业合作社、湖北赤壁曙光种植专业合作社、河南信阳郝堂夕阳红养老资金互助合作社、河北肃宁益源种植农民专业合作社和吉林松原兴源种植农民专业合作社。尽管这五个实地调研案例有其特殊性,但案例所呈现出的合作社养老的实践形态却能反映出全国范围内该模式发展的大体情况。

二、 合作社养老的实践形态与服务效能

由于区域经济、社会发展和历史文化传统方面的差异,在既定制度条件下合作社养老的基层探索必然表现出多元化的实践模式。在合作社养老形态的具体划分上,则需要引入地方性变量,考虑地方资源禀赋、农村精英等因素对合作社养老所产生的影响,从而根据不同标准,做出不同的类型划分。如根据不同福利供给主体与合作社相结合而衍生服务形态,可以划分为政府项目扶持型、集体资源开发型、社会组织介入型和村社一体发展型。[③] 根据服务内容,可将合作社养老形态划分为物质资源输出型、照料资源输出型和精

① 赵志强:《农村互助养老模式的发展困境与策略》,《河北大学学报(哲学社会科学版)》2015 年第 1 期。
② 周娟、张玲玲:《幸福院是中国农村养老模式好的选择吗?——基于陕西省榆林市 R 区实地调查的分析》,《中国农村观察》2016 年期 5 期。
③ 李俏、孙泽南:《产业融合背景下合作社参与农村养老供给的实践机制》,《重庆社会科学》2019 年第 8 期。

神资源输出型三种模式。① 结合课题组对于典型合作社的实地考察,以及对合作社运营养老服务方式的分析发现,合作社养老的具体形式一般与合作社的主营业务密切相关。具体而言,在农村地区空心化、老龄化的背景之下,以生产土地资源密集型农产品为主的合作社,往往充分利用当前"三权分置"的土地制度,以土地经营权为媒介与入社老人建立利益联结,通过向老年人提供养老服务换取老人土地经营权的形式,扩大自身生产规模;以生产劳动力密集型农产品为主的合作社,则多是通过向老年人提供就业岗位,帮助老年人增加货币收入,以助力其自我养老的实现;以信用合作、资金互助为主营业务的合作社,则是通过内置金融的方式向入社老人发放超额利息,以提升其收入水平和社区地位;此外,已有一些以社区建设为导向的合作社,通过建设老年协会、组织老年人活动等形式来弘扬孝道文化、丰富老年人精神生活。因此,下文将根据合作社养老的具体运作形式展开探讨,以更加全面地审视合作社养老的实践形态和服务效能。

(一) 实践形态

1. 利益联结型

利益联结型的合作社养老指农村老人通过土地入股等方式加入合作社,并由此获得合作社提供的股份分红或生活照料等养老资源的养老模式。但由于利益联结紧密程度差异,合作社所提供的养老服务延伸程度有所不同。一些合作社通过"以土地流转换养老服务"的方式与入社老人或社员家庭建立利益联结,但这种联结仅仅是生产层面上的,形式较为单一,入社老年社员较少参与土地的经营,管理上也较为简单,典型的如湖北赤壁曙光种植专业合作社和河北肃宁益源种植农民专业合作社。湖北赤壁曙光种植专业合作社成立于 2013 年,以水稻种植、加工和销售为主要经营业务,拥有入社农户300 余人,经营土地面积达 3 207 亩。2018 年投资建设了"老年人互助照料活动中心",为入社老人提供饮食起居以及文化娱乐方面的照料服务,同时合作社还建有食堂、菜地、养猪养鸡场,为参与种养的老年人提供劳动报酬,入住

---

① 李俏、孙泽南:《合作社融入农村养老供给的逻辑、模式与效应》,《西北农林科技大学学报(社会科学版)》2021 年第 1 期。

老人达 20 余人。河北肃宁益源种植农民专业合作社成立于 2010 年,主要经营富硒小麦、黑花生等特色农产品,辐射面积达 5 万余亩。由于该地区的农村工业较为发达且距离北京仅有 3—4 小时车程,受大城市虹吸作用影响较大,当地农村青年大量进京务工或外出求学,而中年人和低龄老人也多进入当地工厂工作,导致留守高龄老人的日间照料问题十分突出。对此,益源种植合作社于 2012 年投资兴办了"益源幸福院",面向将土地流转给合作社的社员家庭免费开放,规定社员家庭的老年人均可以免费入住幸福院并享受膳食、照护和基本的医疗服务,以为社员家庭提供养老支持。

相比之下,还有一些合作社通过与村庄完全融合而与入社老人建立起多元而紧密的利益联结机制,并表现出村社一体的特征,即由村集体以集体资产入股,村民以劳动力、土地、资金等入股,形成村集体与村民利益共享、风险共担的利益联结机制,使合作社与农村社区合二为一,社员与村民身份合二为一,合作社成为承载社员生产生活的单位化组织,向社员供给包括养老保障在内的社区福利以及公共服务,较为典型的如吉林松原兴源种植农民专业合作社所经营的老年公寓项目。该合作社位于吉林省松原市长岭县太平川镇马场屯,该村土地平坦适宜耕作且人口较少,户均耕地面积达 50 亩以上,但由于多年来的过度垦殖放牧,导致土壤盐碱化严重,农户经营土地收入较低,加之青壮年劳动力的大量外流,留守农村的老年人种植意愿不高。在当地农民企业家张造力的带领下,该村承接了政府的新农村建设项目,于 2013 年成立了松原兴源种植农民专业合作社,并在马场屯投资建设了"兴源新村",将原马场屯的全部土地流转到合作社手中,进行统一规划、集约经营,配套建设了住宅楼、老年公寓、文化广场、文体综合楼、幼儿园、中医院等公共设施。原马场屯的农户自动转变成为合作社的社员,享受合作社提供的就业、医疗、养老、托幼等多项福利待遇。具体到养老资源供给方面,老年公寓提供宾馆式的住宿环境、专业照护和医疗保健服务,并建有采摘园和养殖场向公寓食堂供应新鲜健康的食材,同时设有健身房、棋牌室等娱乐设施供老年人休闲娱乐。凡年满 70 周岁的社员均可免费入住老年公寓,同时也面向社会上有需求的老年人开放,但需要按标准缴纳相应的费用。此外,合作社还与县政府达成合作,将周边 11 个乡镇敬老院的五保老人集中到老年人公寓进行集中供养,这部分五保老人的养老费用由政府直接补贴给合作社,从而增加了合作社的经营收益。

2. 文化创新型

文化创新型的合作社养老是一种通过对文化资源的整合与重塑来为农村老年人提供精神慰藉、互助资源和辅助家庭养老功能发挥的养老服务模式,具体形式包括合作社为老年人提供文化活动场所、协助建设老人协会、组织文化娱乐活动以及倡导传统孝道传统等。相关研究表明,学习型和文艺型合作社在国内并不少见,而这种"文化搭台、经济唱戏"的方式对于合作社发展较为实用,[1]并在促进农村孝道复兴、家庭关系和睦以及社区建设等方面具有积极意义。但由于此类服务在物质资源和照料资源的供给方面过于孱弱,导致其往往很难解决农村老人亟须的物质需求与照料需求。同时,由于合作社开展此类养老服务并不在经营业务范围之内,大多是不盈利的,因而具有一定特殊性。

比较典型的如 2007 成立的脱胎于农民维权协会和老年协会的安徽阜阳南塘兴农农资合作社。该合作社与生产型合作社相异,在经营上更侧重于社会功能的发挥,主要业务涵盖经济发展和社区建设两大模块,经济发展模块主要包括农资统购、资金互助、乡间民宿、手工酿酒等项目,而社区发展模块则包含乡村幼儿园、老年协会、爱心互助、乡村图书馆、妇女文艺队等多个项目。但由于目前该合作社在经济发展模块的相关业务盈利能力上还相对较弱,因而主要依托社会组织捐助和政府相关项目支持。具体到养老方面,面对当地农村青壮年劳动力大量外流,且子女间在赡养老人问题上相互推诿导致家庭不睦,甚至出现了老人无处养老的窘境,合作社倡导老有所依、老有所养、老有所为和老有所乐,并开展了相关养老服务。在老有所依方面,由于合作社前身是由老年协会转化而来,因此至今也保留着老年协会的大部分功能,一方面能够为老年人提供活动场所并组织老年人开展文化娱乐活动,丰富了老年人的精神生活;另一方面合作社为老年人提供社会支持,如发生家

---

① 何慧丽、杨光耀:《农民合作社:一种典型的本土化社会企业》,《中国农业大学学报(社会科学版)》2019 年第 3 期。

庭矛盾时合作社会出面进行调解，拓展了老年人的社交渠道，构建了老年人的社会关系网络。在老有所养方面，合作社通过发展资金互助业务提高了老年人的经济收入。该合作社面向老年人发行 200 元每股的敬老股，每名入社老年人最高可认购股金 2 万元，由此便可享受比普通社员更高的利息收益来补贴老年生活，部分实现老有所养。在老有所为方面，合作社会为老年人提供一些工作岗位，以帮助其实现自身价值和重获社区地位。在老有所乐方面，合作社每年划拨专项资金组织敬老文化节、十佳儿媳妇评选和老人集体生日等活动，在倡导孝道复兴、家庭关系和谐的同时，使农村老年人获得更多的尊重、认可和重视。

3. 资金互助型

资金互助型的合作社养老是一种借助金融工具来实现老年人物质福利提升的养老新模式，具体指通过筹集资金并成立资金互助合作社，本村农户可以利用土地、林权等生产要素进行抵押贷款，将所获收益按一定比例向入社老人分红。不同于利益联结型的合作社养老，资金互助型的合作社养老模式更侧重为农村老人提供经济支持，而基本不涉及生活照料和精神慰藉层面的服务内容，但其激活村庄经济的间接作用却不容忽视。

典型的如 2009 年成立的河南信阳的夕阳红养老资金互助合作社，该合作社所在的郝堂村交通闭塞，农户收入较低，并缺乏流动资金扩大生产和改良技术，大批青壮年劳动力外出务工，导致农村留守老人的养老问题突出。虽然村委领导班子有意愿改善老年人的养老处境，但苦于集体经济萎缩和经费紧缺，难以供给有效的公共服务和养老资源。在李昌平的指导下，该村通过吸收政府拨款、乡贤集资、社会捐助和老年人入股的方式建起了夕阳红养老资金互助合作社，并通过社员集体讨论确定了合作社运作的规则：年满 60 岁以上的老年人可以 2 万元的股金入股合作社享受优先股待遇，本地村民亦可入股，但股金不得超过 10 万元，此外还吸收社会慈善资金注入；在贷款方面，每个入社老年人享有 5 000 元的贷款担保额度，本地村民可以通过林权证抵押、老年人担保或理事审批三种途径向合作社贷款，但单次贷款额度不得超过 10 万元；在利润分配方面，合作社通过内置金融将获取利润收益的 40%用于给入社老人分红，15%用作管理费，15%用作风险金，另外 30%作为积累资金。这一运作方式不仅可以确保老年人从合作社中获得经济收益,还可以提升老年人的社区地位。整体来看,这种养老模式供给的养老资源相对单一,运作模式也较为简单,由于入社老人平均每年获取分红收益不过 500—600 元,因此在经济支持方面的效用并不明显。但值得注意的是,资金互助合作社的建立,使得农户能够更为容易地获取贷款来发展生产,许多因资金不足难以开展创业活动的外出青壮年劳动力借此回乡创业,从而一方面激活了村庄发展活力,一方面促进了家庭养老功能的复苏。实践中,经过整体规划,以乡村旅游为发展方向的郝堂村,在村民返乡创业的加持之下,村庄活力得到了极大提升,村里的老年人多能积极参与到乡村旅游的各种业态当中,身体状况较好的老年人多会通过经营一些特色农产品来赚取收入,而身体状况一般的老年人则会在子女开办的农家乐中帮忙。与此同时,随着集体资产的增加,村集体也有能力建设居家养老服务中心等公共设施来帮助困难老人解决养老问题。

4. 劳动自养型

劳动自养型的合作社养老模式指合作社通过为入社老人搭建就业平台、提供生产服务或工作岗位等方式,帮助老年人获得就业机会,改进生产技术,疏通销售渠道,打造区域品牌,进而实现老年人收入水平的提高,从而实现老年人自我养老的一种养老模式。这种养老模式真正实现了对老年人的增权赋能,不仅能帮助其实现自身价值和提高社会地位,还有助于缓解代际矛盾。

典型的如江苏宜兴的丰汇水芹专业合作社,该合作社位于江苏省无锡市宜兴市万石镇后洪村,发源于 2006 年成立的"宜兴市万石镇水芹协会",2008 年正式成立合作社。合作社以水芹的良种培育、种植、深加工和销售为主要经营项目,现有社员 135 人,经营土地面积 3 500 亩,带动农户 530 户,辐射土地面积 2 000 余亩,曾获得国家级示范社荣誉称号,注册有"陶都牌水芹"商标,相关产品通过了国家"绿色食品"认证。此外,该合作社还与南京农业大学、江南大学、扬州大学等多所高等院校合作,不仅研发出了一年四季均可种植的水芹品种,提高了水芹产能,而且还积极探索水芹的附加产品及其深加工技术,目前已经基本实现了水芹生产的纵向一体化,并由此产生了大量的就业岗位,但由于合作社地处苏南经济发达地区,青壮年劳动力大多进城务工经商,致使农村劳动力不足。为解决这一问题,合作社便通过向本村老年人提供农业生产性服务的方式,帮助老年人提高生产技术,并统一收购、销售老年人生产的水芹。与此同时,还吸纳老年人进入水芹酱菜的生产板块,即便是那些身体状况不是很好的老年人也可以通过分拣水芹获得一份收入,进而促进了农村老人晚年福利的提升。除此之外,河南省灵宝市弘元农业专业合作社联合社下面的贝子原村分社的孝善堂也为有劳动能力的村庄老人提供在生态农场里从事简单劳动的机会,帮助其获取经济收入以改善生计,以实现"老有所得"。[①]

（二）服务效能

由于合作社养老的利益相关者主要有合作社、农村社区和入社老人,因此从这个三个维度展开分析更有助于了解其服务效能。

1. 提高合作社多重收益,助推乡村产业兴旺

基于调研资料,参与农村养老供给有利于合作社扩大业务范围、提高曝光度、增强社员凝聚力。如前文提到的江苏宜兴的丰汇水芹专业合作社通过为老年人提供福利性就业岗位的方式,在增加老人收入的同时也促进了合作社经济效益的提高。考虑到水芹加工业务为熟练工种,劳动强度和技术含量都相对较低,对劳动者年龄实际上并没有太高要求,老年人完全可以胜任且劳动力充足,再加上农业生产的季节性和生产周期长等因素限制,雇用外来劳动力成本普遍较高,而老年人工资按天计酬,时间上比较灵活,有利于降低生产成本和实现对外盈利。再如吉林松原兴源种植农民专业合作社,一方面通过建立老年公寓项目接纳社会老人和承接照料五保老人的政府购买服务实现了经济创收,另一方面通过对社员免费开放的养老服务,发挥了对社员的激励作用,增强了社员对于合作社的认同和信任,从而有利于合作社获得稳定的人力和土地要素供给,促进了合作社的可持续发展。相比之下,河北肃宁益源种植专业合作社的养老实践则更加凸显了合作社养老的潜在收益,虽然该合作社兴办"幸福院"本身并没有盈利,但却借此实现了广告效应,达

到吸引更多社员加入的效果,并引起了社会的广泛关注,提高了合作社的曝光度,大量专家学者前往合作社参观调研,促进了合作社与高校的联系,合作社还借此获得了政府的项目扶持。

2. 推动农村社区营造,助力实现乡风文明

合作社参与农村养老供给实质上是合作社社会功能拓展的体现,同时也是对国家有关合作社综合发展政策以及乡村振兴战略的有效回应,不仅有助于树立合作社的正面形象,促进社区凝聚力与归属感的重建与再生,还有利于社区文化建设与复兴,进而助力实现乡风文明。典型如前文提到的安徽阜阳南塘兴农农资合作社,在其养老实践中不仅通过组织文化活动为老年人提供了精神慰藉服务,也充分发挥了其自主建设的老年协会在化解纠纷、调解家庭矛盾方面的实践优势,进而对农村社区治理起到了积极作用。同时,该合作社通过组织敬老、孝老等集体活动,弘扬了传统的孝道文化,提高了社区居民的组织化程度及其对社区的归属感和认同感,促进了乡风文明目标的实现。再如中国乡建院在全国各地协助建立的内置金融合作社,不仅使农村老人得到了实实在在的经济收益,还为其创造了合作社借款人信用情况第三方评估者的角色,提高了农村老人的社会地位,助推合作社资本在村庄内的良性运作,促进了农村产业的发展以及农民收入和公共服务水平的提高,发挥了良好的社会效应。除此之外,一些合作社还通过土地入股的形式为老年人提供物质资源和照料资源,在减轻家庭养老照料负担的同时,提高了农民的家庭收入,对于缓解由经济问题而引发的家庭矛盾和促进家庭和谐具有积极作用。

3. 增进老人生活福祉,完善农村养老保障

养老保障是农村社会保障的重要组成部分,而健全的农村社会保障体系,正是乡村振兴战略的重要目标。农村养老的本质在于以农村老年人养老需求的满足、生活质量的提升和老年人的自由全面发展为目标,农村养老保障体系的构建和养老资源的供给不能仅仅局限于经济上的单方向输出,更应该注重养老资源的全方位输出,为老年人搭建发挥余热和实现自身价值的平台,而上述案例中所提到的不同形态的合作社养老模式恰恰有助于建立这样一种全方位农村养老保障网络。如江苏宜兴的丰汇水芹专业合作社通过向

老年人提供福利性的就业岗位,不仅提高了老人的经济收入,开发了老年人的人力资源,还改善了农村社区的代际关系,提高了老年人的社区地位。又如,河北肃宁益源种植专业合作社和吉林松原的兴源种植专业合作社均组织老年人开展文艺活动并定期进行节目展演,在宣传合作社的同时,为农村老人融入社会和发挥余热提供了实践平台,丰富了老年人的精神文化生活,满足了老年人自我实现的需求。

三、 合作社养老的制度条件与运作特征

合作社养老得以实践不仅需要社区文化、精英带动、家庭支持、老人认可、村民支持等方面的社会基础,同时也需要一定的制度条件,主要可以从土地改革的推进、新型农村合作医疗的实施和互助养老多元补贴的激励三个方面加以解释。同时,合作社养老的自主吸纳性和灵活适应性的特点,也使其在实践上展现出独特的优势。

(一) 合作社养老的制度条件

1."三权分置"的土地制度为合作社养老的多形式运作提供了发展机会

随着家庭联产承包责任制的实行,我国逐步确立了与之相适应的土地制度,规定农村土地的所有权归村集体所有,而承包经营权归农户所有,这在一定时期内极大地刺激了农户的生产积极性,使农业生产力得到释放。然而,随着工业化和城市化进程的推进,两权分立的土地制度逐渐变得不合时宜。因此党的十八届三中全会对该制度进行了改革,并确定了农村地区所有权、承包权和经营权三权分置的土地制度,盘活了农村土地资源,促进了农业生产的规模化发展,也为合作社养老的具体实践提供了重要条件。结合实践案例来看,利益联结型的合作社养老模式多形成于 2013 年前后,在时间上基本与"三权分置"土地制度的推行保持一致。从运作模式上看,老年社员可以通过土地经营权入股换取合作社提供的养老服务,但同时仍保留有土地的承包权,这就意味着一旦合作社提供的养老服务不能满足老年社员的养老需求,他们还可以选择改变参与的形式或者直接退出合作社转而寻求其他外部支持。除此之外,这一土地制度还为内置金融的发展提供了资金支持,保障了

老年人分红收益的平稳运行。①

2. 城乡居民医疗保险降低了合作社养老的运作成本

城乡居民医疗保险作为一项独具中国特色的社会保障制度,基于其降低农村居民的医疗负担的重要作用为合作社参与农村养老供给提供了现实可能。调查发现,实践中农村老年人对于养老资源的需求更加侧重于医疗和照护,但目前多数涉及提供养老服务的合作社都不具备专业的护理能力,因而很难回应农村老人医养结合的实际需求。城乡居民医疗保险制度在一定程度上降低了合作社探索医养结合的成本,再加上绝大多数入社老人都参加了城乡居民医疗保险,因而即便老人生病,城乡居民医疗保险也能够报销一部分医疗费用。比如,案例中提到的吉林松原兴源种植专业合作社,在为入社老人建立养老公寓和提供免费养老服务的同时,还于2018年在村里建立了中医院,实现了医养结合,针对生病的老人,合作社为其提供二次医疗补贴,即合作社仅报销社员使用城乡居民医疗保险就医后的剩余部分,为其养老项目的持续运作降低了许多负担。

3. 互助养老运营补助为合作社养老的发展提供了政策激励

乡村振兴战略规划和2021年中央一号文件都提出,要完善农村老年人关爱服务体系和发展农村互助式养老。在这些政策引导下,各地相继出台了针对地方养老互助点的支持政策,包括提供运营补助等。如河北肃宁益源种植农民专业合作社运营的"幸福院"属于省级重点扶植的互助养老项目,每年每个床位可获得政府补贴8 000元,因此合作社每年所需支付的社员养老成本控制在每人5 000—6 000元,一般通过土地流转的方式冲抵一部分,再加上合作社的经营收入,基本可以维持合作社养老服务的运行。再如吉林松原的兴源种植农民专业合作社所运营的老年公寓项目,每个床位可获得政府一次性补贴3 000元,同时公寓又承接了附近乡镇照料五保老人的政府购买服务,可再获取每月700—1 200元的政府直接补贴。此外,合作社参与提供养老服务多会引起社会和当地政府的注意,从而有利于其在政策扶持、社会重视等

---

① 李昌平:《中国乡村复兴的背景、意义与方法——来自行动者的思考和实践》,《探索与争鸣》2017年第12期。

方面获得便利。

（二）合作社养老的运作特征

合作社养老作为一种新型农村养老方式,在发展中要有明确定位。从概念内涵上看,合作社养老与农村互助养老有相通之处,二者都是一种极具本土化色彩和社区重建思想的新型就地养老方式,但"农村互助养老"的概念范畴要比"合作社养老"大得多。合作社养老是发挥合作社这一互助性经济组织力量,通过对土地、技术、劳动力、社区文化等资源的开发,为入社家庭或老人提供养老支持的养老模式。由于合作社本身就是对村民力量的一种再挖掘与再运用,因而合作社养老是对农村互助养老的一种具体实践,但相较于一般的农村互助养老模式,合作社养老模式又具有自主吸纳性和灵活适应性两个特点。

1. 自主吸纳性

由于合作社养老发端于社员的自组织,是在农村社区的反复博弈中而形成的一种村民自我供给养老资源的"自救行动",因而表现出较强的自主性。同时,结合实地调查情况来看,合作社养老还在具体实践过程中表现出对于土地、技术、劳动力和非社员社会老人等要素的较强吸纳性,即通过与外界的资源交换来弥补自身不足,为合作社养老业务的运作提供新动能,使合作社的养老业务能够持续和扩展。在实践当中,合作社养老项目的资金来源是多元的,一方面来自合作社提供农产品的销售、加工、运输、贮藏、农业生产资料的购买,以及与农业生产经营有关的技术、信息等服务而获取的经济收益,另一方面也吸收了政府的补贴,乡贤、村集体和社会力量的捐赠,甚至一些合作社养老项目本身就可以通过对内服务、对外经营的形式实现养老项目自身的盈利。因此,相较于那些依赖政府财政支持而建立的农村互助养老模式,合作社运营养老项目对外界的依赖相对较小,运营的成本也较低,因利益联结机制的存在而使其在实际运作中呈现比普通互助养老更强的独立性。

2. 灵活适应性

从当前国内合作社养老的实践情况来看,它们普遍遵从了"服务社员"这一国际合作社联盟所规定的基本原则。但与西方合作社不同的是,国内提供养老服务的合作社多是结合地方的资源禀赋与社会需求来灵活设计服务的方式与内容,或通过土地流转,或通过劳动就业,或通过文化创新,或通过资金互助等,形式多样,服务多元,不仅保证了合作社经济生产所需要的各项资源供给,还实现了对社员的内部激励,提高了合作社的经营效率,拓宽了合作社的收入来源渠道,增强了自身生存能力。同样,相较于政策压力体制下在全国各地推广的幸福院模式,合作社养老表现更强的灵活适应性。虽然同属社区内生的互助养老模式,但是合作社养老比互助幸福院更能契合各地农村的实际情况,在把握农村老年人需求方面更具优势,进而在供给农村养老资源方面也更具效率。

四、 合作社养老的发展限度与突围路向

(一) 合作社养老的发展限度

在农村家庭结构转变,农村净流出人口持续增加,年轻子女婚后与父母分户居住的现实情境下,农村家庭空巢和劳动力老化现象突出,农村老年人在生产服务、生活服务、精神慰藉、保健医疗、康复护理和临终关怀方面存在较多需求。然而,传统的家庭养老模式却正在趋于瓦解,农村养老基本保障水平偏低,农村养老服务又在经费、人员、场地等方面不同程度地存在困难,导致农村养老供需结构性矛盾突出。在这个意义上,合作社无疑为完善农村养老供给提供了新的支持,也为解决当前农村养老服务总量不足、结构不适,尤其是组织和人才短缺等问题提供了新思路。但是,合作社养老作为一种新生事物,由于发展时间较短、经验不足,在养老服务供给上还存在很多需要完善之处。限于篇幅,下面仅就受益覆盖面、服务水平、可持续性三个问题展开相关思考。

1. 合作社养老的受益覆盖面较窄

结合实地调查情况来看,当前国内合作社养老的服务对象仅限于入社老人或社员家庭中的老人,且要求是身体相对健康的老人,而实际上这些老人并不是对养老服务需求最为迫切的群体,这大大局限了合作社养老的服务范围,导致其惠及面较为狭窄,作用也较为有限。而那些在农村无人照料的失能、半失能老人是最需要接受相关服务的群体,但囿于合作社的现有服务能力与水平,合作社并不能为这一群体提供相关服务,导致其服务只能是"锦上

添花",而无法做到"雪中送炭",这在一定程度上也制约了合作社养老覆盖面的扩大,导致社会上对于合作社养老这一新型养老模式存在较多质疑。

2. 合作社养老的服务水平不高

目前合作社提供的养老服务主要涉及基本生活照料,如提供餐食、住宿、娱乐场所等,尚无法有效满足农村老人对于医疗护理、养生保健、精神慰藉、心理辅导等方面的需求。同时,由于养老属于微利行业,大多数合作社的盈利能力尚不足以支撑其向社员供给高质量的养老服务,导致养老服务成为合作社发展中的附加项目,而不是必须和主要的发展重点,合作社一般也不会投入太多的资金和精力来提升养老服务。此外,从硬性设施配备上看,目前涉及提供养老服务的合作社多缺乏专业的养老设施,适老化改造更无从谈起。从人员配置上看,目前涉及提供养老服务的合作社工作人员基本来自村庄内部,要么是由合作社的原有工作人员兼职,要么是吸收村内留守妇女培训上岗,这些服务人员多缺乏相关护理与服务资质,其服务能力与专业护理人员相比仍存在较大差距,专业水平较低。

3. 合作社养老的可持续动力不强

根据经典合作社理论,合作社社员无论其出资比例、交易额度,都是合作社的共同所有者,均能通过一人一票的民主管理方式来决定合作社的经营取向和发展方向。但在国内实践中,农民合作社存在着大量"精英俘获"现象,许多合作社最终异化成为私人牟利工具,真正发挥服务社员作用的很少。也就是说,从合作社服务社员这一本质规定出发,合作社养老在理论上具备合理性,但在实践中却会受到合作社发展规范程度的制约。同时,合作社提供养老服务多属于建立在主营业务之上的附加服务,受外部条件和经营效益的影响较大,如资金互助模式中老人分红受贷款情况影响,劳动自养模式中老人收入受市场与劳动力供给情况制约,其稳定性和可持续性值得商榷。再加上目前在国家政策层面还没有明确将合作社纳入发展农村互助养老可依托的组织当中,相关的支持力度也较小,部分合作社发展养老服务基本上是靠精英带动,但仅有情怀是远远不够的,这势必会影响到合作社养老的可持续发展。

（二）合作社养老的突围路向

合作社养老作为一种新型农村养老模式,发展时间较短,还存在一些问题,但不能因此而否定合作社养老的意义。在农村人口老龄化趋势持续加剧的现实背景下,有条件的合作社就应该适时担负起组织农民群众探索互助养老模式的社会责任,而不是唯利是图,脱离群众利益。鉴于当前合作社养老存在的问题,还需要在发展壮大其经济功能、巩固合作社生存地位的基础上,紧密联系当前乡村振兴的时代背景与现实条件,更加灵活地与国家养老政策和地方实际相结合,以多元化的实践形式来激发乡村活力和促进乡村发展,具体可从如下一些方向加以探索。

1. 围绕城乡融合发展康养产业

2017—2019 年中央一号文件连续三年提出"大力发展富有乡村特色的养生养老基地";《乡村振兴战略规划(2018—2022 年)》明确提出,要开发农村康养产业项目,这无疑为整合养老服务资源提供了重要契机。可以预见,随着康养小镇、田园养老、休闲养老等新业态的产生,休闲旅游养老市场前景广阔。如北京田仙峪休闲养老农宅专业合作社就尝试将闲置农宅统一承租给合作社管理,引入社会资本参与投资开发,将闲置农宅重新装修改造,通过体验式入住、短租、长租的方式打造"养老村"。因此,顺应城乡居民消费升级趋势,有条件的合作社可以探索发展康养产业,迎合城市老年群体到农村开展休闲农业观光、康复养老等新需求,为城市老人的跨地域流动提供机会与可能,借此来提高合作社养老的盈利能力。

2. 围绕产业融合拓展价值链条

随着农村地区空心化老龄化程度的加深,在农村地区从事职业性劳动的老年人口较多,这部分老年人不但可以通过自身劳动实现养老保障,而且还能通过农业生产补贴家用,为家庭创造价值。因此,单纯以社会退出论看待农村老龄化问题是不全面的,应该以积极老龄化的观点看待农村养老问题。在具体操作层面,韩国综合农协通过"捆绑"项目帮助老年人生产绿色农产品,并对接市场开拓销路的方式就非常值得借鉴。面向未来,合作社养老在服务层面不应单纯局限于把农村老年人"养"起来,还应将老年人"用"起来,通过合作社纵向一体化上的产业融合,为农村老人就业和养老创造更多的机会,帮助农村老年人实现自身价值。

3. 围绕服务融合进军社区养老

如上文所述,当前利益联结型的合作社普遍采用组织老年人集中居住、统一供给养老资源的方式为其提供养老服务,但受传统文化的影响,农村老年人普遍不愿意进入机构养老,并对家以及家所带来的氛围较为依恋,导致合作社办养老院的入住率较低,这在一定程度上影响到合作社发展养老服务的积极性。资金互助型和劳动自养型的合作社养老模式通过直接供给物质资源的方式来为老人提供服务,却难以解决农村老年人照料资源匮乏的问题。党的十九届五中全会提出,要发展普惠性养老服务和互助性养老,支持家庭承担养老功能,培育养老新业态。因此,合作社应加强与地方政府的合作,融入农村互助养老服务,一方面探索与居家养老、社区养老相结合的方式,加强设施建设,为老人提供活动场所,并在老年人的生活所需及日间照料等方面提供综合性服务,以更好地满足农村老年人的养老需求;另一方面可充分利用日间照料中心的资源,与家庭和学校合作,入社老人也可参与其中,为留守儿童提供托管、配餐等服务,以低成本的代际共享运作方式来平衡合作社的日常收支。

4. 围绕市场融合承接养老项目

伴随老龄化进程的推进,养老产业会逐渐成为企业追逐的对象与市场拓展的目标,而目前由合作社所提供的养老服务内容较为单一、服务水平不高,还难以适应农村老人的多层次、多样化养老需求。在这种背景下,促进合作社养老的市场融合不仅有利于合作社养老服务的可持续发展,还能够根据农村养老需求来提供专业化、多样化和高质量的服务,有利于实现资源配置最优化,提高养老服务供给的水平和效率。一方面,应鼓励有条件的合作社以养老服务作为主营业务进行专业化发展,可围绕农村老年人在医疗、保健、心理和精神等方面的现实需求进行互助项目设计,争取承接政府购买服务项目;另一方面,合作社还应加强与市场性养老机构、社会组织的合作,探索品牌化和项目化运作模式,以弥补合作社在服务能力上的"短板"。

五、 结论与讨论

本文基于对合作社养老研究脉络的梳理,以全国五个合作社参与农村养老资源供给的典型案例为研究对象,重点呈现了合作社养老的实践形态,并进一步分析其产生制度背景及其在实践中的发展限度。研究发现,合作社参与农村养老供给的实践形态与合作社本身的主营业务存在一定的相关关系,并在实践当中表现出利益联结、文化创新、资金互助、劳动自养等四种类型。通过养老服务的供给,合作社的收益渠道得到了拓宽,农村老人的生活福祉得到了增进,并且还产生了促进农村社区营造的溢出效应。就合作社养老的发生而言,互助养老模式的补助政策为其参与决策提供了物质激励;"三权分置"的土地改革为其形态衍生奠定了制度基础;城乡居民医疗保险的推广则为其持续运作降低了经营成本。实践中,虽然合作社养老表现出自主吸纳性和灵活适应性的"本土化"优势,但也存在着服务受众较窄、服务深度不够的现实问题;虽然合作社参与农村养老供给符合其服务社员的本质规定性,但现实中许多异化为私人牟利工具的合作社又难以承载其社会功能。

合作社养老作为一种在乡村建设中涌现的新生事物,反映了在家庭养老功能普遍弱化、农村社会养老保障体系尚不健全的背景之下,基层群众自我解决养老问题的实践探索,对福利多元主义作了较好的本土化诠释。但目前学术界对于这一现象关注较少,如农业经济学多关注合作社的经济功能,社会学多关注合作社的社会功能,人口学多关注养老层面的问题,鲜有研究将合作社与农村养老问题放在一起来进行研究,亟须一种整体性的分析视角。显然,在研究和解释合作社养老这一现象时,需要多学科的切入和多视角的交汇,因为合作社养老本身就是作为一种自主性的互助探索而活生生地存在人们的实践之中的,十分有必要去进一步探究这种自发实践发生与发展的动力基础在哪里,又将如何维持,理论层面的解释也有待深化。虽然合作社养老现象目前还只是星星点点的存在,还不构成农村养老的主流,但其在自主吸纳性和灵活适应性方面所表现出来的在地优势,无疑为破解农村养老问题和创新互助养老形式提供了新思路与新经验,同时也使我们看到了农村自组织在化解农村社会问题方面的潜在能力和创造力。由此带来的启示是,政府应该充分发掘农村自组织的社会服务功能、强化农村基层组织功能化建设，鼓励以合作社、老人协会等组织为载体，承接政府购买项目，使之成为对接外部资源和群众需求的中介组织，进而扩大政府补贴的能效。当然，合作社养老本身发展并不完善，仍存在较多问题，但真正的态度不应该是过于负面的批评和忧郁的联想，而应是给予其发展试错的机会，以真正促进乡村的内生性发展与创造性转化。

互助与志愿的交互合流：
以互助型社会养老发展为例的分析[*]

刘妮娜^{**}

摘　要：互助与志愿是社会建设的两个重要话语。中国语境下的互助是基础话语，在个体层面表现为互助互利、困难共担和集体责任，组织层面表现为国家领导下的基础组织，志愿是高层次表达，强调利他价值、无私奉献精神和不计报酬服务。利用互助型社会养老案例进行互助与志愿的交互合流分析，互助精神的外延大于志愿精神，互助服务和志愿服务可以用方向和报酬进行区分，互助小组、志愿队伍、互助志愿队伍是对应互助与志愿单个组织的三种基本形态。志愿队伍的成长方向为专业志愿组织，互助小组的成长方向为互助组织和合作社。两类形式可以相互转换，同时既可以是单个组织自发成长，也可以通过社会企业经营、政治型互助组织管理、社工组织培育进行体系化运营。理想方向是在党委领导、政府负责下，形成连接居民与国家、市场的中介，实现国家、居民、组织和市场之间合作制衡的良性互动。

关键词：互助　志愿　互助型社会养老　组织　服务

一、引言

互助产生于人类进化之初，是人类与生俱来的本能和需要，扩展而言亦是美德。格鲁·泡特金提出互助进化论，孙中山提出分期进化论，均指出了

　＊　本研究是国家社科基金重大项目"实施积极应对人口老龄化国家战略"（项目编号：21ZDA106）的阶段性成果。经修改，发表于《中国志愿服务研究》2021年第3期。

＊＊　刘妮娜，华北电力大学人文与社会科学学院副教授，研究方向为互助养老。

互助既是人类生存的本能和需要，也是推动人类向高层次发展的重要指引。[①]
笔者认为，互助社会建设同样是社会建设的根本形式，这是"人"的组织/社群
建设，也是涉及政治、经济、社会、文化的大社会系统建设，[②]而且，现代互助社
会建设对于中国这样一个社会主义人口大国更为重要，应当是其本质特色。[③]
只是，由于中西方的互助组织—社会建设道路发展并不理想，西方中世纪以
来的行会、兄弟会等互助组织代表了社会进行自我保护，与政府分立对抗的
自发组织力量，尤其因在 19—20 世纪以推翻资本主义建立社会主义为目的的
无产阶级革命中，其发展被打断。而中国在 20 世纪中叶农业社会主义改造时
期，以行政命令运动式地强行推动高级形式的社会主义农业合作化，最终也
导致了严重损伤农村经济、农民利益、农业发展的结果。互助话语并非国际
和国内的现代社会建设主流话语，一般会用公益、慈善、志愿、合作等话语代
替。相比较而言，志愿作为现代社会服务的国际话语，[④]一种"任何人在不为
获取物质报酬的情况下，为推动社会福利事业以及社会进步，自愿贡献个人
的时间和精力提供的服务"，[⑤]已经被国内外政府、学界、社会接受。根据 2016
年共青团中央发布的《中国注册志愿者管理办法》，志愿精神包括了"奉献、友
爱、互助、进步"，互助作为志愿精神的一部分放在了其中。与此同时，不少学
者近年提出应当重视基层的互助性的志愿服务的观点，如陆士桢将志愿服务
总结为三种基本类型，包括日常互助服务、抗险救灾服务和大型活动服务，提
出中国特色的志愿服务应当更重视遍布城乡社区的、基层的、广泛参与的、群
众性的互助。但是在实践中，为与传统互助相区别，中国志愿服务和志愿组

---

① 格鲁·泡特金提出，社会在人类中的基础，不是爱，甚至也不是同情，它是无意识地承认一个人从
　互助的实践中获得了力量。而孙中山提出国家是互助的社会组织，同时着重强调了互助的美德意
　义，并认为这是中西方文化的根本差异——王道文化和霸道文化。他提出，要建立"互助"为原则
　的社会，必须提升道德水平。参见何星亮：《孙中山的"互助"思想与当代社会》，《中南民族大学学
　报（人文社会科学版）》2012 年第 2 期。
② 郑杭生：《社会建设的前沿理论研究——社会建设问题的社会学思考》，《武汉科技大学学报（社会
　科学版）》2009 年第 4 期。
③ 刘妮娜：《中国特色互助社会：历史溯源与现代建构》，《北京社会科学》2021 年第 5 期。
④ 有研究提出志愿精神构成了美国 300 多年文化价值的核心和基础，美国是"志愿者建立起来的国
　家"。参见：徐彤武：《联邦政府与美国志愿服务的兴盛》，《美国研究》2009 年第 3 期；高嵘：《美国
　志愿服务发展的历史考察及其借鉴价值》，《中国青年研究》2010 年第 4 期。
⑤ 王妮丽、崔紫君：《非营利组织中的志愿者及其管理》，《云南社会科学》2003 年第 6 期。

织还是着重强调了纯粹的利他和奉献精神,也正因此,其一直面临志愿精神缺乏、志愿者结构单一、组织性不强、缺乏协同联动等问题。[①]

基于此,互助与志愿作为主要立足本土与主要舶来西方的现代社会建设的两个重要话语,有必要进行如何从交互合流、相互促进到共同推动社会建设和社会进步的中国特色理论分析及实践检验。故本研究在理论分析的基础上,选择了所调研的互助型社会养老的八个典型模式进行路径呈现。选择原因在于:从志愿话语角度,老年人是志愿者的重要组成,也是志愿服务的重要对象;从互助话语角度,与其他人群相比,老年人更有集体化生活、低成本获得服务、积极有序参与社会的需求,互助型社会养老是他们社会养老的基础性形式。[②] 伴随中国人口老龄化程度的急速提高,老龄社会治理也将成为基层社会治理的重要内容。由此,为推动互助型社会养老发展以及丰富中国特色互助与志愿的理论研究和社会认知提供帮助。

二、 互助与志愿的中国特色分析

(一) 互助传统与现代转型:互助互利与基础组织意义

如前文所述,互助是推动生物进化的要素,人类生存交往的本能和需要,也是美德和向善的力量。现代西方研究也相信:一方面,人类具有亲社会行为的直接动机,人们之所以合作,并不仅是出于自利,"在人的天赋中总是明显存在一些本性,是他关心别人的命运,并将别人的幸福看成是自己的必需品"[③];另一方面,合作与演化起源有关,"在我们祖先生活的环境中,那些由具备合作倾向和维护伦理规范倾向的个体所组成的群体,比起其他群体更容易生存并扩展"[④]。只是现代西方社会强调市场、民主、自由,以及"社会"自下而上寻找结社自由和公共空间,多使用偏经济理性的"合作"(Cooperation)而非社会团结的"互助"(Mutual-aid)一词。中国不同于西方国家—社会的分立制

① 魏娜:《我国志愿服务发展:成就、问题与展望》,《中国行政管理》2013 年第 7 期。

② 刘妮娜:《中国城市互助型社会养老——定位、模式与路径》,《社会发展研究》2020 年第 3 期;马海韵:《中国公民志愿精神:价值愿景、成长现状及培育路径》,《南京社会科学》2011 年第 12 期。

③ [英]亚当·斯密著,蒋自强等译:《道德情操论》,北京:商务印书馆 2015 年版。

④ Werner Güth, Bowles, S. & Gintis, H. A cooperative species—human reciprocity and its evolution. *Journal of Economics*, Vol.104, No.2(2011).

衡,自古以来即依靠宗族等互助组织进行基层管理/治理,在这一环境中,人与人之间表现为一种基于血缘、亲缘、地缘基础上的互助互利的复杂关系,这是"互助"的中国特色,与中国人口众多的现实国情、以维护国家长治久安为根本目的的治国方略密切相关,这种社会治理方式和人际关系样式根植于中国人的社会心理之中,事实上亦延续至现代。以往很多研究从组织角度将其称为集体主义、家族主义、实体主义、道德社团,从个人行为倾向角度提出差序格局、伦理本位、利己主义、自我主义、人情—人缘—人伦的连续统等。①

　　1. 组织层面:国家领导下的内含集体主义的基础组织

　　中国特色的互助具有国家领导下的内含集体主义的基础组织意义,费孝通将互助界定为在艰苦环境中,人们需要基于某种效用或共同利益,构建出使个体或家庭生活免于陷入危机的互助网络和机构。② 中国传统农业社会就是一个皇权统治下的圈层化和非正式的互助社会,每一个村落是一个圈子,由县到市、省、国家是多个层级,每个村落互助单位既与保甲、里甲等行政管理架构相关联(交叉),亦与血缘、地缘、亲缘相联系,受伦理规范指导,限于一定的大家共同、互相承认的"历史社会经验"③。同时,从宋代开始,族田、义庄、社仓等发挥了相对稳定的互助保障功能,包括对宗族贫困成员的临时物质救济、鼓励科举入仕、义学教养子弟等,在国家保障缺位的中国传统乡土社会起到了重要的多重保障作用。孙中山从中西方国家区别的角度,提出中国要建设现代国家,即要建设新的互助的社会组织。毛泽东亦尝试用互助合作化改造传统乡土社会,通过引导、鼓励农民组织多种形式的生产互助组,开展劳动互助、经济互助,并进一步向在消费、供销、金融等领域的高级形式的合作社发展。④ 1953 年 11 月 4 日,毛泽东在关于农业互助合作的谈话中,总结了互助合作的步骤是:"由社会主义萌芽的互助组,进到半社会主义的合作

---

①　翟学伟:《人情、面子与权力的再生产》,北京:北京大学出版社 2013 年版。

②　费孝通:《乡土中国》,北京:生活·读书·新知三联书店 2007 年版。

③　王铭铭:《村落视野中的文化与权力》,北京:生活·读书·新知三联书店 1997 年版。

④　魏本权:《革命与互助——沂蒙抗日根据地的生产动员与劳动互助》,《中共党史研究》2013 年第 3 期。

社,再进到完全社会主义的合作社(也叫农业生产合作社,不要叫集体农庄)"①。后伴随合作社运动失败以及中国的改革开放和社会主义现代化进程,20世纪90年代以后基本确立了党政领导下的村居自治制度,以国家自上而下主导为主,建立了中国共产党的组织管理体系,政府行政管理体系,以及以社会救济和社会保险为主的社会保障体系,以城乡自治组织(村/居委会)、专业社会组织发展为主的社会组织体系。

2. 个体层面:互助互利、困难共担和集体责任

在传统乡土社会的互助组织中,人与人之间的互助关系表现为互助互利与美德的交融,也是一种互助组织(以宗族组织为主)内部以强扶弱的责任,②其核心在于经济互助、困难共担和集体责任,而非一种纯粹利他的美德。换言之,中国的传统互助理念是在儒家伦理道德规范之下进行的差序格局、主次有序的互助/互利,集体内的"帮"和"报答"规范约束村民既有回报的责任,也有给予的责任,③同时,由于这种互利活动存在于人们的社会交往中,故"包含或装饰着一种温情、一种人伦、一种情感"④。不少学者对20世纪90年代中国农村民间互助网络进行了详细考察,在农忙时节的相互帮助、小额的私人融资,还有个人遇到非常情况或危机时的援助等,村民们求助的还是深具传统与"情谊"的,有着宗族、村民小组等历史烙印的非正式组织及其成员。⑤直到21世纪以后,伴随农村人口流动速度加快、现代性因素进入农村经济社会各个领域,村庄个体间的互惠预期降低,农村传统互助的经济和保障意义才大幅降低。而国家统计局数据显示,到2020年末,中国常住人口城镇化率已经超过60%。城市社区居民邻里关系成为新建立的联结,但因为城市居民之间没有血缘、亲缘等内生联系,故虽然社区居委会自治的架构存在,但缺少居民参与的社区、社团式的实在的正式的或非正式的互助组织,个体互助亦

---

① 毛泽东:《关于农业互助合作的两次谈话》,1953年11月4日,《毛泽东文集(第六卷)》,北京:人民出版社1999年版。
② [美]詹姆士·C·斯科特著,程立显、刘建等译:《农民的道义经济学:东南亚的反叛与生存》,南京:译林出版社2001年版。
③ 王铭铭:《村落视野中的文化与权力》,北京:生活·读书·新知三联书店1997年版。
④ 徐勇:《乡村治理与中国政治》,北京:中国社会科学出版社2003年版。
⑤ 陆绯云:《苏南农村的社会支持与社会保障体系——历史与现状》,上海:上海三联书店2011年版。

因陌生人社会的低社会信任，以及约束、规则和可预期回报不足而相对缺乏。

（二）志愿舶来与中国化：基于个人主义的无私奉献

西方志愿者（volunteer）一词源于拉丁文中的"voluntas"，意为"意愿"，起源于欧美国家慈善，受原罪和救赎的宗教信仰、追求人生真正意义的人本主义思想影响，人们以为社会服务、为他人服务的方式来圆满人生和人心，[①]既强调个体为公共部门的奉献精神（义务），也是基于个人主义的决策，是自由主义和多元化的价值体现，是实现个人价值、满足个人心理需求的途径（权利）。在第二次世界大战以后，随着西方福利国家建立，社会工作制度化、专业化，[②]志愿服务进入规范化发展阶段，扩大成为一种由政府或私人社团所举办的广泛性的社会服务工作。其工作的重心不仅在于调整被救助者的社会关系和改善他们的社会生活，更在于调整整个社会结构和社会关系。[③]

1. 西方志愿话语包含互助，代表自主独立的自治空间

西方"社会"以独立的"市民"形式存在，政党和政府没有自上而下建立深入基层的行政/组织管理架构，托克维尔曾形象指出，"这些市民如果不学会志愿性地相互帮助，他们将没有力量"[④]。故慈善组织和志愿组织等公民团体的出现代表的是自愿自发的独立于国家的个人行动自治空间的存在，其形成的公共领域—社会团结机制是公民社会的核心。[⑤]而从历史的角度来看，与西方资本主义市场经济相伴而生并在 17—18 世纪广泛发展的，基于民主、平等、互惠思想，自我教育、自治、娱乐、互相帮助的行业协会、合作社、相互保险社等互助组织、互助小组，实际是在各方权衡博弈之下，与志愿、公益、慈善合流，进入了现代非营利部门和非正规经济部门。[⑥]故西方的现代志愿话语（主要是志愿精神、服务）包含了互助在内，国内不少研究亦对此做出过阐释。如徐彤武即提到北美殖民地早期的社区服务主要是通过居民的志愿性互助方

① 谭建光：《社会转型时期的志愿服务与人文精神》，《社会科学》2000 年第 5 期。
② 童敏：《社会工作本质的百年探寻与实践》，《厦门大学学报（哲学社会科学版）》2009 年第 5 期。
③ 李国荣：《现代志愿服务行为的理论基础研究》，《中国青年研究》2009 年第 1 期。
④ ［法］托克维尔著，董果良译：《论美国的民主》，北京：商务印书馆 1988 年版。
⑤ 江汛清：《关于志愿服务若干问题的探讨》，《中国青年政治学院学报》2002 年第 4 期。
⑥ Cordery Simon. *British Friendly Societies*. UK：Palgrave Macmillan，(2003)，pp.1750 - 1914.

式实现的,①江汛清提出志愿服务是一个非常复杂的概念,受到历史、政治、宗教和区域文化的深刻影响,一些国家的志愿活动,在其他国家可能被视为相互帮助和相互关照、政治活动,或者低报酬/劳动密集型的工作。中西方研究亦在探索如何发动更多志愿者参与社区服务的过程中,提出志愿者行动往往是一种基于利己主义的利他主义,可以借以兼顾私利的志愿性实践活动来实现公共性的再生。②

2. 中国实践中的志愿更强调无私奉献精神和不计报酬服务

与西方志愿话语包含互助在内不同,中国自古以来的乡土基层是由国家支持下的宗族等互助组织和互助互利的小农社会经济组成,一直到改革开放以后建立国家领导下的街居制和乡政村治的政治社会管理/治理格局,互助都是基础性的中国话语,故为与互助相区分,志愿从西方舶来时即被赋予了更高要求的无私奉献的高尚美德属性,是一种基于个人主义、积极参与社会、自我实现的方式。其对参与者思想素质、道德境界也提出了更高的要求,特点为:个人自愿奉献自己的时间、智力等,以利他性为价值取向,不以获取营利为目的的行为,无预期回报,无契约关系,付出单向性非互惠互利,并以此发动有无私奉献精神的居民参与到志愿活动中。③ 也正因此,研究显示,中国的受教育程度高和收入高的人群在技能、精力、资金等条件以及志愿机会方面均具有优势,同时具有更高利他取向动机的志愿者更有可能频繁积极参与志愿活动。④

（三）中国语境下的互助是社会建设的基础话语, 志愿是高层次表达

西方现代志愿代表了一种自下而上的,包括了互助或自助、慈善或为他人提供服务、参与、倡导与运动在内的多元主义和分立制衡的社会建设方式,也包括历史上的互助结社和现代的邻里互助。与西方国家国情不同的是,中

---

① 徐彤武:《联邦政府与美国志愿服务的兴盛》,《美国研究》2009 年第 3 期。
② 今田高俊、朱伟珏:《拓展新的公共性空间》,《社会科学》2007 年第 12 期。
③ 于海:《志愿运动、志愿行为和志愿组织》,《学术月刊》1998 年第 11 期;穆青:《如何理解志愿服务与志愿精神》,《北京青年政治学院学报》2005 年第 3 期;党秀云:《论志愿服务的常态化与可持续发展》,《中国行政管理》2011 年第 3 期。笔者亦认同这种界定方式,只有这样才能更好地厘定志愿与互助的边界,并指导中国特色的现实政策与实践。
④ 陈静静、冯浩:《志愿者背景、动机结构与志愿行为的关系研究》,《江汉学术》2021 年第 1 期。

国对于维护国家长治久安的战略意义要远大于西方,建构的是一种政治、行政架构深入基层的自上而下与自下而上相结合的社会治理体系,是一种基于集体主义、以有效治理为目的的社会建设方式。故现代互助话语仍然是中国特色现代社会建设的基础和核心话语,只是一方面,需要摒弃传统宗族等互助组织的族长、族权、族规、恶霸势力以及宗族间权力争斗等封建糟粕,另一方面,需要重建新型的现代互助组织,强调党委领导、政府负责,强调互助互利、困难共担和集体责任,推动建立信任关系、完善个体精神生活,形成法治、自治、德治相结合的圈层化的社会组织共同体和社会经济共同体。

志愿则是中国特色现代社会建设的高层次表达,它代表利他、奉献、不求回报的更高层次的引领与示范,其精神、服务以及专业性等价值对于基层互助的发展极为重要。它可以通过宣传动员让更多的公民愿意承担公共责任,参与到集体的公共生活之中,在每个人"服务他人,奉献社会"之中推进文明和谐的现代社会建设。[①] 但是,西方志愿话语下的自下而上的基层自治形式不适用中国,中国的基层志愿者队伍仅凭志愿精神和志愿服务,实际无法实现有效的基层组织化,如果不依托互助组织只能是无源之水,很难规范化、可持续发展。

故而,伴随中国全面建成小康社会之后,以满足人民日益增长的美好生活需要为根本目的,社会建设/社会治理、民生保障/福利服务的需求、民主参与的需求显著增加,互助与志愿二者在现代中国社会建设中相遇,一方面,传统的互助组织、互助方式需要进行现代转型,另一方面,西方价值的志愿精神、志愿服务、志愿组织需要找到中国化的发展路径。二者相互独立,又相互交融,体现在精神、服务、组织等多方面。

三、 互助型社会养老及案例介绍

互助型社会养老是一种新型社会养老方式,代表了社会养老的互助合作化道路。从学理角度分析,互助型社会养老与市场型社会养老是一对概念,互助型社会养老依靠党委领导下的各类互助合作组织(小组)开展各类互助

---

① 张勤:《创新社会治理体系中的志愿者行动及其价值》,《中共浙江省委党校学报》2014 年第 4 期。

项目,与市场型社会养老的最大区别在于出发点是多重组织目标(非营利)还是利润,所形成的互助组织(小组)还可以拓展其他业务。① 事实上,互助型社会养老在国内外的探索由来已久,只是多以民间自发形式存在。互助型社会养老之所以在未来的中国老龄社会、超老龄社会中会愈发重要且具有中国特色,主要因为中国面临老年人口数量众多、家庭规模缩小、老年人空巢化严重的现实国情,老年人有集体化生活、低成本获得服务、积极参与社会的需求,国家同样有有序领导组织老年人的需求,故互助型社会养老既是老年人的客观需求,也是基层社会治理的重要组成,是稳定党的执政根基的重要内容。但是,由于目前我国对于互助的相关概念界定不清,宣传不足,大部分互助型社会养老以发动志愿队伍、提供志愿服务为主,服务内容单一且可持续性不足,互助与志愿相混淆而在现实中遭遇发展瓶颈。

本研究利用笔者在 2018—2020 年间调研的八个城乡地区典型案例,尝试在厘清互助与志愿的多维度、多层次区别的基础上分析其多元融合路径和组织成长路径。八个城乡地区典型案例分别为:由浙江省杭州市长命村一对夫妇发起的自发"抱团养老",由四川省成都馨挽秋贴身老年服务中心运营的老年人"窝窝"计划,由山东省单县禾农农产品种植专业合作联合社运营的老年人"幸福院子",由北京市爱众慈孝家园组织开展的社区老年人自治团队,由北京市延庆区慈善协会组织开展的"1+1"关爱空巢助老项目,由吉林省松原市民政局联合各村两委开办的农村爱心托老所,由上海市民政局牵头组织开展的老伙伴计划,由辽宁省大连市大连湾义工团组织开展的各类义工服务。

四、 互助与志愿的多元融合体现

如表 1 所示,本文从精神、服务、组织等三个层面分析互助与志愿的融合路径,以及其在互助型社会养老案例中的体现。在精神层面,包括互助精神和志愿精神;在服务层面,可以划分为纯互助服务、纯志愿服务和互助志愿服

---

① 互助型社会养老是在党委领导、政府负责之下,通过社会企业经营、自上而下的互助组织管理、社工组织培育、企业经营等方式,发动建设各类基层互助合作小组/组织,利用亲朋邻里、志愿者等社会互助资源,围绕老年人开展资金互助、服务互助、文化互助等多种互助项目的社会养老服务保障模式。

务;在组织层面,可以划分为互助类组织和志愿类组织。互助类组织包括互助小组、现代互助组织和现代合作社;志愿类组织包括志愿队伍和专业志愿组织。[①] 如果提供互助志愿服务,可以称为互助志愿队伍。

表 1　互助与志愿在不同层次上的划分

精神层面	互助精神　志愿精神	
服务层面	纯互助服务　纯志愿服务　互助志愿服务	
	互助伙伴　志愿者　互助志愿者	
组织层面	互助类组织	志愿类组织
	互助小组　现代互助组织 现代合作社	互助志愿队伍　志愿队伍 专业志愿组织

(一) 互助精神与志愿精神相互融合

从志愿精神和互助精神的关系来看,互助精神与志愿精神"你中有我,我中有你",互助精神的外延要大于志愿精神。从二者区别来看,志愿精神主要代表面向公共领域的不求回报、无私奉献的利他精神,而互助精神主要代表面向亲朋邻里或可知人群的区块性的互助互利精神。故区别于志愿精神,互助精神兼具效用、美德与责任,其本质是一种经济互助,同时具有以血缘、地缘、亲缘、业缘的区块属性,其中内含了物力维艰、共渡难关的共同体意义。如长命村"抱团养老"是互助精神的典型体现,希望能够通过形成互助互利的共同体来一起应对老年人面临的身心上的困难。它由一对农村老年夫妇发起,起因在于他们的房子200多平方米、上下两层,只有夫妇两人住,伴随他们年龄增加,一方面觉得孤单,另一方面想雇保姆但又觉得不划算,所以2017年5月就通过媒体招募了6对同住的老年人夫妇,一起共同陪伴、共同娱乐和共担花费。从二者联系来看,互助精神是志愿精神的基础,志愿精神可以看作是互助精神的组成和高层次延展。不少学者亦进行过相关阐述,如在"奉献、友爱、互助、进步"的志愿精神中,奉献是志愿服务的体现形式和精神境界,友爱是行为基础和内因,互助是本质和特征,进步是成果和目标;[②]互助精神是

---

① 志愿队伍和专业志愿组织在有的文献中也被划分为非正式志愿组织和正式志愿组织。
② 廖恩:《论志愿服务的社会功能及其形成》,《中国青年研究》2012年第3期。

志愿精神的基础;①互助是志愿的价值导向之一;②等等。也就是说,互助是寓于志愿之中的,通过志愿服务在帮助他人的同时也会因为感受到快乐、幸福、满足而有益于自身的身心健康,产生利己的效果。

如上海老伙伴计划虽然是结对帮扶,但由于每月只有50元的电话补贴,并且采访中大部分老年人并不以赚取补贴为目的,故从互助精神和志愿精神边界来划分,这种是属于以志愿精神为主的,只是这些老伙伴志愿者在志愿服务中同样有互助的成分,被帮助者会因为得到帮助而想要再帮助其他人,形成自助—互助的循环。根据一位志愿者讲述,"我开始其实是结对老人(被服务者),当时老伴刚去世,女儿也不在身边,情绪一直很低落,在接受了一年的结对子之后,我觉得很开心,就想把这份快乐传递出去,我主动跟帮助我的志愿者说我也想成为志愿者,后来我也成了帮助他人的志愿者,我觉得这比接受帮助更开心。"(XBL)

北京爱众慈孝家园的组织目标是建立一支高度自治的社区中老年志愿者团队,让老年人在充满爱的慈孝家园中安养晚年,同样体现了志愿精神和互助精神的统一。老年人本身都是社区邻居,在一起健身,参加集体生日、节日节庆活动、幸福系列课程培训的基础上,也会入户探望陪伴社区困难或五保家庭,既有志愿帮助他人,也有在实践与分享中提升自己的幸福感与价值感,达到互助的目的。

(二) 互助服务和志愿服务可以用方向和报酬进行区分

根据前文所述,互助代表本能、需要和美德,其中带有利他成分。如果要从服务的角度区分互助和志愿,笔者认为,一是从方向角度,互助是一种多个方向的交换互动,志愿则是面向他人进行的单向付出。二是从报酬角度,互助实际代表了社会内部的交换关系,现代社会交换意义的互助服务可以用报酬衡量,而不是非要进行双向的服务或物品的交换,③志愿服务则是无报酬或

---

① 祝灵君:《志愿者组织、志愿精神与政党领导》,《中共中央党校学报》2005年第3期。
② 党秀云:《公民社会的精神与时代意义》,《中国人民大学学报》2008年第2期。
③ 从市场的角度来看,"每个人都不可能生产出满足自己需要的全部产品,必须通过交换去保证自己的需要得到满足,而交换必须得到竞争的支持","没有竞争的激励,交换关系的发展就很可能因为生存需要的满足而走向停滞,并可能日益式微而转化成为分配关系"。

仅是给予成本消耗补贴的无偿服务。故本研究将纯互助服务、互助志愿服务又称为服务交换型互助、报酬给付型互助，与纯互助服务、互助志愿服务、纯志愿服务三者相对应的是互助伙伴、互助志愿者和纯志愿者。

服务交换型互助主要指互助双方（多方）相互提供互助交换性的服务，互助伙伴主要指相互提供互助交换性的服务双方（多方）。这一互助可以是直接的，也可以是间接的。事实上，服务交换型互助可以包括不以营利为目的的双方（多方）相互提供的所有服务。如笔者所调研的 8 个案例中，均包括老年人一起开展文化娱乐活动，这虽然没有表现为直接交换服务，但在一起活动和交流中也间接地交换和收获了情谊、归属、愉悦。老年人"窝窝计划"和长命村"抱团养老"中的被服务老人虽然没有相互服务，但他们通过共兑开支—资金互助的形式亦达到间接互助的效果。这些老人都属于互助伙伴。

报酬给付型互助（互助志愿服务）则指服务者兼具交换和利他目的，为服务对象提供低偿的或可以获得预期回报的服务，这些服务一般具有长期性、劳动密集型等特点，互助志愿者则主要指兼具交换和利他目的，为服务对象提供低偿的或可以获得预期回报的服务的人。北京延庆"1＋1"关爱空巢助老项目、吉林松原农村爱心托老所、"幸福院子"、"窝窝计划"都是利用互助志愿者提供打扫卫生、做饭、洗衣等生活照料服务，具有一定的劳务性、专业性，并且给互助志愿者劳动报酬。如吉林松原医疗服务类 10 元/小时，家政服务类 8 元/小时，生活照料类 5 元/小时，精神关爱类 3 元/小时。北京延庆生活照料服务要求每月给老年人理发至少 1 次，补贴 10 元，助医、助洁、助餐至少 2 次，每次补贴 20 元，农忙时提供助农服务，每月 2 次，1 次至少 3 个小时，补贴 100 元等。但是，这些互助志愿者在与同村老人的长期对接服务中产生了深厚的情谊。在血缘、亲缘、地缘形成的非正式互助网络的基础之上，这种低偿服务也呈现出公益性和志愿性，即使所提供的服务已达到收费/时间上限，如果老人有困难和需求，服务人员仍会继续上门为其提供帮助。一位北京市延庆区的志愿者说，"我们其实是怀着志愿的心情做这些的，因为我们都做了好多年了，当时没有补贴，去给他们包饺子，买米买面买肉都是我们自己出钱，现在我们之间不光是服务，就像亲人一样。这些补贴的作用更多在于激励和引导，让更多人参与进来，让这种模式更加可持续"（GLL）。

纯志愿服务主要指服务者以利他为目的,为服务对象提供无偿的服务,志愿者主要指不关心报酬的人或是不为报酬而主动无偿提供服务的人。如大连湾义工站的志愿者(义工)们因无私奉献、志同道合相聚在一起,从 2007 年成立至今,十余年如一日为他人付出、不求回报,属于纯志愿服务范畴。他们提供的服务主要包括义工田、义务理发、结对关爱、邻里情、情暖空巢、逝者安等,大连湾村义工分站进一步发展了"4 帮 1"等活动。"4 帮 1"活动从 2014 年开始,针对村里特殊困难家庭,以 4 名义工帮助 1 个困难家庭为基本形式,对村中的困难家庭进行帮扶。2014 年时共配对了 6 组。开始帮扶时以上门打扫卫生为主,一般每月的 25 号下午约好去帮扶家庭打扫卫生、收拾屋子,了解老人需求,后续对接帮助,发展到目前主要以上门探望为主。"我们的行为也影响了老人子女,他们看义工都来帮助自己父母打扫卫生,就主动承担了帮老人打扫卫生的工作,后来我们每次去看家里挺干净的,也就不去打扫卫生了。"(WCS)

(三) 互助小组、志愿队伍、互助志愿队伍是对应互助与志愿组织的三种基本形态

组织的形成将原本原子化、非正式的服务交换型互助(纯互助服务)、报酬给付型互助(互助志愿服务)、纯志愿服务以及互助伙伴、互助志愿者和志愿者的关系正式化、规范化,将所提供的服务等级化、专业化。互助小组、志愿队伍、互助志愿队伍是对应互助与志愿的三种基本组织形态,也是可以推动居民参与、需要大力推动的。互助小组可以界定为:某一些有共同需求或志趣的人群组成的自我管理、自我服务、自我教育、自我监督的,没有在政府部门登记注册的小型团队。互助小组是正式互助组织的低级形式。志愿队伍可以界定为:某一些因有共同的利他、奉献以及服务社会目的的志愿者组成的,没有在政府部门登记注册的小型团队。互助志愿队伍主要指由互助志愿者、志愿者等共同组成的面向他人服务的,没有在政府部门登记注册的小型团队。[①] 从本文提供的 8 个案例比较来看,长命村"抱团养老"、成都老年人"窝窝计划"、"幸福院子"、爱众慈孝社区老年人自治团队都属于互助小组,上

---

① 从民政角度来讲,他们都属于社区社会组织,民政部门也在推动这些组织的政府备案与规范管理。

海老伙伴计划、大连湾义工团属于志愿队伍,爱众慈孝社区老年人自治团队同时也是志愿队伍。"1+1"助老项目属于互助志愿队伍。

1. 互助小组

长命村"抱团养老"是互助小组的典型模式,来自不同地方的老年人因对集体生活的期望自发聚集在一起,与他人进行社会互助。他们的互助方式是:每户人家根据各自房间的朝向和大小,支付每月 800 到 1 500 元不等的房费,用于支付家中请来的厨师、小时工以及园丁的工资,其他费用采取 AA 制。老年人内部没有强制性规定,老人们集体协商、起草制定了结伴养老协议书,依靠自觉性按照协议书规定生活,一起打麻将、练书法、下围棋等,丰富抱团生活。在一日三餐方面,老人们雇了一名本村妇女来做饭,每个家庭每周轮流值日一天,帮助雇来的厨师买菜做饭,同时负责洗碗。周日大家自由活动,三餐自理。在处理矛盾方面,结伴养老协议书的第七条写道:大家能共同生活在一起是一种缘分,要珍惜,珍爱,互谅互让,不要斤斤计较,如果不适应者可提出退出,如果有反映多者可由房东提出请退建议。

房东 W 是每日菜品的总协调师,她介绍,"我们每顿菜样由值班的家庭征询其他家庭意见后确定,我每天都在大门衣架的棕色小包里放上 200 元菜钱,轮值者就背着小包去买菜,找钱依旧放入包中。一天餐食荤素搭配,每人均摊不足 15 元。周一到周六,一日三餐都由当天值班的老人负责统计,月末根据写的正字计算伙食费(早餐画 1 划,中、晚餐各画 2 划)。我们一般会在晚上吃饭的时候交流一下各自发现的问题和想法,用于下一步的改进"(WGF)。

"窝窝计划"是城市高龄老人的互助小组,每个"窝窝"大约 10 余人,"窝窝"据点为一套 70—90 平方米的民房,内部配备棋牌、家电,"窝窝"成员在"窝窝"内可以一起看电视、打牌、看书、聊天、就餐,老年人共同开展的服务采取AA 制的形式。一般一个"窝窝"有 1 名"窝窝"保姆(厨师,家住小区里,与老人是邻居且熟识,相当于互助志愿者)为老人提供个性化点菜和照顾服务,2名低龄志愿者帮忙看护、送餐。

单县"幸福院子"是农村老年人的互助小组,租用农民闲置民房,目前以开展助餐服务为主,老人们第一个月先交 300 元生活费作为启动资金,每天在幸福院子里吃三顿饭,如果到月底生活费有结余,可以匀到下个月,后面月份基本上每月老人吃多少就交多少。也有志愿者定期为老人提供免费理发等服务。

爱众慈孝社区老年人自治团队由社区老年人邻里组成(互助小组),所形成的志愿者队伍和志愿服务一是帮助社区治理,二是帮助提升团队的凝聚力,反向推动互助小组的可持续发展。老年人邻里一起活动的纽带是每天早上的花式健走操,这套操也帮助建立起爱众健身队,在这基础上,爱众健身队成员会一起开展集体生日、幸福系列课培训、交流分享会等活动,逐步形成互助团队,"老人们会轮流当队长,负责填写项目信息,如健身、会议出勤率以及成员的公益时间等,这样他们会有得到尊重的感觉"(MGH)。

进一步地,这个团队中的积极分子可以帮社区进行困难老人日常帮扶性的志愿服务。一位被帮扶对象说,"志愿者们定期帮我买药、代购生活用品,给我帮了大忙,我百分之二百地感谢志愿者们,没有她们,我活不到今天(LQ)。"在互助小组和志愿者团队——自治团队核心建立之后,社区志愿者自管会通过选举方式产生。

2. 志愿队伍

志愿队伍是目前社区比较常见的组织形式。上海老伙伴计划建立的是由社区老年居民组成的面向社区高龄老人提供志愿服务的队伍,一般由社区老年协会中的积极分子组成,由 1 名低龄老人作为志愿者结对 5 名高龄老人,每周进行一次上门服务,补贴 1.5 元。服务内容主要是精神慰藉,例如陪老人聊天、给老人读报纸、帮老人联系物业等。在此过程中,因志愿者和被服务老人年龄相近、文化背景相近、交流频繁,有的双方逐渐建立起家人般的感情,在规定的每月 4 次服务之外,不少志愿者也会自发探望老人。

大连湾义工站是通过基层宣传、发动义工、自发捐款等形式开展义工活动的志愿队伍,由一群无私奉献的义工组成,由助人为乐、乐于奉献的利他精神所驱动,完全无偿服务。资金主要来自义工站内部的自我捐赠、义工站的领导者出资及义工们进行 AA 制。大连湾义工站之所以能够吸引如此之多的义工,与关键人物——王站长(WCS)的引领、带动密不可分。"正是王站长的无私奉献、以身作则和到各站的不断动员、讲解,各义工分站才会如此的配合和响应(SMC)。"

3. 互助志愿队伍

"1＋1"助老项目是由北京市延庆区以各村已经存在的互助志愿者力量为依托建立互助志愿队伍。村集体尤其是妇女组织负责具体管理，由一群热心帮助他人的农村妇女组成，为村内空巢独居的高龄、贫困、失能半失能老年人提供上门照护服务，服务内容包括生活照料、精神慰藉以及巡视探访等，服务质量由社会组织和政府来进行评估。除了无偿的志愿服务，还提供低偿的互助支援服务，例如给老年人理发 1 次 10 元，助医、助洁、助餐，每次 20 元，助农 1 次（至少 3 小时）至少 100 元。

五、 互助与志愿的组织成长路径

根据前文分析可以发现，现实层面的服务和组织是区分互助与志愿以及发展互助型社会养老的两大重要维度，服务供给影响组织类型，组织的规范化发展则进一步影响服务供给。① 本部分即总结互助类组织与志愿类组织的组织成长和体系成长路径。

（一）组织成长路径

按照是否登记注册以及业务范围，从组织的初级阶段到高级阶段，本研究尝试将单个互助类组织的成长路径总结为互助小组到互助组织到合作社，志愿类组织的成长路径总结为志愿队伍到专业志愿组织，同时互助类组织和志愿类组织可以相互转换，如志愿队伍转换为互助小组、互助小组/组织中的部分成员作为志愿队伍提供志愿服务等，互助志愿队伍在两个方向上都可以发展。

1. 互助小组互助组织/合作社/志愿队伍/互助志愿队伍

与互助组织/合作社相比，互助小组的规模和能力方面都相对欠缺。如"抱团养老"作为民间自发的一种养老方式，虽然凸显了老年人自发抱团的民间性、灵活性等特点，但是其发展面临的困难与风险在于：缺乏合法身份，老年人在身体健康时可以以个人的形式参加"抱团"，但身体不健康或遇到特殊

---

① 笔者认为，从服务和组织的先后顺序来看，应当先形成队伍/小组/组织，然后才是各种类型的服务供给，如果缺乏现代组织的规范化管理，互助和志愿服务往往可持续性不足，这也是目前两类服务面临发展瓶颈的重要原因。

情况时就需要退出或面临解散。2020年新冠肺炎疫情发生后,当地政府及长命村的抱团老人就出于人身健康的考虑,解散抱团回到了自己的家中,这一持续了三年多的抱团养老也暂时终止。而互助组织/合作社则更加专业、规范,抵御风险能力更强。现代互助组织可以界定为:在党委领导、政府负责之下,由一群个体成员自我管理、自我服务、自我教育、自我监督,通过组织化管理或企业化经营达到可持续发展目的,低成本满足本组织成员物品、资金、服务、精神等需求的非营利组织。从组织性质角度可以划分为政治型互助组织和民间型互助组织,政治型互助组织主要指群团组织和村(居)民自治组织。群团组织包括共青团、妇联、工会等。民间型互助组织则是指除政治型互助组织以外的在政府登记注册的团体组织,包括各类合作社、社会团体等。① 故现代合作社是高级形式的现代互助组织,笔者认为可以界定为从事包括信用合作、生产合作、供销合作等经济合作活动的互助组织。在本研究案例中,除北京延庆"1+1"助老项目中有少数相对成熟的农村互助志愿队伍在民政部门注册成为社会组织法人以外,目前只有吉林松原爱心托老所是社会组织法人,各村两委(老年协会)运营,自负盈亏,大多数由村书记或妇女主任作为法人,其他服务人员均是本村村民(互助志愿者)。托老所为独居、空巢、高龄老人提供生活居住、日间照料等服务,为本村全体老年人提供休闲娱乐、康复保健、精神慰藉等服务。

与此同时,互助小组、互助组织和合作社除提供满足本组织成员需求的各类互助服务之外,也可以面向外部提供(互助)志愿服务,发挥(互助)志愿队伍/组织的作用,由此提高组织成员的自我效能感,提升组织的凝聚力,实现组织成员的常态化互动。

2. 志愿队伍/互助志愿队伍/互助小组/专业志愿组织

目前我国的志愿队伍虽然结构相对松散、专业能力欠缺,但大量存在于

---

① 需要说明的是,在民政部门登记的社会团体可以注册为社会团体和民办非企业单位两类,根据《社会团体登记管理条例》(国务院令第250号),社会团体是指中国公民自愿组成,为实现会员共同意愿,按照其章程开展活动的非营利性社会组织。根据《民办非企业单位登记管理暂行条例》(国务院令第251号),民办非企业单位是指企业事业单位、社会团体和其他社会力量以及公民个人利用非国有资产举办的,从事非营利性社会服务活动的社会组织。另外,根据《慈善法》规定,符合条件的社会团体可以被认定为慈善组织。目前我国合作社以农民合作社为主,在农业部门登记注册成立。

基层社区之中，一般社区有值班、巡逻、文化娱乐等活动，尤其是 2020 年的疫情防控、垃圾分类都需要志愿队伍提供各类志愿服务。笔者认为，这个庞大的基层队伍实际可以通过规范化、专业化和精细化的管理发挥更大作用。例如，一是除无偿志愿服务之外，可以选择部分有意愿的志愿者进行培训，发展为互助志愿者，成为互助志愿队伍，如北京延庆"1＋1"助老项目，提供如托幼、养老等相对专业、劳务型服务；二是向互助小组、互助组织、合作社发展，如爱众慈孝家园模式，让志愿者通过内部互助有成长、归属和回报，同时通过自我造血保证资金来源与组织的稳定发展；三是发展为专业志愿组织这一高级形式，提升专业服务能力，正式登记注册，承接政府社会服务项目，在社区建设、扶贫济困、环境保护、大型赛会、应急救援等领域开展多样志愿服务活动。[①] 如大连湾义工站以及大连湾村义工站都已经在民政部门登记注册，志愿服务覆盖领域更加广泛，开展的志愿服务活动更加全面。

（二）体系成长路径

由于正式登记注册的社会组织数量有限，互助类组织与志愿类组织的成长路径除单个组织成长为正式组织以外，还可以通过体系化发展实现。如图 1 所示，通过政治型互助组织、专业社会组织、社会企业的圈层化管理、培育和经营，既可以弥补各类志愿队伍、互助小组在规范性、专业性、风险抵御能力等方面的缺陷，也可以帮助单个组织实现个体的成长——向更高级组织形式的过渡，由此实现体系成长。但是，政治型互助组织管理、专业社会组织培育以及社会企业经营都有其优势和劣势，下面即分别结合案例分析不同运营方式下的互助与志愿服务、组织方式及优劣势（如表 2 所示）。

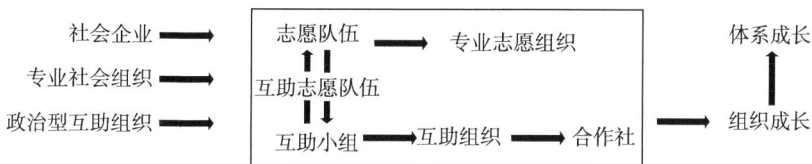

图 1　组织成长路径示意

---

① 谭建光、朱莉玲：《中国社会志愿服务体系分析》，《中国青年政治学院学报》2008 年第 3 期。

表 2　不同运营方式下的案例呈现

运营主体	项目名称	精神		服务			组织					
		互助	志愿	志愿服务	互助服务	互助志愿服务	志愿队伍	专业志愿组织	互助志愿队伍	互助小组	互助组织	合作社
自发	抱团养老	主	—	√		√				√		
老年协会（互助组织）	农村爱心托老所	主	辅	√	√	√					√	
	老伙伴计划	辅	主	√			√					
专业社会组织	爱众慈孝家园	主	主	√	√		√			√		
	"1＋1"助老项目	主	主	√		√			√			
（社会）企业	"窝窝"计划	主	辅	√	√	√				√		
	"幸福院子"	主	辅	√	√	√				√		
专业志愿组织	大连湾义工团	辅	主	√			√					

1. 政治型互助组织管理

松原爱心托老所和上海老伙伴计划都是在政府的推动与支持下建立老年协会，使农村/社区互助型社会养老首先有了互助组织体系，在此基础上根据村庄情况成立互助志愿队伍/志愿队伍/互助小组，逐步完善互助养老的互助志愿服务体系。松原进一步建立托老所/睦邻点，收纳独居、困难老年人，为居家老年人提供活动交流的场所，实现居家养老和社区养老的有机融合，进而实现互助型社会养老体系的构建。由于各级政府、村居两委、老年协会的统筹安排和深度参与，二者在资金供给、组织规范性方面都具有优势，同时容易获得本土信任，对居民有较强的动员能力。不足之处在于受政府政策和资金补贴影响较大，行政色彩浓厚，营利能力不足。

2. 专业社会组织培育

北京延庆"1＋1"助老项目的运营单位——延庆区慈善总会即为专业社会组织，负责项目整体策划、运行和管理。延庆区慈善协会属于具有官方色彩的非营利组织,可以协调政府资源,同时可以发挥社会组织的灵活性和亲民性,与民间社会良性互动。为了规范互助者服务行为,延庆区慈善协会还编制了《延庆慈善"1＋1"关爱空巢助老项目制度汇编》,将 22 项相关制度汇编成册,包括互助者服务管理、考勤、学习、考核、宣传等制度,让互助志愿者人手一册学习了解。在评估方面,实行定期巡查回访工作机制,区慈善协会通过电话、上门回访的方式,每月不定期了解各村服务开展情况、受助老人满意度,及时解决存在的问题。北京爱众慈孝家园则探索运营了自发性志愿队伍时期的文化娱乐等低层次的志愿活动,互助小组时期的小范围互助服务,志愿组织时期的兼具运动养生、精神慰藉、便民服务的多元专业化互助志愿服务三种类型。大连湾义工站则在大连市慈善总会(登记注册为慈善组织)的领导下,大连慈善总会包括市级义工分会、区(县)级义工队、街道/乡镇/行业团体义工站、社区/村屯义工分站,一般每年会统一设计一些服务项目、发放义工服等、记录义工时长并进行星级评定。专业社会组织培育发展面临相似的困境,即主要由政府出资运营,缺乏社会层面的资金捐助,受组织定位、能力限制等的约束,其服务以帮助政府落实社会救助任务为主,服务内容局限于志愿性的文化娱乐、保健、上门探望、临时帮助等,自身也没有或者少有可盈利的项目,资金来源渠道较单一。

3. 社会企业运营

馨挽秋"窝窝计划"和单县"幸福院子"由社会企业运营各类老年人互助小组,带有准合作社的意义。如成都老年人"窝窝计划"是由馨挽秋贴身老年服务中心运营,帮助有养老服务需求的老年人(主要是高龄独居/空巢、行动困难老年人)组成"窝窝"提供服务,同时该企业还运营养老护理院、社区居家养老服务中心等,并与旅游、保险等公司有合作关系,可以为老人提供不同类型的增值服务。"幸福院子"则是禾农联合社(利民资金互助社)在创建资金互助社和农业合作社资金互助部的基础上向养老服务板块拓展的项目,禾农同时还涉足幼儿园、医院、养老院和餐饮等行业,这种"资金储蓄＋养老""社员＋养老"的形式可以对社员和客户具有黏合性,促进合作社发展社员,更好为社员服务。这两个社会企业都是面向对养老服务有刚需且具有一定支付能力的老年人群体,具有专业化、混合化、连锁化运营的特点,兼具公益与商业属性,使其在探索创新、可持续发展方面更具生命力,是党委领导、政府负责下的中国特色社会经济的重要发展方向。但这种以企业发展为目的的社群经营仍以培育、吸引客户,进而拓展主要业务实现盈利目的为出发点,目前主要面临公益与商业平衡的问题,比如可能有诱导老年人消费等市场风险;如果形成老年人互助小组的规模和连锁,可能存在组织上的管理风险;老年人对于企业的信任度不足;缺乏制度和政策认可、受政府补贴支持等影响限制其扩张发展等。

六、 结论与讨论

互助与志愿作为共同服务于中国特色现代社会建设的两大话语体系,互助立足本土需要现代转型,志愿舶来西方需要进行中国化调适,通过二者的交互合流,可以在民生保障体系和社会治理体系方面发挥重要作用。中国作为一个社会主义人口大国,互助是基础话语,不仅因为其个体层面的经济互助、困难共担和集体责任,最主要在于国家领导下的内含集体主义的基础组织,这是保证党和国家长治久安的根本保障,故与西方志愿话语包含互助不同。笔者赞同将互助与志愿区分并融合,将中国特色志愿作为互助的高层次表达,强调无私奉献精神和不计报酬服务,发动以利他性为价值取向、不以获取营利为目的的志愿活动。在明确互助与志愿的各自定位、联系和区别的前提下,推动二者同步发展并达到相互促进的作用。借助互助型社会养老案例对互助与志愿的多元融合和组织成长进行分析可有如下发现:一是互助精神和志愿精神相互融合,志愿精神之中蕴含互助精神,志愿精神可以看作是互助精神的组成和高层次延展;二是互助服务和志愿服务可以用方向和报酬区分,互助是一种多个方向的交换互动,代表社会内部的交换关系,可以用报酬衡量,志愿则是面向他人进行的单向付出,是无报酬或仅是给予成本消耗补贴的无偿服务;三是互助小组、志愿队伍、互助志愿队伍是对应互助与志愿单个组织的三种基本形态,三者可以相互转换,志愿队伍向互助志愿队伍和互助小组发展会提升其可持续发展能力,互助小组增加志愿功能可以增加组织的凝聚力和美德文化,满足成员自我实现的需要。从组织成长角度,志愿队伍的成长方向为专业志愿组织,互助小组的成长方向为互助组织和合作社,合作社实际也是高级形式的互助组织。同时，互助类组织和志愿类组织都可以通过政治型互助组织管理、专业社会组织培育、企业/社会企业经营等方式实现体系化成长。理想方向是通过互助与志愿在精神、服务、组织层面的交互合流，因地制宜地实现党委领导、政府负责下的互助组织体系、志愿组织体系、社工体系与企业体系四类体系的合作，发挥优势，建设协会、联合会、联盟等中介平台，在党委领导、政府负责下，实现国家、居民、组织和市场之间的良性互动。笔者认为这是中国现代社会建设的重要方向之一——建设具有中国特色的多种形式的现代互助合作组织和互助合作经济，其可以应用于医疗、教育、养老、托幼等民生保障的各个领域，达到民生保障与社会治理共同成长、人民享受共同富裕和美好生活的目的。

积极应对人口老龄化背景下农村时间银行的特征、困境与路径探析[*]

索浩宇　郭东旭　陈　功[**]

摘　要:面对农村人口快速老龄化的严峻形势,农村养老服务需求不断扩大,同时出现了"未备先老""未富先老"的问题,农村养老服务体系建设明显不足。时间银行能够有效激发农村老年人互帮互助的积极性,充分利用农村养老服务领域的人力资源,成为应对农村突出养老问题的一种有效方式。与城市时间银行相比,农村时间银行具有服务区域村落化、服务主体单一化、服务契约长期化、服务精神亲情化的特征,能够发挥完善农村养老服务体系、开展农村闲散人力资本、培育农村社会资本、满足农村老年人精神需求的作用。农村时间银行面临规模小,社会认知和普及程度低,政府职能定位不清,社会化和市场化主体参与不足,政策、资金和人员匮乏,组织管理制度和信息化平台亟待完善及时间货币存兑规则存在争议等问题。基于此,本文从理念、主体、运行机制、保障制度和存兑规则五个方面提出农村时间银行的未来发展路径,以期助力农村时间银行健康可持续发展。

关键词:农村养老服务　时间银行　互助养老　互惠交换

一、引言

中国自 2000 年进入老龄化社会以来,经过 20 余年的快速发展,人口老龄

* 本文是研究阐释党的十九届四中全会精神国家社科基金重大项目"中国特色养老服务体系建设研究"(项目编号:20ZDA076)的阶段性成果。

** 索浩宇,北京大学人口研究所博士研究生,研究方向为养老志愿服务;郭东旭,北京大学人口研究所硕士研究生;陈功,北京大学人口研究所教授,研究方向为养老志愿服务。

化形势日益严峻。截至 2019 年年底,全国 60 周岁及以上老年人口 25 388 万人,占总人口的 18.1％。其中 65 周岁及以上老年人口 17 603 万人,占总人口的 12.6％。① 预计到 2025 年,中国 60 岁和 65 岁以上人口占总人口比重将分别达到 20％、14％,由轻度老龄化社会进入中度老龄化社会,并继续向重度甚至深度老龄化社会迈进。② 与此同时,中国农村人口老龄化更加突出,面临老年人口规模大、老龄化程度深、人口高龄化严重等诸多问题。例如,2018 年全国 2.49 亿 60 岁以上老年人口中,农村老人占 46.22％,比同期农村人口占全国总人口比重(40.42％)高出近 6 个百分点,其中每 100 个 60 岁以上农村老人中就有 12 个是 80 岁以上高龄老人。③ 农村人口快速老龄化的社会现实激发出质优量大的养老服务需求,但是长期以来在代际关系弱化、家庭负担沉重、人力资源持续流失、基础设施长期缺位、财政投入严重不足等多重因素的共同作用下,农村家庭养老功能持续弱化,机构养老尚不成熟。在这种背景下,根植于中国农村地区长期形成的邻里互助、宗亲会等传统互助文化,互助养老模式与农村现状相契合,被视为未来中国农村养老的出路并为政府所认可。2017 年国家出台的《"十三五"国家老龄事业发展和养老体系建设规划》中就明确指出,通过邻里互助、亲友相助、志愿服务等模式和举办农村幸福院、养老大院等方式,大力发展农村互助养老服务。

　　时间银行是一种帮助志愿者将志愿服务时间存入个人账户、在需要时取出换取他人服务的组织架构,④"本质上体现了一种劳动成功延期支付的经济学思路"⑤。时间银行作为互助养老的创新形式,能够有效激发农村老年人互帮互助的积极性,充分利用农村养老服务领域的人力资源,成为应对农村突出养老问题的一种有效方式,得到政府和学者们的广泛认可。2019 年 3 月,民政部将"时间银行"纳入全国居家社区养老服务改革试点范围,同年 4 月,国

---

① 数据来源:《2019 年民政事业发展统计公报》。
② 郑功成:《实施积极应对人口老龄化的国家战略》,《人民论坛》2020 年第 22 期。
③ 乐昕:《探索具有中国特色的农村老龄社会治理模式》,《人民论坛》2020 年第 Z2 期。
④ 陈功、黄国桂:《时间银行的本土化发展、实践与创新——兼论积极应对中国人口老龄化之新思路》,《北京大学学报(哲学社会科学版)》2017 第 6 期。
⑤ Cahn, Edgar S. "The Time Dollar: How to Start a Service-Credit Volunteer Program." *Nonprofit World*, Vol.10,No.2 (1992).

务院办公厅出台的《关于推进养老服务发展的意见》中提出,积极探索"时间银行"等做法。贺雪峰将时间银行与志愿服务和低偿服务并列为农村互助养老的三种模式。[①] 本文基于农村"时间银行"互助养老的理论研究和实践探索成果,总结农村"时间银行"互助养老的基本特征,分析其面临的现实困境,进而提出行之有效的发展路径,以期为促进我国农村"时间银行"互助养老的发展和构建与农村养老现实需求相适应的农村养老服务体系提供参考。

二、 农村"时间银行"互助养老的研究进展

通过对现有文献的整理发现,目前关于农村"时间银行"互助养老的研究主要集中在本质、优势、困境(存在的问题)、发展对策等方面,学界关于时间银行的研究主要集中在时间银行的内涵、功能、困境和对策建议等方面,而关于农村"时间银行"的研究还较少。

(一) 农村"时间银行"互助养老的内涵

一般认为,时间银行的理念雏形最早源于日本女士旭子冰岛,后由美国学者艾德加·卡恩于 1980 年正式提出并推向全世界,主张"以一小时对他人服务在将来换来一小时被他人服务"[②]。时间银行传入中国后,首先与志愿服务紧密结合起来,"是一种志愿服务的创新模式",能够将志愿服务时间记录下来并存储,以换取未来回报。2018 年以来,作为互助养老创新形式的时间银行迎来新一轮的发展,日益受到政府和学界的重视,其形式和内涵也有新的时代意义。陈体标将养老服务时间银行的运行机制归纳为:由低龄活力老人照顾高龄老人,获取"服务时间"并存入时间银行,当低龄老人变为高龄老人需要照顾,可将储存在时间银行的"服务时间"支取出来用于支付,获得后一代低龄活力老人的帮助。[③] 贺雪峰认为,"时间银行"就是由低龄老年人为高龄老年人提供服务,服务时间记录下来花去时间券,作为自己年老时接受服务的依据。[②] 通过梳理关于"时间银行"互助养老已有的研究文献发现,"时

① 贺雪峰:《互助养老:中国农村养老的出路》,《南京农业大学学报(社会科学版)》2020 年第 5 期。
② 陈功、黄国桂:《时间银行的本土化发展、实践与创新——兼论积极应对中国人口老龄化之新思路》,《北京大学学报(哲学社会科学版)》2017 年第 6 期。
③ 陈体标:《时间银行的基本规律与货币逻辑》,《探索与争鸣》2019 年第 8 期。

间银行"互助养老主要有三重内涵:第一,主要是低龄老人向高龄老人提供服务,能够将青老年活动和老老年照料相结合;第二,主要把"时间"作为养老服务的价值衡量标准,强调"时间"的等量交换;第三,主要以志愿服务的形式进行,具有参与服务的自由性。学界并未对农村"时间银行"互助养老与城市"时间银行"互助养老进行概念上的区分,更多将其视为"时间银行"在不同场域的应用。

（二）农村"时间银行"互助养老的作用

在农村人口老龄化程度逐渐加深、人口流动速度不断加快、家庭养老保障功能日益弱化以及机构养老服务资源供给不足的背景下,"时间银行"互助养老能够成为农村养老服务体系有益补充,在应对中国农村人口老龄化问题、缓解农村养老压力方面具有重要的现实意义。陈功、王笑寒认为,将"时间银行"机制引入互助养老模式,能够有效缓解养老压力,针对性地满足老年人的生活照料需求和精神需求,并且提供新型养老互助平台。[①] 纪春艳指出,在农村推广"时间银行"互助养老具有满足老人多层次养老需求,节约社会成本;开发农村老人人力资本,推进积极老龄化;提高互助养老可持续性,构建和谐社区;补充现有社会养老服务体系,缓解农村老龄化问题四个方面的重要价值意蕴。[②] 李兵兵认为,"时间银行"养老互助模式能够促进农村老年人力资源开发,实现代际间的服务交换和社会资源的整合,是对完善我国特色的养老服务体系的有益补充。[③] 总体而言,农村"时间银行"互助养老主要有三个层次的作用:第一,对农村老年人而言,能够丰富他们的老年生活,满足老年人生理和精神需求;第二,对农村社区而言,能够促进社区文化建设,提升农村社区社会资本,建设和谐社区;第三,对社会而言,能够开发农村闲散的人力资源,丰富社会养老资源,完善社会养老服务体系。

（三）农村发展"时间银行"互助养老的优势

由于资金投入不足,落后农村地区发展养老服务事业受到严重制约,但

---

① 陈功、王笑寒:《我国"时间银行"互助养老模式运行中的问题及对策研究》,《理论学刊》2020 年第 6 期。

② 纪春艳:《农村"时间银行"养老模式发展的优势、困境与应对策略》,《理论学刊》2020 年第 5 期。

③ 李兵兵:《农村地区推行"时间银行"互助养老模式探究》,《当代农村财经》2020 年第 8 期。

是学者们普遍认识到在当前中国村庄发展"时间银行"互助养老有很多优势。彭炎辉从人际关系的紧密性、农业生产的季节性、土地经营规模的狭小和产业结构的单一性、劳动力转移的暂时性四个维度全面总结了农村开展时间银行的独特优势。① 李秀芳等人从民间互助共济在中国有深刻的文化渊源,志愿服务参与农村社会养老实践积累等方面分析了时间银行参与农村养老服务的可能性。② 党丽莹、高贵如则认为推广"时间银行"互助养老模式具有剩余劳动力、宗族血缘、基层群众自治组织等方面的优势。③

通过对相关文献的梳理,发现我国学者对于"时间银行"互助养老模式的研究重心主要集中在城市社区,而农村区域则相对较少。20 世纪 80 年代末,上海虹口区提篮桥街道晋阳居委会组织本社区内部低龄老人为高龄老人提供各种服务,开创了国内"时间银行"互助养老服务模式的先例。我国已在上海、太原、广州、北京、杭州、哈尔滨、南京、重庆等地的城区相继开展时间银行互助养老模式试点。其不仅是对现有养老体系的补充,并逐渐与新技术发展相结合,成为积极应对人口老龄化、构建社会信用体系的一种新模式。

梳理相关文献可以看出,当前我国农村"时间银行"互助养老在理论和实践方面均进行了积极有效的探索,主要围绕农村"时间银行"互助养老的内涵、作用及其在农村地区发展的特殊优势进行了研究分析,但是学界更多关注城市"时间银行"互助养老的发展,较少聚焦农村"时间银行"互助养老的发展,在农村"时间银行"互助养老的运营机制、体系构建、可持续发展、本土化建构等方面还未达成共识。正如前文所述,作为一种应对农村突出养老问题的有效方式,那么,在农村发展"时间银行"互助养老是否具有独特优势? 又会遇到什么问题? 如何进行本土化建构? 这些都是发展农村"时间银行"互助养老所必然面临和必须解决的问题。

---

① 彭炎辉:《代际双重绑定时间银行:农村养老服务新模式》,《西北人口》2017 年第 6 期。
② 李秀芳、南金花等:《以时间银行模式破解农村养老服务困境》,《河北北方学院学报(社会科学版)》2018 年第 5 期。
③ 党丽莹、高贵如:《基于时间银行模式的农村互助养老可行性分析》,《农村经济与科技》2020 年第 21 期。

三、 农村"时间银行"互助养老的实践样态：以 Z 市 T 区为例

（一）案例背景

T 区下辖五镇一街，共 211 个行政村（居），总人口 34.21 万人，60 岁以上老人 5.96 万人，占全区总人口的 17.43％。随着高龄老年人、空巢老年人和失能老年人日益增多，T 区人口老龄化、高龄化的趋势日益严峻，社会养老压力日益增大，居家老年人的日常生活照料、医疗保健、精神慰藉等问题日益突出。2019 年 8 月，T 区运用"互联网＋"养老模式，依托"12349"养老信息平台，开展智慧居家养老志愿服务，启动"时间银行"互助养老项目，于同年 11 月被 Z 市评定为居家养老试点区。

（二）T 区农村"时间银行"互助养老主要做法

1. 政府主导，社会参与。2019 年区民政局印发了关于成立台儿庄区"时间银行"助推志愿服务工作的方案，成立了台儿庄区助老志愿者协会，招募志愿者 1 820 余人，其中长期活跃志愿者 800 余人。成立志愿者服务站 80 个，为老服务公益团队 14 个，先后在张山子镇、涧头集镇、泥沟镇、马兰等六处镇街开展养老服务培训 500 余人次，推动社会力量参与养老志愿服务。逐步建立了区、镇、村和专业社会公益组织三级志愿者服务网络，是全市首家运行的"时间银行"项目，社会公益组织涵盖医疗、家政、餐饮等机构，为老人提供医疗保健、精神慰藉、生活照料等与老年人生活密切相关的各项服务。台儿庄区"12349"养老服务热线 24 小时为老人提供服务，重点免费服务全区 70 岁以上的低保、建档立卡贫困户和 60 岁以上残疾、特困老人、留守老人等五类弱势群体。通过政府引导、社会参与，打造社区志愿者服务高龄困难、独居老人为主，其他社会力量志愿服务为辅的居家养老志愿服务体系，提升居家和社区养老服务能力。

2. 系统保障。充分发挥互联网＋智能的作用，以 12349 智慧养老信息平台为基础，推行社区老年人和志愿者登记制度，通过信息系统派单，志愿者使用外勤 App 上门定位打卡、拍照上传，平台工作人员 12349 服务热线进行满意度回访，实现闭环管理，保障助老志愿服务真实产生，落到实处。信息平台要对产生的服务工单做好记录和汇总，老人的意见和建议要及时反馈到区级

总行(区助老志愿者服务协会)、镇街分行(助老志愿者服务站)、村居和社会公益组织支行,保证良性发展。

3. 服务全面。建立健全志愿服务"付出—积累—回报"机制,打造社区养老服务功能性平台,打通助老服务最后一公里,形成长效可持续的爱心互助模式。志愿者们进入五类老人家中,探访服务需求,签署服务协议,受到老人好评。建立多个微信群,进行区级—镇级—村级三级志愿服务组织管理,信息平台工作人员到各乡镇志愿者服务站组织业务技能培训,讲解服务流程,以点带面,逐步拓展至各社区、自然村,确保五类老人都能尽快享受到公益服务组织的关心与服务。积极对接区新时代文明实践中心、镇街新时代文明实践分中心、村级文明实践站,发挥村居志愿者、公益性社会组织和辖区内低龄老人的主体作用,以专业家政、养老、医疗机构为补充,重点免费服务全区70岁以上的低保、建档立卡贫困户和60岁以上残疾、特困老人、留守老人等五类弱势群体。为五类老人提供助洁、助农、助医、助安、助乐等十项助老服务。截至目前外呼主动关爱电话11 482个,其中疫情期间心理疏导电话5 846个;派发志愿者服务工单2 148个,其中助洁299人次,助乐助聊783人次,线上助聊1 066人次,"时间银行"存储助老志愿服务时间1 092小时;督查特困照料护理人服务电话2 216人次;疫情防控期间,协助镇街村干部和志愿者为特困户、困境儿童送去面粉、油等物资,同时了解分散特困人员居家情况及照料护理人员服务情况;台儿庄区民政局购买健康一体机、随诊包等医疗设备,多次联合区助老志愿者协会开展"时间银行"医疗志愿者分队义诊活动,为困难老年人义诊240余人次,由志愿者为村民填写体检表格,助老医疗志愿服务队医生为村民进行量血压、测血糖,做心电图等健康服务,细心了解村民的身体状况及病史,解答他们提出的问题和咨询。一方面让老百姓对自己的身体健康更加了解,另一方面,12349信息养老平台将更新完善智慧养老平台数据系统,对全区60周岁以上的老年人信息进一步采集和充实,不断扩大服务范围,助力脱贫攻坚,增强老年人的获得感、幸福感。

4. 创建养老信息数据库。运用云平台、大数据、电子地图等技术手段,建立具有统计分析功能的养老基础信息数据库,实现养老数据在线查询。已将全区60岁以上老年人录入信息系统,目前系统中有老人数据5.4万条,包括姓名、身份证号码、家庭住址、联系电话等信息；特困、低保、残疾等特殊群体老年人信息已完成录入，并予以标注，实行动态管理。深入乡镇通过入户调查、查询村卫生所健康档案、电话咨询等方式收集完善老年人信息 7 200 余条。

5. 完善激励机制。每年区里进行总结表彰，设立优秀基层组织奖、公益组织参与奖和优秀志愿者奖，对志愿服务成效明显的养老志愿者服务站点、社会公益组织和志愿者给予表彰，同时进行星级评定，优胜劣汰，保证提供为老服务的质量和水平。志愿者服务时长可以每一年兑换一次，兑换和存储分别按 50% 和 50% 的比例使用，其中 50% 可到各网点兑换物品；剩余 50% 时间待志愿者进入老龄后，需要服务时，可申请兑换同等时间的免费服务，体现互助养老模式的优越性。

四、 农村"时间银行"互助养老的基本特征与功能

"时间银行"在 20 世纪 90 年代左右被引进中国，与志愿服务、互助养老及社会治理相结合，并开始"本土化"的探索。但是"时间银行"是典型的"舶来品"，产生于西方非营利组织、非政府组织或第三部门，囿于"国家—市场—社会"的研究范式之中。"时间银行"本土化过程中困难较多，原因在于"时间银行"在中国发展的初始阶段，是一种简单的"嫁接"和"移植"，没有充分和中国的社会现实、文化传统相融合。农村"时间银行"的发展首先要厘清农村的特点以及发展时间银行的优势。综合已有文献和笔者对 Z 市 T 区时间银行的调研，本文认为农村时间银行具有以下特征与功能。

（一）基本特征

1. 服务区域村落化。在中国农村，由于历史传统、文化习俗等相同或相近，加之"远亲不如近邻"等邻里关系的观念，农民在长期交往中形成了相互信任、互惠互利的社会关系。这种基于血缘、地缘和亲缘等形成的社会关系网络，使得每个农民对自己的村落都有较强的认同感和归属感。[①] 在这样的社会关系网络中，同宗同族、左邻右舍之间关系的紧密性，彼此之间熟悉程度

---

① 赵宁：《社会资本视角下农村多元化养老模式研究》，《社会保障研究》2018 年第 2 期。

以及由此产生的信任,使农民对时间银行这种"劳动成果的延期支付"的互助养老模式信任度更高。同时,农村自古便有敬老爱老、守望相助的传统美德,即使没有时间银行,本村农民之间的互帮互助也十分常见。因此,相比于城市时间银行的活动区域的广泛性,农村时间银行的活动一般在本村内进行,即时间银行服务区域的村落化特点。

2. 服务主体单一化。改革开放以来,农村青壮年劳动力大规模从农村向城市转移,根据相关数据统计,1983 年至 2017 年间,中国农民工数量实现了从 200 万人到 28 652 万人的跨越式增长。部分研究发现,2010 年农村流动人口的年龄主要集中在 16—40 岁,而 45 岁以上的流动人口在整体农村流动人口中的比例急剧下降,农村流动人口中 60 岁以上老年人口的比例仅占 4.8%。[1]也就是说,农村人口流动具有高度的年龄选择性,主要是青壮年劳动力,60 岁及以上的老年人基本不再进城务工,而是选择留在农村,担负起农业生产活动,过上"含饴弄孙"的生活。他们不仅对农村有着深厚的感情,关键还有一定的劳动能力和空闲时间,并且在不远的将来自己将面临现实的养老需求,而自己的子女又很可能不在身边。因此,相比于城市时间银行服务主体的多元性,农村时间银行的服务主体以低龄老年人为主。

3. 服务契约长期化。中国自古以来就有互助的传统,这一传统是在小农家庭经济资源有限、风险抵御能力不足的情况下形成的,以血缘、亲缘、地缘、业缘形成的私人网络为单位,包括生活互助、生产互助、金融互助等多种互助形式的民间互助保障体系。[2] 新中国成立后,以生产队、生产大队为主要单位的集体互助保障承担起了基本的生活供养、困难救济、医疗、教育等功能。但是直到近代,随着社会变革、人们观念的变化以及农村人口流动速度的加快,传统的宗族保障的模式和观念以及邻里之间的互助才有所消解。与此同时,孝文化是我国优秀传统文化的重要组成部分,历史悠久、源远流长,是传统乡土社会良善运行的润滑剂与黏合剂。孔子说:"夫孝,德之本也,教之所由生

---

① 邹湘江、吴丹:《人口流动对农村人口老龄化的影响研究——基于"五普"和"六普"数据分析》,《人口学刊》2013 年第 4 期。

② 刘妮娜:《互助型社会养老:乡土模式的理论与实践》,北京:社会科学文献出版社 2020 年版,第 26 页。

也。"在中国古人看来，"孝"是全部道德的基础，是决定家庭和谐及国家稳定的基本道德规范，也是文明教化的基础。至今为止，"孝老"仍然是中国人心中最高尚的品德之一，也是中国农村最重要的文化资源，甚至许多地方仍然坚持"以孝治村"，并取得了良好成效。孝老观念和孝文化在农村的普遍存在，可以帮助人们重新审视自身参与"时间银行"互助养老行为，从内心深处更加容易理解、认同"时间银行"互助养老模式，提升农村居民参与"时间银行"互助养老的内生动力。根植于宗族之间和邻里之间的互助传统、孝老观念和近年来组建兴起的志愿精神使得农村"时间银行"拥有服务契约长期化特点，志愿者与服务对象的链接更加紧密。

4. 服务精神亲情化。发展农村"时间银行"互助养老的另外一个重要的社会基础就是中国农村特殊的熟人社会。中国农民世世代代生活在同一个村庄，比邻而居，同时由于历史传统、文化习俗等相同或相近，加之"远亲不如近邻"等邻里关系的观念，在长期交往中形成了相互信任、互惠互利的社会关系。例如，在贵州省北部的聚合村，至今存在"一个寨子中有某户人家办事，整个寨子的人都会来帮忙"的互助现象。在这种"熟人社会"的社会关系网络中，同宗同族、左邻右舍之间关系的紧密性，彼此之间熟悉程度以及由此产生的信任，使农民对"时间银行"这种"劳动成果的延期支付"的互助养老模式信任度更高。志愿精神—亲情相比于城市时间银行服务精神的志愿性，农村时间银行更带有感情色彩。

（二）功能特点

1. 完善农村养老服务体系，积极应对农村人口老龄化

随着我国农村人口老龄化程度的不断加深，长期以来形成的"重城市、轻农村"养老保障体系问题日益凸显，可以说农村已经成为中国积极应对人口老龄化的短板和缺口。家庭养老是中国农村养老的主要方式，但是少子化、家庭规模的缩小、代际距离的增大等原因，家庭在养老中所承担的经济支持、生活照料和精神慰藉三种功能不断弱化。而政府主导的福利院养老主要面向农村五保群体，机构养老存在高风险和高成本的问题，我国农村养老面临着巨大挑战。时间银行互助养老能够调动农村低龄、健康老年人参与养老服务的积极性，既能充分利用农村闲散的老年人力资源，解决农村因生育水平

低位徘徊和劳动力数量外流而造成的照料服务人员短缺的问题,又能实现农村老年人单纯被养到主动参与养老问题的解决,成为解决我国农村养老问题、积极应对农村人口老龄化的一条崭新路径。

2. 开发闲散人力资源,释放二次人口红利

在一个老龄化社会,把老年人作为经济增长的贡献因素,开启第二次人口红利,既包括供给侧效应,譬如老年人作为劳动力、人力资本和创新主体的作用,也包括需求侧效应,譬如老年人作为消费群体产生的需求拉动作用。[①] 随着我国人口平均预期寿命的延长和健康状况的改善,不少农村低龄老年人在退出就业市场后,大多数都比较健康,生活能力也比较强,仍有精力、有意愿继续参与劳动生产活动。农村 60 岁左右的老年人还仍有很强的农业生产能力,加上农业机械化的不断普及,大大减少了农业生产中的重体力劳动,他们仍希望尽可能地扩大土地耕种面积以赚取更多的收入,为自己积累养老资本,并为子女分担。[②] 时间银行能够充分调动农村老年人的积极性,开发农村闲散的老年人力资源,形成低龄老年人照料高龄老年人,健康老年人照料失能、残疾老年人,而低龄老年人和健康老年人也能通过照料服务获得一定的经济补偿和未来可使用的储存在时间银行中的服务时间的双赢结果,从而将农村老年人由社会负担转化为社会财富,使其成为农村养老服务的重要支撑力量,释放二次人口红利。

3. 培育村庄社会资本,促进村庄文化建设

在农村,由于历史传统、文化习俗等相同或相近,农民在长期交往中形成了相互信任、互惠互利的社会关系,并围绕这种社会关系形成社会支持体系就是社会资本。[③] 传统中国农村是一个"熟悉"的社会,没有陌生人的社会,可想而知,农民之间的熟悉程度、信任程度及相互之间的依赖程度必然非常高,因而拥有丰富的社会资本存量。但是随着我国城市化进程的不断加快和农民大量进城务工,传统农村因地缘、业缘和亲缘形成的亲密的邻里关系日益疏远,人与人之间的社会交往距离逐渐拉大,农村社会资本不断流失。时间

---

① 蔡昉:《如何开启第二次人口红利?》,《国际经济评论》2020 年第 2 期。
② 贺雪峰:《大国之基》,北京:东方出版社 2019 年版,第 127—145 页。
③ 赵宁:《社会资本视角下农村多元化养老模式研究》,《社会保障研究》2018 年第 2 期。

银行以"我为人人，人人为我"的理念，加强人际交流和沟通，体现出互帮互助、相互关爱的人道主义精神，能够有效提高村民的村庄认同感和归属感，促进和巩固村民之间社会关系网络，进而增加农村社会资本，建设和谐村庄。

4. 满足老年人精神需求，实现志愿者自身价值

随着城市化进程的不断加快和农村青壮年人口的外流，农村空巢、独居、留守老人日益增多，这些农村老年人由于缺乏必要的照料和精神慰藉而出现了较为严重的自杀问题。自 1980 年以来，农村老年人自杀死亡数占全人群自杀死亡数的比例最高，为 48.84%，其中超过 70 岁的高龄老人占到 65.6%，而身体疾病产生的精神痛苦和缺乏精神慰藉是农村老年人自杀的主要原因之一。[①] 以政府为主要承担者的福利院等农村正式养老保障体系侧重为老人提供经济供养和生活照料，无法为农村老年人提供精神慰藉。而时间银行互助养老更爱强调邻里互助，倡导相互关爱，这可以让农村空巢、独居、留守老人等群体获得来自邻里、朋辈的关心关爱和社交满足感，心情愉悦，促进其身心健康。同时，时间银行能够将农村低龄健康老年人吸收到志愿者队伍，使其在互助服务活动中发挥余热，不仅能够为自己将来的养老储蓄服务时间，积累养老资本，更能丰富自身生活，获得认可感和成就感，满足精神需要。

五、 发展农村"时间银行"互助养老面临的现实困境

尽管在农村地区发展"时间银行"互助养老具有"社会—文化—组织—个体"的基础，顺应我国当前农村养老的需求实际，缓解了当前农村养老迫切需要解决的问题，不失为一条农村养老新路子，但在具体的实践中仍存在一些不足。

（一）时间银行规模小，社会认知和普及程度低

目前，我国农村时间银行都是以村庄或社区为单位进行小范围探索，规模相对较小。例如，在全国较早开展农村时间银行探索的河南省新乡市五陵

---

① 刘燕舞：《农村家庭养老之殇——农村老年人自杀的视角》，《武汉大学学报（人文科学版）》2016 年第 4 期。

村时间银行以村为单位开展时间银行活动,陕西省榆林市府谷县时间银行则在富昌路便民服务中心所辖的社区进行。由于现在开展的时间银行都是试点,多数人对时间银行的概念也处于尚不了解的阶段,再加上缺少法律政策保障等问题,使得时间银行参与人群较少,积极性也不高。[①] 这种体量小、难流转的局面极大地制约了时间银行所能起到的资源交换的功用,既不能充分调动全社会的志愿者资源,也并不能在更大的范围内促进社会成员互济互助。[①]同时,家庭养老、“养儿防老”的观念在中国农村还根深蒂固,时间银行作为一个新生事物,还没有被广大农民接受。即使在已经建立和运行农村时间银行的地区,也只有少数时间银行的主要推动者和领导者清楚其含义,大多数老百姓仍然将其作为志愿服务来看待,将其作为一种“做善事”“积德”的事情,很少考虑到“时间换时间”的收益和回报。总体而言,国家对时间银行的宣传力度不够,社会中缺乏认知环境和舆论氛围,很多农村老年人不了解时间银行,也不清楚其运营模式和意义价值,认知度不够,信任度和参与度自然不高。

(二) 政府职能定位不清,社会化和市场化主体参与不足

从时间银行的发展来看,大部分农村时间银行面临着政府职能定位不清,社会化和市场化主体参与不足的问题。在时间银行的发展过程中,政府主要扮演行政推动的角色,可以说,中国现有的绝大多数时间银行都是在政府的推动下建立和运行的。政府不仅是时间银行的组织者、监管者,还是时间银行的运营者,就不可避免地存在“自己监管自己”的现象,不仅会减损其作为监管者的权威,而且还因为参与主体单一,政府职能定位不清等问题,时间银行服务的质量和效率都不高。在当前中国农村,与养老相关的社会组织数量有限,社会团体发展不充分,农村老人的社会网络支持少,社会组织资本存量不足。与城市相比,农村社团组织主要是“红白理事会”“农业经济合作社”等经济、政治性组织,存在形式内容不丰富、不规范的问题,同时仍然受到传统家族观念和宗族意识的影响,其规范化建设和管理任重道远。[①]相比之下,我国时间银行类社会组织发展更加缓慢、艰难,发展态势良好的社会组织

---

① 梁磊、郭凤英:《基于“时间银行”养老平台模式体系研究及实践》,《新疆社会科学》2016 年第 3 期。

基本依靠政府扶持。

（三）政策、资金和人员匮乏

时间银行互助养老服务的有偿性决定其需要权威性的组织机构做后盾，需要法律制度为其发展保驾护航。[①] 除浙江省政府在《浙江省老龄事业发展"十二五"规划》提出，"广泛建立'时间银行'制度，进行志愿服务储蓄，促进为老志愿服务持续健康发展"之外，我国省级及以上政府机构至今还尚未出台正式的政策文件或法律法规来促进、规范时间银行的发展。部分学者甚至认为，缺少良好的政策环境，是制约我国互助养老"时间银行"发展的根本原因。[②] 同时，农村时间银行大多是乡镇或者社区主导，对服务主体的服务内容、时间、水平等基本信息的记录还以纸质记录为主，时间银行特别是农村时间银行的发展没有足够的资金和人员的支持。例如，山东省枣庄市台儿庄区时间银行在发展过程中，政府财政只承担了时间银行信息管理系统使用权的购买，在后期的运营中没有必要的资金投入，同时，由于台儿庄区是经济发展较为落后的地区，没有社会性资金的捐赠，因此，台儿庄区时间银行的发展全靠其工作人员的艰难运维，甚至出现工作人员"贴钱"的问题。台儿庄区时间银行总行仅有 5 人负责全区时间银行的运行工作，乡镇分行和村庄支行均由乡镇干部和村干部兼任，工作人员也很少接触时间银行的专业培训，基本将其作为志愿服务的形式对待。国内的农村时间银行的推动和发展多是以县（区）为单位，是社区居委会或村委会在日益严峻的养老压力下自下而上进行的自发探索，不仅各地做法不一，而且缺少必要的政策支持，没有国家层面出台的法律法规和政策制度，不仅地方政府不会给予农村时间银行大的资金支持，而且农民也会对时间银行信心不足，积极性不高。

（四）组织管理制度和信息化平台亟待完善

目前的农村时间银行大多是以乡镇或者村为单位推进，缺乏成文性的运行和管理制度规范，存在运营质量低、持续性不长、农民参与度低的问题。研

---

① 祁峰、高策：《发展"时间银行"互助养老服务的难点及着力点》，《天津行政学院学报》2018 年第 3 期。

② 夏辛萍：《中国互助养老"时间银行"本土化发展历程及经验反思》，《中国老年学杂志》2017 年第 22 期。

究和制定科学合理的时间银行服务质量评估机制和评价指标体系是其发展和建设过程的重要环节。然而,至今为止我国关于时间银行的顶层设计定位不够清晰,在农村时间银行互助养老服务的实践中,普遍缺少对时间银行服务质量的评价环节和细化的评价标准,政府监督制度亟待完善。由于资金不足、人员有限及重视程度不够等问题,大多数时间银行没有为服务提供者和被服务方购买保险,也缺少相应的专业能力和职业素养培训。部分地区的农村时间银行受资金、人员等条件的限制,信息化管理系统尚未建立,对储户的服务内容、服务时间、服务质量等信息的记录还是以纸质记录为主,管理效率和质量都比较低。

(五)"时间"兑换规则存在争议

目前,理论界和实务界均对服务时间兑换规则产生了较大争议,主要集中在三个方面:通存通兑、转让机制和不同种类的服务时间之间能否换算及换算标准问题。通存通兑是指时间银行参与者可以在一定范围内的任何时间银行支行、分行办理存取业务。然而,由于我国目前的时间银行探索以某几个社区或村庄为单位进行试点,还没有大范围铺开,不同地区的时间银行也是各自为政,因此,时间银行的服务时间的通存通兑还存在问题。转让机制是指服务时间是否能够根据参与者的意愿进行转移,例如,子女的服务时间是否可以转存给父母,或者亲属之间服务时间的转移等。关于不同种类的服务时间换算问题主要存在两种观点:一种观点认为应当考虑不同服务的价值差异问题。如果不考虑不同服务的价值差异问题不但会大大降低储户的参与意愿,而且可能会导致提供服务者拈轻怕重,出现"劣币驱逐良币"的现象。[①] 从时间银行的现实实践来看,江西省南昌市东湖区居家养老志愿服务时间银行将服务划分为生活照料类、护理保健类、法律咨询类、家电维修类、跑腿服务类、社区公益类、其他服务类七种服务类别,针对不同类型老人的不同服务需求,采取不同的计时方法,即同样的服务 1 小时,为不同类型老人提供不同服务,可以兑换成不同的服务时长。另一种观点认为应当重点考虑时间银行服务的志愿性特点。运用理性经济人的视角看待时间银行,导致一些

---

① 彭炎辉:《代际双重绑定时间银行:农村养老服务新模式》,《西北人口》2017 年第 6 期。

时间银行服务中出现"劣币驱逐良币"的问题,最终将时间银行物质化、世俗化。[1] 同时,在时间银行的现实实践中,还出现了时间银行的服务时间与物品、金钱互相兑换的现象。这些并不统一且存在争议的服务兑换规则,严重阻碍着时间银行的进一步发展。

六、 农村"时间银行"互助养老的发展路径

总体而言,本研究认为时间银行是一种完善农村多层次养老服务体系,积极应对农村人口老龄化的有益探索。结合当前实践中遇到的困难和挑战,我们提出农村时间银行的发展路径,具体如下。

(一) 理念方面: 加强农村社会资本和村庄文化建设

时间银行作为一种互助养老模式,其运转严重依赖外部环境条件。甚至部分学者认为,互助养老的根本不在于技术而在于社会资本,在于村庄建设。只有将时间银行置于村庄和村庄社会之中,加强农村社会资本和村庄文化建设,才能实现农村时间银行的良性、可持续、高质量发展。在中国农村,农民基于相同或相似的历史文化、传统习俗和价值观念长期互动而形成的高度信任、互惠互利的邻里关系和代际关系,以及在这种社会关系的基础上形成的社会支持体系,就是典型的中国农村社会资本。加强村庄"孝文化"建设和伦理文化资本。"孝文化"是中国传统文化的基本道德规范,也是时间银行互助养老模式的伦理基础。应该在全社会宣传尊老、敬老、养老的社会道德观念,加强"孝文化"的宣传教育,建立尊老养老的奖励措施,从而夯实农村时间银行互助养老的文化基础。只有不断加强农村社会资本,把时间银行作为村庄文化建设的重要组成部分,通过持续不断的宣传教育,使广大农民了解时间银行互助养老的存在和优点,并采取积极措施激励农民参与到时间银行互助养老中,营造良好的时间银行外部环境,才能形成时间银行代际支付,确保时间银行互助养老模式可持续发展。

(二) 参与主体: 加强政府引领、市场参与和社会运营主体协同机制建设

在国家治理体系中,党和政府是最重要的治理主体。发展农村时间银行

---

[1]　陈友华、施旖旎:《时间银行:缘起、问题与前景》,《人文杂志》2015 年第 12 期。

是关系亿万农村老龄人口的伟大事业,必须在党和政府的坚强领导下,建立和加强政府引领、市场参与和社会运营、广大人民群众切实受益的农村时间银行主体协同机制。第一,充分发挥政府引领作用。政府应当对农村时间银行的服务内容、服务质量等重要内容进行科学布局和合理规划,积极引领和推动农村时间银行的发展和建设。充分发挥政府对农村时间银行的监督管理作用,尽快研究制定相应的规章制度、服务标准等规范制度,监督市场、社会等主体在农村时间银行服务供给中的行为,不断提升农村时间银行服务的供给质量。第二,切实发挥市场参与作用。第三,有效发挥社会运营作用。社会力量能够有效解决农村时间银行发展和运行过程中可能出现的"政府效率低下""市场失灵"的问题,通过购买、委托、合同、代理等方式,将政府承担的具体运营职能交给社会组织来承担,能够最大限度满足农民老龄人口的不同养老服务需求。培育壮大农村时间银行社会组织,试点成立农村时间银行村民理事会,将农村时间银行的日常运营、管理交由本村村民负责,不仅能够加强人民群众在农村时间银行中的参与力度,而且还能起到宣传动员的作用,使村民树立在时间银行中的"主人翁"意识。

(三)保障制度:加强政策、资金和人才保障制度建设

第一,政府应该加强顶层设计,尽快出台全国性的法规和政策。目前,农村时间银行的主要推动力量在县区,政策制定的主体也是在县区,国家和省级政府层面应当提高对农村时间银行的重视程度,将其作为农村养老服务体系重要补充力量,甚至是提升基层治理效能、实现基层治理体系和治理能力现代化的重要抓手。由国家层面出台全国统一的法律和制度,为农村时间银行的具体运行提供指导和支持,让农村时间银行互助养老的发展和供给有法可依;各地政府在遵循国家法律和政策的基础上,结合本地的实际情况和已有的探索经验,因地制宜制定具有本地特色的政策和具体的执行办法;农村应当依据国家和地方政府出台的法律法规、政策制度,结合本社区的实际情况,建设农村时间银行,并将具体实践中遇到的问题及时反馈,出现的先进经验及时宣传和汇报。形成国家层面—地方层面—基层层面三级主体密切配合,国家统筹—地方落实—基层执行三级主体有机分工良好态势,确保农村时间银行的健康、持续发展和运行。第二,增加资金投入力度,探索经费多元

筹集制度。时间银行是一种非营利性或公益性平台,但是其在建立和运营期间会产生信息化平台建设费用、办公场所租赁费用、工作人员薪酬等成本。因此,要实现农村时间银行的健康、可持续发展必须确保相应的资金投入,建立起政府财政拨款、企业和社会捐款经费多元筹集制度。确保将时间银行建设和运营经费纳入同级政府公共财政预算,逐步提高时间银行经费额度,重点推动各级政府建立同人民群众需求相适应、与财政增长相匹配的公共财政投入增长机制,明确省、市、县三级政府财政拨付比例,充分发挥上级财政对经济欠发达地区时间银行工作的统筹作用。拓展时间银行经费筹集渠道,积极向企业、社会团体及个人筹集资金,并探索设计时间银行公益基金会,加强时间银行经费使用的审计和监督工作,逐步形成时间银行经费多元筹集制度。第三,壮大时间银行工作队伍,提高工作人员能力素养。培育、壮大时间银行工作队伍,充分发挥共青团、工会及妇联等群团组织在时间银行发展和建设中的重要作用,重视、支持社会人员参与时间银行工作,鼓励、呼吁青年学生以志愿服务的形式参与到时间银行工作中来。加强对时间银行工作人员的教育、培训力度,通过业务培训、自主学习等方式提供工作人员的专业知识水平和职业道德素养,使时间银行工作人员建立起服务为民、积极参与和创新社会治理的理念,建设一支政治水平高,专业能力强,人民群众广泛拥护的时间银行工作队伍。

（四）运行机制:加强内部运行制度和信息化平台建设

第一,加强时间银行运行制度规范建设。依据我国现有的法律法规和政策文件,充分借鉴美国、日本等国家发展时间银行的经验和教训,结合本地区的客观条件和现实基础,逐步建立和完善时间银行内部运行制度,包括组织机构、服务范畴、监督机制等,针对实际运行过程中的不合理问题,要及时调整、优化组织管理制度,严格要求工作人员对制度规范的具体执行。第二,加强时间银行服务质量评价和风险防范机制建设。实现对时间银行服务质量的评价,应该坚持以社会和服务需求者为主体,以群众满意度为导向,以评价指标体系为依托的评估原则,尽快研究制定一套以服务效果、业务规范和群众评价为主要维度的时间银行服务质量评价体系。不断加强对服务提供者的专业能力和职业素养培训工作,增加经费投入,确保为服务双方购买保险,做好在服务中可能出现的问题和危险的预案,切实降低服务风险。第三,加强现代科学技术与时间银行的深度融合。充分认识到互联网、大数据、人工智能、区块链等新兴技术给我国时间银行的发展带来的机遇,加快时间银行信息化平台建设步伐,以新兴技术的智能化、信息化优势助力时间银行的普惠性、便捷化建设。充分利用时间银行信息化平台全面、准确、及时地收集人民群众的服务需求,并依托大数据进行整合分析,准确评估服务提供者的条件、能力和时间等因素,为服务需求者和服务提供者实现快速的服务配对。

(五)存兑规则:加强服务时间通存通兑、换算和转让制度建设

第一,建立时间银行通存通兑机制。建立通存通兑机制是时间银行互助养老全国农村范围内推广的基础和前提条件。要实现时间银行之间的通存通兑,就需要提高对时间银行的统筹层次。按照现阶段的发展情况,可以先建立省市级时间银行综合管理机构,制定统一的兑换标准,实现时间银行在本地区的通存通兑,等到时间银行建设成果更加丰富,可以适时形成全国统一的时间银行统筹机构,以实现时间货币在全国范围内的通存通兑。

第二,制定不同服务类型之间的换算标准。虽然时间银行具有很强的志愿性和公益性,但是若所有的服务只按时间长度等同换算,长此以往必然会出现"劣币驱逐良币"的现象。同时,时间银行是将志愿服务与有偿性相结合创造的公益活动新模式,其本身是蕴含着"等量回报"的内涵的。因此,应该尽快制定和出台《时间银行服务等级划分标准》,规定统一的时间银行服务等级划分标准和兑换系数,为不同类型服务之间的兑换提供统一指导。

第三,探索时间银行货币继承转让制度。出台《时间银行货币继承转让办法》,对时间银行货币继承转让的原则、范围、内容、时间、地点等方面做出明确规定,确保时间银行货币能在代际、亲友之间进行传递。